7592

BARTHÉLEMY DE CHASSENEUZ

OUVRAGES DU MÊME AUTEUR

Histoire de l'ordre de Cluny, depuis la fondation de l'abbaye jusqu'à la mort de Pierre le Vénérable (909-1157), 3 vol. gr. in-8°; Durand et Pedone-Lauriel, 1869.

Un évêque réformateur sous Louis XIV : Gabriel de Roquette, sa vie, son temps et le *Tartuffe de Molière*, d'après des documents inédits. 2 vol. in-8°; Durand et Pedone-Lauriel, 1876.

UN JURISCONSULTE
AU SEIZIÈME SIÈCLE

BARTHÉLEMY DE CHASSENEUZ

PREMIER COMMENTATEUR DE LA COUTUME DE BOURGOGNE
ET
PRÉSIDENT DU PARLEMENT DE PROVENCE

SA VIE ET SES ŒUVRES

PAR

J.-Henri PIGNOT

PARIS

L. LAROSE, LIBRAIRE-ÉDITEUR

22, RUE SOUFFLOT, 22

1880

AVANT - PROPOS

Nous n'aurions pas pensé à retracer la vie d'un homme, dont le nom est aujourd'hui à demi tombé dans l'oubli, dont les ouvrages n'intéressent plus qu'un petit nombre d'érudits, si, à côté du jurisconsulte, nous n'avions trouvé le magistrat et, dans le magistrat, un caractère. Comme jurisconsulte il a, le premier, porté le flambeau du droit romain dans l'obscurité du droit coutumier, comme magistrat, il a consacré ses efforts à la tâche difficile de réformer la justice dans une province où l'action du pouvoir royal était tenue en échec par une indépendance passée, depuis des siècles, dans les institutions et dans les mœurs ; il a lutté contre des entraînements difficiles à modérer, parce qu'ils prenaient leur source dans d'anciennes croyances se montrant plus inquiètes à mesure qu'elles étaient plus vivement attaquées, et dans une législation dont les sévérités, toutes barbares qu'elles puissent nous paraître aujourd'hui, étaient, alors, considérées comme légitimes.

De pareils hommes, cherchant à allier, vis-à-vis des idées de leur temps, le respect et l'indépendance, à tempérer la rigueur des lois par le sentiment de l'humanité, sont assez rares aux époques de troubles religieux et civils, pour avoir droit à la sympathie de la postérité, à une sorte de dédommagement posthume des traverses que leur ont suscitées les passions des contemporains.

Il est rare, d'ailleurs, de ne pas rencontrer dans ces vieux auteurs, peu connus et quelque fois mal jugés, des traits qui, par un recoin oublié, jettent un jour sur l'esprit, les habitudes et la vie du passé.

Et puis, serait-ce une œuvre dépourvue d'intérêt et d'utilité que d'essayer de remettre en lumière quelques-unes de ces figures de magistrats et d'écrivains qui formaient autrefois, pour chacune de nos provinces, comme un apanage de gloires locales et particulières, dont le nom était encore, au siècle dernier, dans toutes les mémoires, dont les livres se rencontraient dans la bibliothèque de tous les gens instruits ?

Appartenant, à la fois, à la Bourgogne et à la Provence, Chasseneuz nous a semblé mériter l'attention à tous ces titres. Nous n'avons pas, du reste, la prétention de faire dans cette étude autre chose que de l'archéologie biographique, et s'il nous était permis de réclamer pour elle quelque indulgence, ce serait à raison des motifs qui nous ont engagé à la tenter plutôt qu'à raison du résultat que nous avons pu obtenir.

CHAPITRE I.

I. Jeunesse de Chasseneuz ; ses études dans les universités. — II. Ses emplois en Italie. — III. Sa vie en province.

1480-1530.

I

Comme s'il eut redouté l'indifférence de la postérité et que l'homme restât inconnu sous l'écrivain, Chasseneuz a été son propre biographe. Tout ce que nous savons de sa famille, de la première partie de sa vie, de ses études, des longues années qu'il passa dans la retraite de la province avant de parvenir aux dignités méritées par ses travaux, se rencontre en quelques passages de ses livres. Lui-même a pris soin de nous faire connaître ses goûts, son caractère, les professeurs dont il avait suivi les leçons dans les universités, les personnages avec qui il s'était trouvé en relation, ses occupations au barreau, et jusqu'aux plus intimes détails de sa vie privée.

Il était né au diocèse d'Autun, dans la paroisse d'Issy-l'Évêque, bourg situé à une demi-journée de cette ville. Sa famille y avait vécu pendant plusieurs générations, sous un régime patriarcal, dans le respect de la foi des ancêtres, et des habitudes du passé, dans cette médiocrité de fortune qui était le sort de la plupart des familles habitant leurs terres, à la campagne, et qui les engageait à placer dans l'Église une partie de leurs enfants, afin de ménager par là une position plus aisée à ceux restant dans le monde. Le clergé et la bourgeoisie se prêtaient ainsi un mutuel appui et, si le premier ne rencontrait pas toujours, dans un pareil mode de recrutement, des sujets véritablement appelés, il y trouvait du moins, aux yeux des populations, un élément de respect et d'influence. Quelques-uns de ses membres avaient été pourvus de canonicats dans le Chapitre cathédral de Saint-Lazare d'Autun, puissante et riche compagnie qui n'ouvrait guère ses rangs qu'à la bourgeoisie et à la noblesse de la province.

Il ne nous a pas conservé la date de sa naissance; mais en nous apprenant, qu'à l'âge de vingt et un ans, il était assesseur du capitaine de justice de Milan, à l'époque où Charles d'Amboise gouvernait ce duché, comme lieutenant de Louis XII, on en a conclu qu'elle devait remonter à l'année 1480. Son père, Antoine Chasseneuz, avait épousé Jeanne Munier, veuve en premières noces de Jean Ramy qui lui avait donné une fille et trois fils ; elle eut de son second mariage Arthus de Chasseneuz, chanoine d'Autun, protonotaire du Saint-Siège apostolique, et Barthélemy. Elle était sœur de Barthélemy Munier, également chanoine et appartenant à une ancienne famille d'Autun qui devait fournir, dans le siècle suivant, le premier historien de ses antiquités dont Chasseneuz se montra lui-même curieux investigateur [1].

---

[1] Bouhier, *Vie de Chasseneuz*, en tête de ses *Œuvres de jurisprudence*; Chasseneuz, *Consuetudines Ducatus Burgundiæ*. Lyon, Barthémy-Vincent, 1575 : *rubr.* 1, par. 8, p. 326, 328; *rubr.* 7, par. 10, p. 1013.

Le pauvre lieu de sa naissance offrait peu de ressources à la culture de l'intelligence. Un climat froid, des montagnes dénudées, un sol granitique produisant de maigres récoltes, quelques humides pâtures dans le fond des vallées présentaient presque partout l'image de la stérilité. Aucun passage de voyageurs, aucun commerce n'animaient ce village d'Issy-l'Évêque où des marchés de bétail établis quelques années auparavant par les ducs de Bourgogne n'avaient pu subsister. Une assez belle église paroissiale, construite autrefois par une petite communauté bénédictine qui avait quitté le pays, un vieux château fort appartenant aux évêques d'Autun seigneurs de cette terre et que les évêques avaient cessé d'habiter, se dressaient dans le village, chef-lieu d'une paroisse étendue sur laquelle étaient dispersées de petites seigneuries dont les possesseurs s'adonnaient aux occupations de la chasse, aux habitudes matérielles entretenues par le séjour de la campagne chez la plupart des hommes qui se trouvaient dispensés par leur naissance ou leur fortune du travail des mains et de l'intelligence. Le reste de la population se composait de laboureurs et de journaliers repartis en une vingtaine de hameaux et vivant dans un état voisin de la misère [1].

Ce n'était pas sur cette terre ingrate, dans ce village à peine pourvu d'un maître d'école, que pouvaient se développer les facultés que son enfance laissait de bonne heure entrevoir. Aussi ses parents l'envoyèrent-ils à quelque distance de là dans une localité qui, comptant une population

---

p. 1014. Antoinette Ramy, sœur de mère de Chasseneuz, avait épousé Hugues Levasseur, juge royal de Châlon-sur-Saône, qui dédia à ce dernier une édition des leçons de *Jacopino a Sancto Giorgio* sur le Code, Lyon, Simon-Vincent, 1521, in-f° ; *Consuet. rubr.* 7, § 3, p. 927.

[2] Courtépée, n. édit., t. II, p. 574. V. sur la noblesse de campagne. Chasseneuz, *Catalog. gl. mund.* pars 8, consid. 49.

plus agglomérée, possédait des moyens d'instruction plus étendus. La petite ville de Corbigny, située dans une gracieuse vallée entre Nevers et Avallon non loin des rives de la Loire et des montagnes boisées du Morvan, devait à son antique abbaye, construite vers la fin du neuvième siècle par les bénédictins de Flavigny, d'avoir conservé les traditions de l'enseignement et des lettres. Appartenant en toute justice à l'abbé qui possédait sur son territoire droit de châtellenie et de bailliage, elle était le rendez-vous de nombreux pèlerins, attirés par leur dévotion pour les reliques de saint Léonard et de saint Valérien. L'industrie et le commerce, en s'y développant de bonne heure, en avaient fait une des villes principales du Nivernais. A côté du cloître, à l'ombre des hautes murailles qui abritaient les moines et les habitants contre les attaques des gens de guerre, s'était établie une école où l'on donnait l'instruction à la jeunesse laïque. Elle était fréquentée par les fils des meilleures familles du pays et des pays voisins. Vers 1488, Chasseneuz y commença, sous la direction d'un maître, nommé Vincent Gaigand, ses premières études. Il s'y rencontra en compagnie de condisciples, dont les uns se distinguèrent plus tard par leur mérite et les autres appartenaient à la première noblesse de Bourgogne. Il y précéda de quelques années un jeune nivernais, Ravisius Textor, qui devint plus tard recteur de l'académie de Paris et dut sa renommée à des ouvrages destinés à faciliter l'étude de la langue latine, à des poésies, à une grande compilation qui n'est pas sans analogie avec le *Catalogus* de Chasseneuz [1].

---

[1] Chasseneuz, *Catalog.* pars 12, consid. 95 ; Guy Coquille, *Hist. du Nivernais*, p. 368 ; Massebieau, *Ravisii Textoris comœdiæ, etc.* ; *Disquisitio*, p. 12 et s., in-8°, 1878.

Si nous en croyons un historien de la ville d'Aix qui avait pu recueillir sur sa jeunesse des documents ou des souvenirs, un de ses oncles, chanoine de la cathédrale d'Autun, l'appela ensuite auprès de lui « pour le « pousser aux lettres qui, au commencement, lui parurent « plus épineuses que les buissons de son village, ce qui « l'obligea à faire instance à ses père et mère, qui le ché- « rissaient comme leur fils unique, de le rappeler, ce qu'ils « firent; mais bientôt les déserts et la solitude commen- « çant à lui déplaire, il se porta pour la seconde fois à Au- « tun où il acheva avec honneur ses classes et son cours de « philosophie. » Quoiqu'il en soit, il termina vers l'âge de quinze ans ses études dans les écoles de cette ville qui étaient placées sous la surveillance du chapitre cathédral et des officiers municipaux. Une phrase jetée au hasard dans ses commentaires sur la Coutume de Bourgogne, à propos d'un point de procédure criminelle, nous montre que, dès ses plus jeunes années (*a puerilibus annis*) son attention était attirée vers des questions de droit. Il se décida donc pour l'étude des lois et se rendit à l'université de Dôle, la plus rapprochée de son pays [1].

Elle devait sa création à Philippe le Bon, duc de Bourgogne (1423). Le duc s'était décidé de préférence pour cette ville, parce que voulant y établir un parlement, la réunion d'une cour de justice et d'une université dans la même ville devait procurer aux étudiants l'avantage de joindre à l'étude des lois celle de la pratique judiciaire. L'université de Dôle se composait, du temps de Chasseneuz et avant les développements que lui donnèrent plus tard

---

[1] Pitton, *Hist. de la ville d'Aix*, p. 527 ; Chasseneuz, *Consuet. rubr.* 4, § 5, p. 579.

Charles-Quint et Philippe II, de deux professeurs en droit canon, de quatre en droit civil, de deux en médecine, de deux pour la philosophie, d'un pour les humanités, un pour l'éloquence, trois pour les langues latine, grecque et hébraïque [1].

Le duc n'avait rien négligé afin d'assurer la prospérité d'une institution qu'il regardait comme l'ornement de ses États. Il chercha à recruter, de tous côtés, des professeurs de mérite. Il choisit parmi eux et parmi leurs élèves les membres du nouveau parlement. Les administrateurs de l'université envoyèrent à Ivrée un bachelier ès-lois faire des propositions, en leur nom et au nom du duc, à Anselme de Maranches, docteur célèbre à cette époque. Les emplois dont le duc le combla, un mariage avec une noble et riche héritière, fixèrent définitivement en Comté ce jurisconsulte italien tenu en grande estime par son érudition et son caractère. Il eut pour successeur un fils, joignant aux qualités de son père, une élégance d'élocution qui passait pour de l'éloquence. Chasseneuz fit ses débuts dans l'étude du droit sous Anselme et sous un autre maître pour lequel il témoigne, en plusieurs endroits de ses ouvrages, un grand respect, une affection filiale. Il se nommait Jean de la Madeleine de Ragny. De simple chanoine de Besançon, il était devenu professeur à Dôle ; mais le cloître l'enleva bientôt à l'enseignement. Son savoir et ses vertus engagèrent les moines de Cluny à l'attirer dans leur ordre. Élu grand prieur, il se plaça résolument à la tête d'une administration à laquelle les abbés commendataires

---

[1] Gollut, *Mémoires sur la Franche-Comté*, p. 156, 802 ; Dunod, *Hist. du Comté de Bourgogne*, t. II, p. 411 : Labbey de Billy, *Hist. de l'Université du Comté de Bourgogne*, t. I, p. 23 ; Dom Plancher, *Hist. de Bourgogne*, t. IV, p. 72.

restaient presque complètement étrangers. Dans l'abbaye-mère, dans ses dépendances, il éleva de nouvelles constructions et répara les anciennes. Il donna dans l'observation de la vie claustrale un exemple de sainteté dont on n'avait pas été témoin depuis plus d'un siècle. Aussi, en 1518, à la mort de Geoffroy d'Amboise, supérieur obscur et inutile, les moines l'appelèrent-ils d'une voix unanime à la tête de la congrégation. Mais François Ier ayant destiné d'avance cette dignité à Armand de Boisy, un de ses favoris, Jean de la Madeleine dut céder devant l'autorité royale et s'effacer dans l'ombre. Il ne rentra dans la dignité de grand prieur que sous Jean de Lorraine, deuxième successeur de celui qui l'en avait éloigné [1].

Dès cette époque, la vocation du jeune étudiant était tellement prononcée qu'il se mit à écrire un commentaire sur la Coutume de Bourgogne, en s'aidant de quelques remarques laissées en manuscrit par Pierre Bonféal, ancien avocat général au parlement de Dijon. Mais ne trouvant pas cet essai à son gré, et son instruction assez développée, il le laissa de côté et commença le cours de ses pérégrinations universitaires.

Il se rendit à l'université de Poitiers, une des plus florissantes et des plus renommées du royaume. Charles VII, dans l'ordonnance de sa création (1431), afin d'y attirer un grand nombre d'écoliers, l'avait placée sous sa protection, lui avait accordé les immunités et les prérogatives dont jouissaient les universités de Paris, Toulouse, Orléans, Angers, Montpellier. Elle était, comme ces dernières, privilégiée pour l'expectative des gradués en matière de béné-

---

[1] Gollut, p. 802 ; Chasseneuz, *Catalog.* pars 10, consid. 7 ; *Consilia*, Lyon, Nathaniel Vincent, 1588, p. 170.

fices. Son enseignement embrassait tous les genres d'études (*studium generale*). On y vit, dès le principe, des chaires de théologie, de droit canon, de droit civil, de médecine et d'arts libéraux. Plusieurs collèges avaient été construits dans la ville pour les écoliers [1].

On y enseignait, du temps de Chasseneuz, toutes les sciences. A côté des professeurs en titre, d'autres faisaient des leçons sur différentes branches des connaissances humaines. Elle était fréquentée par des étudiants venus de outes les contrées de l'Europe, par des Français, des Flamands, des Allemands, des Anglais, des Écossais, au nombre de plus de quatre mille. Des professeurs et des juristes autrefois célèbres, tombés aujourd'hui dans l'oubli, avaient, même avant la création de cette université, laissé à Poitiers de brillants souvenirs. Parmi eux, Chasseneuz cite Guillaume de Montloudun, abbé de Moustierneuf, auteur d'un commentaire sur les Clémentines (1346), et le théologien Nicolas Dorbeau. Il y passa trois ans et demi, occupé à étudier les textes de droit civil et de droit canon. Sur la fin, il lut les Institutes en compagnie de quelques-uns de ses condisciples. Il s'attacha particulièrement à l'un de ses professeurs, Thomas Cusenier, qui devint plus tard avocat général au parlement de Bordeaux, puis président du parlement de Provence. La sûreté de sa doctrine, sa méthode d'exposition lui paraissaient supérieures à celles de ses autres collègues. Personne, dit-il, dans la France entière, ne possédait comme lui l'intelligence du droit civil et le don de la communiquer à ses auditeurs. Il écrivit sous sa direction de nombreux cahiers auxquels il attachait un grand

---

[1] Bouchet, *Annales d'Aquitaine*, p. 109 ; *Mémoires de la Société des antiquaires de l'Ouest*, t. XXVII, p. 254. Pasquier, *Œuvres*, t. I, p. 991.

prix. Il s'occupa également de théologie et de philosophie naturelle dont il fit plus tard un fréquent usage dans son *Catalogus* [1].

Quoique l'enseignement du droit fut florissant en France, il n'était pas comparable à l'éclat que lui avait imprimé en Italie, depuis plusieurs siècles, une suite d'illustres jurisconsultes. A travers toutes ses révolutions, elle était restée par excellence la mère nourricière du droit. On aurait pu lui appliquer ces paroles : *Salve magna parens juris*. Les lois romaines conservées depuis le démembrement de l'Empire, au cinquième siècle, avaient été adoptées par les nouveaux États sur lesquels régnaient les dynasties des Goths, des Lombards et des Carlovingiens, comme la règle de leurs habitants. De récents travaux dus à l'érudition allemande et complétant ceux de Savigny ont démontré, d'après des manuels, des sommaires, des recueils de Gloses et d'autres manuscrits à l'usage de l'École, la perpétuité ininterrompue de l'enseignement du droit romain à travers les calamités du moyen âge, à Rome, puis à Ravenne, à Pavie, à Vérone, à Nonantule. L'école de Bologne signalée jusqu'ici, comme ayant ressuscité cet enseignement au douzième siècle après neuf cents ans d'épaisses ténèbres, n'avait fait en réalité que lui donner une plus vive impulsion, en s'appropriant de nouveaux textes, en les commentant d'une manière plus approfondie. A dater de ce moment, la science du droit s'était constituée dans un ensemble plus complet et indépendant des autres arts libéraux [2].

---

[1] Chasseneuz, *Catalog.* pars 10, consid. 32 ; Dreux du Radier, *Bibl. hist. du Poitou*, t. I, p. 348, 391.
[2] *Nouvelle revue historique de droit*, février — mars, 1877, p. 1 à 46, article de M. Alphonse Rivier.

L'université de Bologne avait vu, la première, des écoliers de toutes nations écoutant, assis sur la paille, les leçons des professeurs qu'ils choisissaient souvent et qu'ils payaient eux-mêmes. Dans le cours du quatorzième siècle, Trévise, Pise, Florence, Sienne fondèrent à l'envi des écoles de droit. Les papes en établirent à Pérouse, à Rome, en Corse, à Vérone. Irnerius, Azzo, Accurse, Dino de Mugello, Cino de Pistoie, Barthole, Balde, Paul de Castro et d'autres encore, en précisant le sens des textes, en les éclaircissant par de nombreux rapprochements, avaient rendu leur nom célèbre dans la péninsule et en deçà des Alpes. Une foule d'écoliers, après avoir commencé leurs études en France, allaient les compléter dans les écoles d'Italie.

Les compatriotes de Chasseneuz n'étaient pas restés étrangers à ce mouvement de studieuse émigration. Dès 1255, Jean de Blanay, d'une noble famille près de Vezelay, au diocèse d'Autun, attiré par la renommée de son université, avait professé à Bologne différentes parties du droit, composé un Traité de l'ordre judiciaire, un livre sur les fiefs, un autre sur les hommages mis largement à contribution par le célèbre canoniste, Guillaume Durand, évêque de Mende, et mérité d'être signalé par Balde comme un très habile interprète du droit. En 1362, Nicolas Capocci, cardinal de Tusculum, ancien archidiacre de l'église d'Autun, habile en droit civil et en droit canon, par reconnaissance envers cette église et afin de remédier à l'ignorance des clercs séculiers qui presque partout étaient, disait-il, incapables d'annoncer au peuple la parole de Dieu, de comprendre le sens des canons, de distinguer le juste de l'injuste, avait fondé dans le collège de Pérouse établi par lui, deux bourses en faveur de deux pauvres étudiants du diocèse d'Autun qui consentiraient à venir pendant six ans suivre les cours de droit canonique [1].

En aucun pays, la profession de jurisconsulte n'était tenue en aussi grand honneur que dans les petits États de l'Italie. Organes du droit commun, de la raison écrite contre la diversité des coutumes locales et le fait traditionnel, investis des hautes charges de judicature, prononçant sur les plus graves questions de politique et d'administration au milieu de l'anarchie entretenue par les partis, les légistes étaient parvenu à occuper le premier rang dans la cité. Les princes leur avaient ouvert l'entrée de leurs conseils et leur confiaient des ambassades. On les voyait accourir dans les conciles afin d'émettre leur avis sur des points de droit civil et canonique. Leurs opinions étaient reçues avec déférence. On leur donnait la sépulture dans les églises toutes peuplées de leurs monuments funèbres. Admirant, comme l'idéal de l'État, l'administration du Bas-Empire, exaltant l'autonomie des empereurs, source unique de l'autorité des magistrats, ils aspiraient à occuper auprès du souverain la première place ; l'âge des jurisconsultes avait succédé à l'âge des théologiens qui, dans les siècles précédents, avaient été les conseillers du pouvoir, les interprètes et les dispensateurs de la justice. Ils s'attribuaient, au nom de leur science et de leurs services, une noblesse supérieure à la noblesse de naissance, à celle conférée par le prince. Ils ont droit au respect de tous ; ils sont la lumière du monde qui dissipe les ténèbres de l'erreur comme le soleil du matin dissipe les ombres de la nuit. Les docteurs, disaient-ils encore, en rappe-

---

[1] *Hist. litt. de Fr.*, t. XIX, p. 19 ; Taisand, *Vies des jurisconsultes*, p. 71 ; Papillon, *Bibl. des auteurs de Bourgogne*, art. Blanasque ; Chasseneuz, *Catalog.* pars 10, consid. 32.

lant les paroles du Digeste, sont de véritables prêtres cherchant la vérité et non une vaine philosophie. Cujas dira plus tard, à son tour : les jurisconsultes sont les plus saints des prêtres [1].

Sur la fin de l'année 1497, Chasseneuz passant les Alpes, se rendit à l'Université de Turin. Elle avait été fondée dans les premières années du siècle, par Louis, prince d'Achaïe, afin d'assurer une résidence plus paisible à des professeurs de Pavie troublés dans leurs études par les guerres continuelles qui désolaient la Lombardie. Sans être destinée à briller du même éclat que cette dernière, elle avait possédé des professeurs de grande renommée. Balde y enseigna pendant quelque temps ; Bertolino de Bertoni, Christophe Castiglioni, élève et rival de Balde, Signorolo Homodei, « le docteur très célèbre » avaient quitté Pavie pour venir à Turin occuper une chaire. Sur les bancs où s'était assis Guy Pape, où devait bientôt s'asseoir Érasme, Chasseneuz suivit les leçons de Thomas Parpaléa et de Claude de Seyssel, nommé plus tard, par la protection du cardinal d'Amboise, conseiller d'État, puis ambassadeur en Angleterre, à la diète de Trèves, au concile de Latran, évêque de Marseille, archevêque de Turin, esprit distingué par son érudition en droit public et en théologie, par son éloquence, et qui mérita l'éloge d'avoir un des premiers, dans son Histoire de Louis XII, écrit avec une méthode simple et judicieuse, exempte du pédantisme de son époque, la langue française [2].

---

[1] Chasseneuz, *Catalog.* pars 8, consid. 10 ; Taisand, *Vies des jurisconsultes*, passim.
[2] Cibrario, *Storia di Torino*, 1846, t. 1, p. 401 ; Sclopis, *Hist. de la lég. it.*, t. I, p. 32; Taisand, p. 511 ; Chasseneuz, *Catalog.* pars 10, consid. 7. *Consuet. rubr.* 9, par. 2, p. 1193.

Il y resta peu de temps. La guerre déclarée en 1499 par Louis XII aux Milanais ayant amené la fermeture de l'université de Turin, il s'en alla à Pavie. La vieille capitale des rois Lombards, le siège de l'ancienne jurisprudence lombarde, tristement enfermée dans son enceinte de hautes tours, possédait après Bologne et Padoue, l'université la plus célèbre de la péninsule. Elle avait eu, dès le onzième siècle, une école dont les maîtres proclamaient le droit romain le droit général pour tous, étaient à la fois juges du palais impérial et professeurs, théoriciens et praticiens. Galéas II Visconti, seigneur de Pavie, en fondant son université (1362), lui avait accordé les mêmes privilèges dont jouissaient celles de Paris, de Bologne, d'Oxford, d'Orléans, de Montpellier. Protecteur des lettres et des arts, magnifique dans ses constructions, cherchant à rehausser par là l'honneur de ses États, sur lesquels il faisait peser d'ailleurs une odieuse tyrannie, il y avait attiré par de riches appointements les professeurs les plus célèbres. Il défendit à ses sujets d'aller étudier ailleurs. Dans son palais, flanqué d'une tour à chaque angle avec une cour intérieure entourée de portiques, orné de tout le luxe de l'architecture et de la peinture, il avait réuni, un siècle avant l'invention de l'imprimerie, une des bibliothèques les plus considérables de l'époque. Un vaste parc occupant une étendue de plusieurs milles et attenant à cette splendide habitation, renfermait des prairies, des vergers, des jardins, des maisons de chasse, des viviers alimentés par des eaux courantes. Il était peuplé de toutes sortes de bêtes fauves. A quelque distance de là, s'élevait la Chartreuse, le plus beau, selon Guichardin, de tous les monastères d'Italie. Les successeurs de Galéaz, au milieu des guerres sans cesse renaissantes, avaient continué de prodiguer des encouragements à cette université. On y enseignait le droit civil et le droit canon, la philosophie, la médecine, les arts libéraux [1].

Balde, après avoir professé à Pérouse et à Padoue, attiré à Pavie par Jean Visconti, fils de Galéas II, y avait expliqué le droit canon, le droit civil, le droit féodal, avec une pénétration dégénérant parfois en subtilité superficielle et en développements prolixes. Paul de Castro, Alexandre Tartagni d'Imola, apportant plus de prudence et de profondeur dans leur interprétation, s'attachant à éclaircir les points obscurs, repoussant les opinions hasardées, avaient mérité d'être appelés, l'un le docteur, l'autre le père de la vérité. Le souvenir de leurs leçons était encore vivant dans l'université de Pavie lorsque Chasseneuz y arriva.

Jason Maino, Philippe Decio, François de Curte, le jeune, Roch de Curte s'y faisaient remarquer par leur enseignement et la troublaient quelquefois par leurs querelles. Maino et Decio, tous deux d'une naissance illégitime, étaient un exemple de la considération attachée à la profession d'interprète du droit. Jason, fils d'André Maino et d'une servante, après avoir perdu au jeu et dans la débauche son argent, ses livres, jusqu'à ses habits, se voyant en face de la misère, s'était remis à l'étude avec un succès qui étonna bientôt ses maîtres eux-mêmes. Il commença par expliquer les Institutes à Pavie, professa ensuite à Bologne, à Padoue, à Venise, à Pise, attiré par les riches appointements qui lui étaient offerts. La jalousie qu'il inspira dans cette dernière ville à Barthelemy

---

[1] Chasseneuz, *Catalog.* pars 10, consid. 32, pars 12, consid. 65, 73; Tiraboschi, t. V, p. 75 ; t. VII, p. 116 ; *Chronique de Jean d'Auton*, t. II, p. 83 ; Pietro Verri, *Stor. di Milano*, édit. de 1840, t. I, p. 185. Savigny, *Hist. du droit Romain au moyen âge*, t. III, p. 342.

Socin, la durée et la violence de leurs discussions, peut-être aussi l'appât d'un traitement supérieur, l'engagèrent à retourner à Pavie. Il y passa le reste de sa vie et mourût dans un âge avancé, comblé de gloire et de richesses. On raconte qu'il vit au pied de sa chaire jusqu'à trois mille auditeurs, et, parmi eux, François de Ripa, Roch de Curte, Claude de Seyssel, Alciat et d'autres encore, qui se firent plus tard un nom dans l'enseignement des lois. Envoyé en 1492, par Louis le More, seigneur de Milan, complimenter Alexandre VI sur son élection au trône pontical, et l'année suivante, l'empereur Maximilien sur son mariage, il obtint un grand succès dans ses harangues. Ce prince, le nomma comte palatin, le choisit pour un de ses conseillers, lui confia la dignité de Patrice et le combla de présents. Il fit des leçons sur le Digeste et sur le Code, écrivit quatre cents consultations, un traité sur les eaux fluviales, un autre sur les actions, etc. « Il avait, dit Savi-
« gny, plus d'exactitude que de génie, et les opinions des
« auteurs, rangées avec méthode et clarté dans ses ou-
« vrages, en font le principal mérite. La grâce et la no-
« blesse de son débit donnaient un grand intérêt à ses
« leçons. Son style est bien supérieur à celui de ses con-
« temporains. Alciat, son élève, disait que, par sa clarté
« et sa méthode, il avait mis à la portée de tout le monde
« les opinions controversées des auteurs. » Parmi les jurisconsultes des temps moyens, on n'en compte guère que cinq qui méritent encore d'être lus : Barthole, Balde, Paul de Castro, Alexandre Tartagni et Jason Maino[1].

---

[1] Pancicrole, *De clar. leg. interpret.*, p. 281 ; Tiraboschi, t. VI, p. 580, Taisand, p. 310 ; Gravina, *Lois Romaines, trad. par Requier*, p. 632 ; Savigny, t. IV, p. 247. Jason fut presque aussi fécond que Barthole, ses œuvres forment neuf volumes in-folio, Lyon, 1536.

De tous les professeurs dont Chasseneuz suivit les leçons à Pavie, Jason est celui qui exerça sur son esprit la plus grande influence. « Il possédait, dit-il, une grande habileté « d'exposition, une rare faculté d'élocution, beaucoup de « subtilité dans l'interprétation des textes. Il professa « pendant plus de vingt ans dans de célèbres universités. « Je l'ai toujours regardé comme un homme d'une vie irré-« prochable, digne du titre de comte qui lui avait été con-« féré. Il obtint des appointements supérieurs à tous ceux « qu'avaient jusqu'alors obtenu les docteurs ès lois. « Louis XII lui donna un traitement de mille ducats « d'or et lorsque j'étais à Milan, ce traitement fut encore « augmenté de deux cents ducats, somme que n'avaient « jamais obtenue ni Barthole, ni Balde, ni Alexandre Tar-« tagni, ni aucun autre docteur. Assurément, il méritait « encore davantage. Je sais qu'il refusa le chapeau de car-« dinal ainsi que plusieurs bénéfices ; mais il ne voulut « jamais être élevé au sacerdoce et ne put se décider à se « marier, de peur d'être détourné par les tracasseries « d'une épouse, de la recherche de la vérité et de l'étude « de la science[1]. »

Philippe Decio avait reçu de Tristan Decio, son père naturel, attaché à la cour de Milan, une éducation brillante. Dès l'âge de dix-sept ans, il étudia les Institutes sous Jason. Il embarrassait souvent par ses vives discussions ses maîtres et son frère Lancelot qui professait le droit civil à Pavie. Chargé d'expliquer les Institutes à Pise, il eut bientôt un plus grand nombre d'auditeurs qu'aucun de ses collègues. Dans des controverses publiques, sorte de tournois juridiques où chaque professeur cherchait à désar-

---

[1] Chasseneuz, *Catalog.* pars 10, consid. 4, 26, 27.

çonner son adversaire, il se fit redouter par son habileté et sa science et ne sut vivre en paix avec aucun d'eux. Poussant à l'excès la vanité, hardi dans ses répliques, il s'attachait à humilier leur amour-propre. Il erra d'universités en universités, donnant la préférence à celle qui lui offrait de plus gros appointements. Il eut pour auditeur à Pise, Jean de Médicis, qui fut plus tard Léon X. Cette université ayant été transférée à Florence, à cause de la peste, il alla à Padoue et s'y attira de nouveaux désagréments. Louis XII, après la conquête du Milanais, l'ayant revendiqué comme son sujet, il revint à Pavie. Jules II le frappa d'excommunication pour avoir pris part au conciliabule de Pise (1511) qui l'avait suspendu de la papauté et dont il avait conseillé la convocation à Louis XII, avec Jason et François de Curte, le jeune. Durant la ligue formée par le pape contre la France, l'armée des Vénitiens et des Suisses s'étant emparée de Pavie et ayant pillé sa maison, il se réfugia à la cour de François Ier, fut nommé conseiller au parlement de Grenoble, puis renvoyé à Pavie qu'il ne tarda pas de quitter pour retourner à Pise et à Sienne, où il mourut après une vie agitée [1].

Il n'avait pu, dès le commencement, s'accorder avec Jason. Il se montrait ouvertement jaloux de sa réputation, des honneurs qu'il avait reçus, de son riche traitement. Il le poursuivait de ses railleries et le traitait de plagiaire. S'il en faut croire une tradition généralement admise, tous deux en vinrent à s'assaillir à coups de pierres dans les

---

[1] Pancirole, p. 299 ; Tiraboschi, t. VI, p. 587 ; Taisand, p. 156 ; Savigny, t. IV, p. 242. Voy. à l'École des Beaux-Arts la reproduction du tombeau qu'il se fit élever lui-même à Pise, *ne posteris suis crederet*, avec une inscription rappelant les appointements qui lui avaient été offerts par la République de Florence.

rues de Pavie. Il a laissé un commentaire sur le Digeste et sur le Code; un autre sur le titre des *Règles du droit*, le meilleur, dit-on, de ses ouvrages; un traité sur les Décrétales, des Consultations, au nombre de sept cents. « On van-
« tait surtout son talent pour la controverse, la vivacité de
« ses réparties, la noblesse et l'élégance de son débit.
« Pendant son séjour à Pise, après avoir soutenu pendant
« plus de six heures une controverse avec plusieurs con-
« currents, il reprit la discussion tout entière, passa en
« revue tous les arguments, donna les solutions de toutes
« les difficultés et ce résumé dura encore trois heures [1]. »

Les deux autres professeurs de Chasseneuz, François de Curte le jeune, et Roch de Curte, tous deux originaires de Pavie et d'une famille célèbre dans son université, commentaient, l'un le Livre des fiefs, l'autre le droit canonique. Il suivit également les leçons de droit civil de Charles Ruynus de Reggio, l'antagoniste redouté de Jason et de Decio, esprit captieux, parole harmonieuse et éloquente qui charmait ses auditeurs, mais caractère irascible, s'emportant à la moindre contradiction. Chasseneuz le cite plusieurs fois dans ses commentaires sur la Coutume de Bourgogne; il lui donna l'épithète de « très subtil; » mais il montre partout sa préférence pour Jason : « Mon
« maître Jason, l'ami de la vérité, mon maître Jason qui
« a beaucoup vu et qui n'a rien ignoré. » Tout en déclarant qu'il n'entend pas s'asservir à ses opinions, tout en les combattant même quelquefois, « j'ai toujours recours à lui,
« ajoute-t-il; le disciple doit s'en tenir, autant que possible,
« à la doctrine de son maître [2]. »

[1] Pancirole, p. 284 ; Taisand, p. 311 ; Savigny, t. IV, p. 242.
[2] Pancirole, p. 268, 319, 479 ; Taisand, p. 153, 151, 499 ; Chasseneuz, *Consuet. rubr.* 3, par. 1, p. 387; *Consilia*, fol. 2.

Sous ces professeurs rivalisant d'habileté et d'érudition, ardents dans leurs polémiques, embrassant dans leur enseignement toutes les parties du droit, les écoliers suivaient deux leçons par jour. La première était destinée à donner l'explication du texte, la seconde à discuter les principes et leurs conséquences. « A la différence des glossateurs du siècle précédent, qui s'étaient bornés à l'explication littérale et à la comparaison des textes, cette nouvelle école de juristes stimulée par la renommée des docteurs scolastiques, appliquait à l'étude des lois leur méthode dialectique, soulevait une multitude de cas et de distinctions, cherchait à mettre la théorie au service de la pratique des tribunaux [1]. »

Si la vie des universités offrait à l'étude une vaste carrière, elle présentait aussi à la vertu de nombreux écueils. Elle se ressentait trop souvent de la licence des mœurs et d'une liberté d'autant plus grande que la répression était moins sévère. Une jeunesse venue de tous pays, destinée cependant, en partie, à gouverner et a servir plus tard les Églises, mais entraînée par la fougue de l'âge, se jetait tête baissée dans la débauche et dans les querelles. Des rixes s'élevaient au moindre prétexte entre les écoliers des différentes nations, avec les bourgeois et les artisans à qui leur insolence, leur libertinage, leurs privilèges les rendaient odieux. Ils se battaient entre eux à propos du mérite de leurs professeurs, de la nomination d'un recteur, d'un motif quelquefois plus futile ; le désordre régnait fréquemment dans la ville. « Bien peu d'étudiants parviennent à
« devenir savants quand ils s'abandonnent avec excès au
« plaisir. L'effronterie des femmes, le libertinage, les dé-

---

[1] Savigny, t. III, p. 378.

« tournent complètement de l'étude. Il en résulte souvent
« des actes honteux et monstrueux, des rixes pendant le
« jour et pendant la nuit. Tantôt ce sont les artisans qui
« en viennent aux mains avec les étudiants, tantôt ce sont
« les bourgeois qui prennent les armes contre les artisans.
« Une fête se passe rarement sans que des meurtres soient
« commis. Ceux-là me comprendront qui ont été témoins
« des factions organisées de leur temps pour repousser des
« insultes et des attaques dirigées contre eux, sans motifs,
« par des gens de la lie du peuple. Aussi, leur vie est-elle
« exposée à une foule de dangers. Heureux l'étudiant qui
« est sorti sain et sauf d'une université, plus heureux
« encore celui qui en est revenu savant ; car la plupart
« perdent le temps consacré aux études. Il n'y a pas d'uni-
« versité qui n'aie ses empêchements particuliers ; on dit
« les flûteux et joueurs de paume de Poitiers, les danseurs
« d'Orléans, les bragards d'Angers, les crottés de Paris,
« les brigueurs de Pavie, les amoureux de Turin ; on dit
« cependant les bons étudiants de Toulouse [1]. »

Le caractère paisible et studieux de Chasseneuz le préserva de pareils écarts. Quoiqu'il ne poussât pas la vertu jusqu'au rigorisme, quoique l'on retrouve dans plusieurs passages de ses livres les traces d'un esprit railleur et gaulois, touchant parfois à la licence, et, sur certains points, une morale par trop indulgente, il sut se tenir en garde contre les séductions qu'offraient à cette époque les mœurs dissolues de l'Italie. A côté du désordre existant dans les universités, du portrait de l'étudiant paresseux,

---

[1] Cibrario, *Éc. polit. du moyen âge*, t. II, p. 41; *id. Stor. di Torino*, t. I, p. 402, 405; *Catalog.* par. 10, consid. 32. Comparer le tableau de l'université de Paris, au treizième siècle, dans *Jacques de Vitry*, coll. Guizot, t. XXII, p. 289.

tapageur et débauché, il s'est plu à retracer, en citant une lettre d'Augustin Dati, le genre de vie que l'intérêt de sa santé et de ses études recommandait à un jeune homme sérieux et chrétien.

« Le jour commence au milieu de la nuit, à l'heure où
« retentit le chant du coq. Consacre au sommeil la pre-
« mière partie de la nuit, et, s'il t'arrive de veiller,
« repasse dans ta mémoire ce que tu as appris précé-
« demment. Dès que l'aube commence à paraître, livre-toi
« à la lecture, et examine avec soin ce que tu dois faire
« pendant la journée; l'action est d'autant plus parfaite
« que la réflexion la plus mûrement préparée. Le matin,
« en sortant de ta demeure, entre dans l'église, adore
« Dieu, cherche le royaume de Dieu, redis les prières
« sacrées. Attache-toi de préférence aux écrits de saint
« Jérôme; tu y trouveras et l'élégance du langage et la
« science d'une vie vertueuse. Enferme précieusement
« dans le trésor de ta mémoire les pensées qui t'auront
« le plus frappé, recherche la conversation des hommes
« auprès de qui tu peux puiser une nouvelle instruction ou
« de salutaires conseils. Observe dans la nourriture et la
« boisson l'ancienne frugalité. Au milieu du jour, sache te
« distraire dans l'intérieur de ta maison et garde-toi de
« courir au dehors. Vaguer çà et là dans les rues et sur
« les places publiques, passer de longues heures au bar-
« reau, se livrer à des jeux comme les enfants, visiter
« même les églises, qu'est-ce autre chose, sinon se perdre
« soi-même ? Fais, durant les repas, une lecture agréable,
« afin que l'esprit prenne sa nourriture en même temps
« que le corps. Après quelques moments de repos, résume
« dans ta pensée ce que tu as appris et entendu; attache-
« toi particulièrement à l'explication des passages les plus

« difficiles; pénètre-toi de quelque proposition principale,
« afin qu'elle te serve d'aliment agréable et de viatique
« salutaire pendant tes promenades. S'il te plaît de sortir,
« recherche de préférence les lieux augustes et religieux,
« visite les bibliothèques, parcours à ton choix les meil-
« leurs livres, fais des extraits des passages les plus frap-
« pants et les plus utiles. Que le coucher du soleil te
« ramène au logis, et que le soir ne te trouve jamais
« au dehors. Passer la nuit ailleurs qu'à la maison, est
« regardé à la fois comme un danger et une honte. Mets à
« profit les dernières heures à la clarté de la lampe, afin
« qu'aucune ne reste sans emploi utile. Quand l'occasion
« s'offrira, prends ton plaisir. N'oublie pas de te reporter
« à quelque passage des Livres saints, et, avant de te
« mettre au lit, passe en revue, selon l'habitude des
« Pythagoriciens, ce que tu as fait, ce que tu as dit pen-
« dant la journée. Si tu en as le temps, arrête ta réflexion
« sur quelques maximes plus remarquables. Prie Dieu;
« c'est de lui que viennent tous les biens que l'homme
« peut désirer. Durant les ténèbres de la nuit, rentre dans
« le silence, repose; tu te ménageras ainsi une vie calme
« et sagement réglée [1]. »

Était-ce là le genre de conduite sérieuse et chrétienne qu'avait adopté Chasseneuz, la règle qu'il s'était imposée comme un frein contre les entraînements de la jeunesse ? Il n'a pas jugé à propos de nous en laisser la confidence; mais, au témoignage d'un de ses condisciples qui était en même temps son compatriote, il passait ses jours et ses nuits

---

[1] Chasseneuz, Catalog. pars 10, consid. 32. Augustin Dati, professeur de belles-lettres, orateur, historien, mort à Sienne, sa patrie, en 1478, a laissé, entr'autres ouvrages, un recueil de lettres curieuses pour l'histoire littéraire et politique de son temps.

dans un labeur assidu, et lui-même reconnaît que c'est dans cette célèbre université de Pavie, marchant de pair avec celle de Paris, qu'il compléta son instruction en droit civil et canon, dont il n'avait reçu à Poitiers que les premiers éléments. Il s'y occupa d'écrire un traité sur la malédiction des animaux dépourvus de raison, question qui s'était présentée durant les premières années de sa jeunesse, devant les cours d'Église de son pays, à propos d'excommunications demandées contre des sauterelles qui ravageaient les vignobles de la Bourgogne. Il lui donna, plus tard, la première place dans le recueil de ses Consultations [1].

II.

De graves événements étaient venus traverser le cours de ses études. Dès son avénement à la couronne, Louis XII, ayant conçu le projet de s'emparer de l'Italie, avait joint à son titre de roi de France ceux de duc de Milan, de roi de Sicile et de Jérusalem. Il appuyait ses prétentions à l'héritage des Visconti sur sa qualité de descendant de Valentine de Milan, au trône de Naples sur celle d'héritier des ducs d'Anjou. Au mois d'août 1499, son armée réunie à Lyon franchit les Alpes. La désertion des troupes italiennes, la fuite de Louis le More lui livrèrent, en moins d'un mois, presque sans coup férir, Alexandrie et Pavie. La capitale de la Lombardie envoya ses clefs à ses généraux. Le roi, quand tout fut terminé, accourut au delà des

[1] Leonardus Alonnus, Heduus, Lectori, en tête des commentaires de Chasseneuz, sur la Coutume. On voit un Léonard d'Alonne, chanoine de la cathédrale d'Autun, en 1533. Chasseneuz, *Catalog*. pars 2, consid. 2.

monts et passa d'abord par Pavie, afin de faire honneur à son université. Il voulut assister à une leçon de Jason Maino et le pria de reprendre son cours qu'il avait interrompu à cause d'une ophtalmie. Lorsque, accompagné de cinq cardinaux et suivi de cent gentilshommes, le roi, conduit par ce professeur vêtu d'une robe drapée d'or, arriva à la porte de l'Université, il voulut qu'il entrât le premier, en disant que le professeur public avait le pas sur le roi. De nombreux auditeurs se pressaient sur les bancs de l'université Jason soutint devant cette assemblée que la dignité de chevalier, conférée par le prince au guerrier qui s'était distingué sur le champ de bataille, passait à ses descendants, contrairement à l'opinion d'autres jurisconsultes qui la regardaient comme personnelle et non héréditaire. Le roi éprouva un si vif plaisir à l'entendre qu'il l'embrassa, lorsqu'il fut descendu de sa chaire, et qu'il lui fit don du château de Pipéra (2 oct.) [1].

Quatre jours après, il fit son entrée solennelle dans la capitale de la Lombardie, accompagné du duc de Savoie, du marquis de Montferrat, du cardinal de Saint-Pierre-aux-Liens. Les ambassadeurs de Venise, de Florence, de Bologne, de Pise, de Gênes, le clergé allèrent à sa rencontre avec six cents cavaliers. Ses premiers soins furent de réformer l'administration et la justice. Il réduisit les impositions considérables qu'avait établies Louis le More. Il traita les nobles avec familiarité, et leur restitua le droit de chasse que les anciens ducs s'étaient réservé. Il accueillit avec bienveillance les gens de lettres. Il augmenta et mit à la charge du trésor royal le traitement des professeurs de l'université, il créa des chevaliers, il donna des

---

[1] Pancirole, p. 381; Taisand, p. 311; Gravina, p. 633.

fêtes et des tournois. Il remplaça le conseil d'État et le conseil de Justice, fonctionnant tous deux auprès du duc et asservis à son autorité, par un sénat, sur le modèle des parlements français, en lui accordant le pouvoir de suspendre les décrets royaux lorsqu'il les jugerait contraires aux coutumes et aux intérêts du pays. Il lui confia le choix des professeurs de l'université de Pavie ; il ne donna les emplois qu'à des Italiens, et laissa pour gouverneur Jean-Jacques Trivulce, d'une ancienne famille de Milan, l'un des généraux de son armée, qu'il créa maréchal de France [1].

Mais la fidélité des Milanais envers Louis XII ne fut pas de longue durée. Ils ne trouvèrent sous ce nouveau régime ni la complète exemption d'impôts, ni l'extrême liberté auxquelles ils s'étaient attendu. Trivulce, au lieu de chercher à concilier les partis, ne pensa qu'à satisfaire ses rancunes. Écarté autrefois des affaires par Louis le More, il accabla d'impôts ses anciens partisans. Il irrita la faction gibeline qui était puissante à Milan et dans les autres villes ; il s'attira la haine du peuple par un luxe insolent et par un orgueil despotique. Il faisait pendre et étrangler des citoyens et des soldats pour la moindre faute. Les désordres des gens de guerre, la hauteur des gentilshommes français, leurs galanteries auprès des femmes, irritèrent les nobles gibelins. Le peuple se révolta, et Louis le More, avec une armée composée de vingt mille Allemands, Bourguignons, Suisses, Albanais, Lombards et Romains, rentra en triomphe dans Milan, d'où il était sorti, abandonné de tous au mois de septembre précédent. Louis XII envoya des troupes en toute hâte, et dès les premiers coups de canon,

---

[1] *Chroniques de Jean d'Auton*, t. IV, p. 80, 85, 244, etc. *Pietro Verri*, t. II, p. 427, 430.

le More, livré par les Suisses aux mains des Français, fut transféré au château de Loches où il passa dans un cachot les dix dernières années de sa vie [1].

Le roi envoya à Milan, afin de recevoir la soumission de ses habitants, le cardinal ministre, Georges d'Amboise, accompagné de cent gentilshommes. Il fut reçu « avec toute révérence et joyeuse chère, amiablement, par les seigneurs et le peuple, tant honorablement que ce fut jusqu'à y efforcer tout l'exploit de leur grand possible. » Ils implorèrent la miséricorde du roi, le bon plaisir et vouloir du cardinal. Le jour de Vendredi saint, ils firent amende honorable. Le cardinal se rendit à la maison de ville, suivi de gentilshommes français et italiens, de prêtres, de laïques et de gens du peuple. Un docteur milanais, Michel Tonso, monta en chaire, et, après avoir fait l'éloge de la cité et déploré l'erreur qui l'avait entraînée dans la révolte, demanda le pardon du roi. Un autre docteur, le napolitain, Michel Riccio, membre du sénat de Milan, prenant ensuite la parole, énuméra les nombreux bienfaits que ses habitants avaient reçu du monarque, leur reprocha l'oubli de leurs serments, leur ingratitude, et les assurant qu'ils n'avaient épuisé la miséricorde du roi, leur promit, de sa part et de la part du cardinal, un pardon d'où n'étaient exclus que les fauteurs et les complices de la révolte. Il engagea les habitants à garder inviolablement, à l'avenir, la foi qu'ils avaient jurée, et à ne pas donner lieu au moindre soupçon de perfidie. Le peuple rendit grâces à Dieu ; et des enfants, des jeunes filles vêtues de blanc, tenant à la main des croix, des insignes sacrés, des rameaux d'arbres, défilèrent devant le cardinal en criant miséricorde, en invo-

---

[1] Baronius, an 1500.

quant la protection divine. Louis XII, prévenant les plaintes des Milanais, qui se disposaient à demander le remplacement de Trivulce par un étranger placé en dehors des partis, leur donna pour gouverneur Charles d'Amboise, seigneur de Chaumont [1].

C'était un jeune homme de vingt-cinq ans qui devait sa fortune rapide à son oncle le cardinal, ministre tout-puissant de Louis XII. Il se gouvernait en toutes choses par ses conseils et se conformait fidèlement à ses instructions. Le roi, pratiquant en Italie, comme en France, sa maxime habituelle qui était passée en proverbe : Laissez faire à Georges, avait donné plein pouvoir au cardinal pour pacifier le duché. Le nouveau gouverneur était d'ailleurs d'une grande intrépidité à la guerre, et durant dix années qu'il administra le Milanais, il ne perdit pas un pouce de terrain. Homme de bien, de prudence et de modération, il sut gagner les grands par sa courtoisie, le peuple par sa bonté, calmer les partis, et faire accepter, sans trop de regrets, la domination française. Il nomma capitaine de justice de Milan, Robert de Pardines, gentilhomme auvergnat, et, informé des connaissances en droit du jeune étudiant de l'Université de Pavie, il lui adjoignit Chasseneuz pour assesseur. Il se l'attacha lui-même en qualité de maître des requêtes [2].

Ces deux emplois lui donnaient une grande considération dans la ville. Le capitaine de justice était chargé d'y maintenir la tranquillité publique ; c'était sur sa surveil-

---

[1] *Jean d'Auton*, t. I, p. 205, 261 ; Seyssel, *Hist. de Louis XII*, p. 192, 211. Aubery, *Hist. des cardinaux*, t. III, p. 15.

[2] Mezeray, *Hist. de Fr.*, in-8°, 1830, t. XV, p. 294 ; Brantôme, *Ed. de la Soc. de l'hist. de Fr.*, t. III, p. 2. Chasseneuz, *Catalog.* pars 4, consid. 30 ; pars 7, consid. 17, 29 ; Aubery, t. III, p. 25 ; Doni d'Attichy, *Flores hist. sac. colleg. card.*, t. II, p. 125.

lance que reposait, le jour et la nuit, la sécurité des habitants. Chasseneuz compare ses fonctions à celles du Prévôt de Paris, dont, néanmoins, la juridiction, au point de vue administratif et judiciaire, était plus étendue, à celles du Bargello de Rome, magistrat de police, dont les sbires parcouraient la nuit les rues de la ville afin d'arrêter les malfaiteurs. Le capitaine de justice veillait à l'observation des défenses édictées par les statuts concernant le port des armes, les attroupements, les réunions secrètes, les intelligences avec les ennemis de l'État ; au besoin, il en dressait de nouveaux. Il avait au *Broletto* des prisons pour enfermer les rebelles et les voleurs, pouvait prononcer la peine de mort et la confiscation des biens ; ses sentences étaient sans appel. Magistrat le plus considérable du duché, il prenait le pas sur le Podestat, premier administrateur de la commune, renouvelé chaque année par voie d'élection, possédant la police, une justice civile et pénale, mais non la haute justice, ainsi que sur les juges subalternes dont les sentences étaient déférées en appel au Sénat.

Une pareille fonction, confiée d'ordinaire à des hommes d'épée, avait nécessité l'adjonction d'assesseurs ou de conseillers connaissant les lois, les statuts municipaux et suppléant ainsi à leur inexpérience. Le capitaine de justice ne pouvait prononcer de sentence sans le concours de son assesseur. Tous deux habitaient le palais ducal, siège de leur juridiction. Chasseneuz exerça ces fonctions pendant trois ans, et plusieurs passages de son *Catalogus* et de ses commentaires sur la Coutume de Bourgogne nous donnent à comprendre qu'elles n'étaient pas une sinécure. Il rappelle avec une sorte de légitime orgueil, que de célèbres jurisconsultes les avaient autrefois remplies ;

Ulpien et Sabinus auprès du préteur romain ; Cino de Pistoie auprès de Louis Allobrogi, sénateur de Rome ; Raynier de Forli à Pise et à Todi ; Barthole lui même avait été pourvu, dans sa jeunesse, d'un pareil office. En qualité de maître des requêtes du gouverneur général du Milanais, Chasseneuz, recevait les suppliques qui lui étaient adressées, et émettait son avis sur les réponses qu'il convenait de faire [1].

Malgré l'occupation que lui donnaient ces deux charges, il n'avait pas interrompu le cours de ses études. En 1502, il reçut le bonnet de docteur en droit civil et en droit canon à l'Université de Pavie. Il était âgé de vingt-deux ans. Les docteurs de Milan lui proposèrent, aussitôt après sa réception, de l'agréger à leur collège. C'était une faveur signalée et qui n'était pas offerte d'habitude à des étrangers. Comme dans la plupart des autres villes principales de l'Italie, ce collège de docteurs possédait des privilèges particuliers. Il formait une sorte de tribunal consultatif et indépendant, auquel chacun pouvait librement s'adresser. Il fournissait quelquefois des arbitres sur les procès pendants devant les tribunaux ordinaires. L'opinion de ces docteurs était d'un grand poids, non seulement dans la pratique du droit, mais encore dans les questions concernant l'administration de la cité et de l'État. On en tirait des sujets pour remplir les magistratures dans les tribunaux et dans le Sénat. Les citoyens appartenant à la plus haute noblesse du duché, ambitionnaient d'en faire partie, et on vit des hommes revêtus de la pourpre romaine rechercher une pareille agrégation comme un honneur [2].

---

[1] Chasseneuz, *Catalog.* pars 5, consid. 26, 27 ; pars 12, consid. 67 ; *Consuet.*, *rubr.*, 2, pars 1, p. 346.

[2] Argellati, *Bibl. script. mediol.*, t. I, par. 1, p. 312 ; Sclopis, *Hist. de*

Chasseneuz reçut cette proposition avec reconnaissance, mais il ne voulut pas en profiter. Il négligea de demander son inscription, et le temps, dit-il, lui manqua pour prêter serment. Charles d'Amboise offrit de lui donner une propriété dans la ville, mais en apprenant qu'il fallait, afin de la conserver au delà d'une année, obtenir auparavant le droit de cité, il ne s'en inquiéta pas davantage, n'attachant à cette nouvelle offre aucune importance. Il se contenta du titre de docteur de l'Université de Pavie qui était, ajoute-t-il, en grande estime, parce que les études, de même qu'à Bologne et à Padoue passaient pour être supérieures à celles des Universités de France, à l'exception toutefois de celle d'Orléans où les épreuves étaient plus sévères [1].

Au mois de novembre 1503, Jules II succéda à Alexandre VI. (Après le pontificat de vingt-cinq jours de Pie III.) L'ennemi et l'exilé des Borgia les avait remplacé dans Rome. Hardi et inébranlable dans ses projets, « guerrier comme un prélat de l'an mil, » intrépide en face du danger, surnommé par les Français qu'il n'aimait et dont il n'était pas aimé « le pape Jules César, » il nourrissait la grande pensée d'expulser de l'Italie les Allemands et les Français, de la délivrer des tyrans qui, à l'aide de bandes soudoyées, s'étaient rendus indépendants dans les villes, d'y relever l'ancienne et salutaire suprématie d'une papauté tombée dans l'abaissement sous ses prédécesseurs. « Je voudrais, disait-il, réunir la patrie commune sous un seul maître et que ce maître fut à perpétuité le pontife romain. » Il commença par soumettre la Romagne et la

---

la lég. it., t. I, p. 41 ; Chasseneuz, Catalog., pars. 10, consid. 32 ; Consuet, rubr. 9, par. 10, p. 1227.

[1] Chasseneuz, ibid.

Toscane, et se fit restituer les châteaux dont s'était emparé César Borgia. Afin d'obtenir l'appui de Louis XII, il lui accorda un indult pour l'investiture des bénéfices ecclésiastiques dans le duché de Milan et continua au cardinal Georges d'Amboise sa légation du Saint-Siège en France. Botté, éperonné, monté sur un cheval de bataille, il assaillit, en compagnie de vingt-cinq cardinaux, Baglioni dans Pérouse et y entra avec toute sa cour. Il s'avança ensuite vers Bologne où Jean Bentivoglio, après avoir réduit à néant l'autorité du vicaire pontifical préposé par les papes à l'administration de la ville, soumis et ruiné les familles puissantes, dominait, avec ses quatre fils, par la tyrannie et la terreur. Charles d'Amboise se joignit avec un corps de cinq cents lances à l'armée du Saint Père. Après un siège de deux mois, Bentivoglio effrayé de la persévérance du pape, redoutant la trahison des siens, se décida, sur les conseils de Charles d'Amboise, à quitter la ville où il était devenu l'objet de la haine universelle. Le pape le frappa d'excommunication, lui, sa famille, ses adhérents, et tous les lieux qui leur donneraient asile [1].

« Il manda ensuite à Charles d'Amboise, lieutenant du
« roi, que dedans trois jours il irait faire son entrée à Bolo-
« gne, en le priant que, avec tous ses gendarmes de cheval
« il lui voulut tenir compagnie, ce qu'il fit ; car lorsqu'il sut
« que le pape approchait de Bologne avec toute son armée,
« fut au-devant de lui, et, là, lui fit le pape joyeux recueil et
« très bonne chère, en remerciant le roi de son bon secours
« et lui de la peine que pour lui avait prise. Ainsi accom-
« pagné, le pape entra dans la dite ville en grand triomphe.

---

[1] Belcarius, *Rerum Gallic. Comment.*, p. 294; Prato, dans *Archiv. Storic. ital.*, t. III, p. 256; *Lettres de Louis XII et du card. G. d'Amboise*, t. I, p. 261.

« Après que le lieutenant le vit dans la ville, il fit commander,
« à peine de la hart, que tous les harnais de la ville fussent
« apportés et mis dans une maison à ce faire, ce qui fut
« fait, et puis commit gens, de par le pape, pour la dite mai-
« son garder et disposer comme il plairait à sa Sainteté. Là
« dedans, fut festié et entretenu le pape par les citadins et
« seigneurs honorablement ; et, aussi, plusieurs jours durant
« il festia et traita le dit lieutenant du roi, tellement que
« toujours le fit asseoir à sa table et servit tout à souhait
« en lui faisant tant familière chère que, à toute heure,
« parlait à lui, et, lorsque s'en voulut aller, lui fit de
« grands dons et présents et contenta à la raison, et fit en
« manière que lui et les capitaines de l'armée du roi
« tout amplement se contentèrent de sa bénédiction. Ce
« fait, le dit lieutenant du roi et les capitaines de l'armée
« prirent congé du Saint-Père, puis s'en retournèrent dans
« la duché de Milan, chacun à sa garnison [1]. »

Chasseneuz avait accompagné Charles d'Amboise. Plusieurs Français restèrent à Bologne, afin d'obtenir du Saint-Père certaines dispenses canoniques accordées à ceux qui avaient mis leurs armes au service de l'Église ; quant à lui, il était chargé de plusieurs missions importantes, Jules II qui avait fait présent de huit mille écus d'or au gouverneur du Milanais et de dix mille autres à ses troupes, en récompense de leurs services, s'était encore engagé à revêtir de la pourpre romaine un de ses frères, Louis d'Amboise, jeune homme de vingt-sept ans, ancien évêque d'Autun, occupant en ce moment le siège d'Alby. Chasseneuz fut député auprès du pontife afin de hâter l'exécution de sa promesse. Une pareille mission lui don-

[1] Jean d'Auton, t. III, p. 196.

naît un facile accès auprès de sa personne. Il ne nous a pas laissé de détails sur cette négociation, dont les difficultés survenues touchant la nomination aux évêchés et aux abbayes dans la Lombardie et peut-être l'espérance conçue par le pape d'obtenir du roi des secours contre les Vénitiens, à qui il avait l'intention de réclamer des villes enlevées par eux à l'Église, retardèrent pendant quelques années le succès ; il ne nous dit rien non plus de la cour romaine dont l'organisation fut cependant pour lui un sujet d'étude ; il se borne à raconter qu'un Français de la suite du seigneur de la Palice, ayant donné à quelqu'un un soufflet dans le palais du pape, fut aussitôt arrêté par les sbires et amené devant le prévôt qui allait le faire conduire à la potence, si Chasseneuz lui-même, accouru auprès de Jules II, n'eut obtenu sa grâce, sans quoi, il eût été pendu seulement pour un soufflet, car, disait le pape : une sécurité complète doit régner dans mon palais [1].

Il resta trois mois à Bologne depuis la Saint-Martin d'hiver jusqu'à la fête des Rois, et revint rendre compte de ses démarches à Charles d'Amboise. La peste qui, sur la fin du siècle dernier, avait fait de fréquentes apparitions en Italie, l'obligea à quitter subitement le Milanais. Il repassa les monts en toute hâte, sans avoir le temps d'emporter ses livres, et arriva à Autun au commencement de février 1506 [2].

---

[1] Chasseneuz, *Catalog.* pars 4, consid. 30; pars 5, consid. 24, n. 125. Louis d'Amboise fut nommé cardinal en 1507, mais Jules II ne se décida à lui donner la pourpre qu'en 1510. Il mourut la même année. « Le peu de temps qu'il jouit de cette dignité, qu'il avait poursuivie avec tant de travaux et de peines, montre très clairement la vanité et l'instabilité des choses humaines. » Aubery, *Hist. des Cardinaux*, t. III, p. 129.

[2] Chasseneuz, *Consil.* 52, n° 20.

III

Un grand changement allait s'accomplir dans sa vie. Antoine Ramy son frère utérin et Arthus de Chasseneuz son frère germain, tous deux chanoines de la cathédrale, désirant le fixer auprès d'eux, lui firent épouser Pétronille Languet, restée veuve de Pierre Seurre, avocat du roi au bailliage d'Autun et de Montcenis. Ils lui assurèrent leurs biens par contrat de mariage. Le jeune savant prêta la main à cet arrangement de famille, avec la confiance qu'il avait dans ses frères, avec l'affection qu'il portait à son pays ; mais jamais union ne fut plus malheureuse et ne laissa de plus amers regrets [1].

Il avait quitté l'Italie, désolée par des guerres intestines, par des meurtres sans nombre, où la destruction des châteaux et des villes, la licence des troupes soudoyées, l'habitude de fouler aux pieds les choses sacrées, « le vice se montrant sans masque et le crime sans remords, » avaient fait disparaître tout respect de la religion et de la vie des citoyens ; il s'était peu soucié des honneurs qui lui étaient offerts sur cette terre étrangère, préférant au séjour de ce vaisseau sans cesse agité par la tempête un paisible abri dans son pays natal, et répétant avec un sentiment de lassitude, ces paroles du poète :

> Nescio qua natale solum dulcedine cunctos
> Ducit et immemori non sinest esse sui ;

il projetait d'y mener une vie calme et studieuse ; il trouva dans son intérieur de nouveaux orages [2].

---

[1] *Consuet. rubr.* 9, par. 7, p. 1205.
[2] Baronius, anno 1508 ; Cherrier, *Hist. de Charles VIII*, t. II, p. 292 ; préface des *Commentaires sur la Coutume de Bourgogne*.

Fille d'un bourgeois de Vitteaux, appartenant à une famille d'où devait bientôt sortir un des publicistes les plus hardis du siècle, Pétronille Languet, s'il en faut croire son époux, était d'une humeur violente. Elle tourmentait par de mesquines contrariétés, par des accès de colère, ce laborieux juriste qui passait ses journées à lire, à écrire, à donner des consultations, à parler procès avec les avocats. Elle lui rendit la vie commune insupportable et il fut obligé d'en venir à une séparation. C'est, en rappelant ses tribulations conjugales, et en regrettant de n'être pas resté célibataire comme son maître Jason, qu'il citait ces paroles du *Livre des Proverbes* : « Mieux vaut être assis dans « le coin d'une maison solitaire que de résider dans une « maison pleine de convives avec une femme querelleuse ; « un toit qui dégoutte de pluie et une femme querelleuse « sont semblables » ; puis, ces autres paroles de *l'Ecclé-* « *siastique* : Il n'est point de tête plus perfide que la tête du « serpent et point de colère au-dessus de la colère de la « femme. Mieux vaut habiter avec un lion et un dragon « qu'avec une femme méchante. La méchanceté de la « femme altère son visage et l'obscurcit comme à l'ap- « proche d'une bête fauve ; elle paraît sombre comme un « cilice au milieu des siens. » J'ai suivi l'exemple de « Cicéron qui répudia Térentia parce qu'il ne pouvait « en même temps donner ses soins à son épouse et à la « philosophie [1].

Il en avait conçu contre les femmes en général d'assez vives préventions. Tout en faisant l'éloge de celles qui s'étaient distinguées par leurs vertus, il renvoie volontiers

---

[1] *Consuet. rubr.* 1, par, 5, p. 208 ; *rubr.* 4, p. 496, *præfatio*. Hubert Languet, né en 1518, fils du capitaine du château de Vitteaux, auteur de *Vindiciæ contra tyrannos*. Le curé de Saint-Sulpice et l'archevêque de Sens étaient de la même famille.

aux auteurs qui en ont dit du mal, entre autres à Tiraqueau qui, dans son *Traité des lois nuptiales*, leur attribuait cent mille vices et plus. Heureux, ajoute-t-il, l'homme qui possède une bonne femme, mais comme il en existe peu de cette sorte, il y a bien peu d'hommes heureux. Ces préventions vont jusqu'à influer sur ses idées de juriste. Au lieu de s'inspirer vis-à-vis du sexe faible de la mansuétude du christianisme, il le traite avec toute la dureté des lois romaines. Le mari possède un pouvoir absolu sur sa femme ; elle est sa servante, elle doit veiller à la garde de ce qui lui appartient, lui laver les pieds et la tête, préparer ses aliments ; il peut la châtier, la mettre à la chaîne, la chasser de sa maison si sa dot n'est pas payée. Peu s'en faut qu'il ne regrette le divorce de la loi mosaïque, et rappelant l'exemple d'Assuérus qui répudia Wasthi et, prit Esther pour épouse, si une pareille coutume, dit-il, était permise de notre temps, je connais plus d'un mari qui en profiterait. D'après une coutume générale en France, un condamné conduit au supplice obtenait sa grâce quand une femme venait offrir de l'épouser, mais je ne sais ajoute-il, si c'est une peine plus grande de souffrir la mort que d'épouser une femme et de tomber ainsi dans un supplice perpétuel. Une légende populaire racontait que le diable, étant entré dans le corps d'un homme, n'en voulait sortir qu'aux sons d'un air de danse. Un jour entendant des instruments, il demanda ce que c'était. On lui répondit que des jeunes filles dansaient à la noce d'un homme nouvellement marié. Saisi d'une frayeur subite, je vois, s'écria-t-il, que vous voulez me donner une femme, j'aime mieux retourner d'où je viens, et il s'enfuit en toute hâte aux enfers [1].

---

[1] *Catalog.* pars 2, consid. 10, 38; *Consuet. rubr.* 1, par. 5, p. 208 et passim.

Ne renonçant pas cependant à obtenir, dans la magistrature, un office auquel ses récentes fonctions lui semblaient un légitime acheminement, il alla à Paris solliciter le chancelier, Guy de Rochefort, originaire du comté de Bourgogne, ancien président au parlement de Dijon, qui se montrait bien disposé en sa faveur. Il obtint de lui des lettres de maître honoraire des requêtes de l'Hôtel et la promesse d'une charge de conseiller au Grand conseil qu'il avait placé, en 1497, sous sa présidence et séparé du Conseil d'État, en lui réservant des attributions judiciaires en dernier ressort, laissant à ce dernier sa compétence administrative et politique. Il l'engagea à retourner dans son pays mettre ordre à ses affaires et à revenir dans deux mois; mais ses espérances s'évanouirent, peu de jours après, par la mort de son protecteur, arrivée le 15 janvier 1507.

Il se vit réduit à donner à Autun des consultations, à plaider devant le tribunal du bailliage, en compagnie de collègues auxquels il reproche de compromettre quelquefois leur honneur et s'attirer des désagréments, en apposant par complaisance leur signature à des actes rédigés par des procureurs brouillons, que les juges étaient obligés de repousser, comme étrangers à la cause, inepts, nuls, et qu'ils n'auraient pas signé s'ils s'étaient donné auparavant la peine de les lire. Il en prit facilement son parti et en profita pour travailler à un commentaire sur la coutume de Bourgogne, et pour préparer d'autres ouvrages qu'il avait en vue [1].

Il s'attira une grande estime par sa probité et son mérite. Un magistrat, dont les consultations faisaient

---

[1] *Catalog.*, pars 6, consid. 5; pars 1, consid. 34.

autorité dans la province, Guy Moreau, originaire de Flavigny, avocat du roi au bailliage d'Autun, le choisit pour son substitut. Quelque temps après, aspirant à des fonctions plus élevées, il alla établir sa demeure à Dijon où il devint lieutenant général du bailliage, puis président au parlement, et résigna, au moment de son départ, son office en faveur de Chasseneuz qui en fut pourvu par lettres patentes du 21 août 1508. Cette magistrature à laquelle était attachée, entre autres privilèges, l'exemption des tailles, et qui faisait regarder comme noble son titulaire, lui donnait le premier rang au barreau. L'avocat du roi prenait la parole dans toutes les causes intéressant le domaine public. Louis XII ayant interdit aux avocats du roi, par l'article 34 de l'ordonnance de Blois (1498), de plaider et de consulter pour les parties contre le roi, leur avait laissé par là même la faculté d'occuper dans les procès où ses intérêts n'étaient pas en cause. Sans cette permission, dit Chasseneuz, leur traitement sur le trésor public n'étant que de trente ou quarante livres tournois et restant souvent impayé à cause de la pénurie des finances, cet office, qui était vénal, aurait été plutôt à charge qu'à profit. Il ne leur était pas défendu d'accepter des fonctions dans des justices subalternes, et Chasseneuz obtint encore celles de bailli ou juge temporel des terres de l'abbaye de Saint-Martin, située aux portes d'Autun, emploi qui ne rapportait que de maigres émoluments [1].

---

[1] *Consuet. rubr.* 4, par. 6, p. 581 ; pars 7, p. 641 ; *rubr.* 6, par 4, p. 850 ; *Catalog.* pars. 7, consid. 33 ; Isambert, t. II, p. 344. Sur Guy Moreau, voy. Courtépée, t. III, p. 504, Paillot, *Parlem. de Bourg.*, p. 70. La vanité des juristes avait devancé, sur le point de la noblesse, la législation. Ce fut seulement, par un édit du mois d'août 1644, que Louis XIV déclara que les présidents, conseillers, avocats et procureurs généraux, greffier en chef, etc., du parlement de Paris, seraient

Possesseur d'une modeste fortune, consistant en un petit fief à la campagne, en un moulin, en quelques redevances sur des maisons, il se fit construire une habitation dans une rue à demi peuplée, ayant accès sur la campagne, éloignée du bruit, propice au recueillement et à l'étude, dépendant de la partie supérieure de la ville appelée le Château, dont il s'est plu à tracer dans son *Catalogus* une pompeuse description. C'était le quartier des gens d'Église, des gens de loi, des habitants notables, d'une petite noblesse venue en partie des campagnes voisines. Cent cinquante maisons environ, appartenant pour la plupart au Chapitre de Saint-Lazare, étaient groupées sous une enceinte de hautes murailles autour de quatre églises que dominait avec sa flèche élancée l'église cathédrale. Sur son parvis, dans les rues avoisinantes, on voyait circuler à toutes les heures du jour, le personnel attaché à son service, au nombre de cent cinquante chanoines et prêtres subalternes, se rendant aux offices, aux distributions, ou occupés à causer entre eux. Dans des *Écritoires*, sorte de petites loges, appuyées aux murs de l'église, les procureurs parlaient d'affaires avec leurs clients, dressaient des pièces de procédure. A quelques pas de là se trouvait l'auditoire du bailliage. C'était la ville haute, la ville aristocratique, le reste de la cité se composant en grande partie de couvents, de quelques hôtelleries, de marchands et d'ouvriers. Parmi ces derniers, Chasseneuz parle de tisserands fabriquant des toiles renommées par leur finesse qui s'expédiaient à Lyon, et dont la qualité détermina, dans le siècle

tenus pour nobles, eux et leur postérité, après vingt ans d'exercice, ou s'ils étaient morts dans leurs fonctions. Un édit de 1704, étendit aux autres Parlements ce privilège de noblesse héréditaire. Les magistrats de bailliage ne voulant pas rester en arrière se crurent nobles ou quasi nobles.

suivant le ministre Colbert, à établir à Autun des manufactures [1].

Quelles étaient les habitudes de cette ville retirée à l'écart au pied de ses montagnes, où renonçant aux poursuites de l'ambition, il s'était confiné volontairement et devait passer les meilleures années de sa vie, Chasseneuz, dans quelques passages de ses livres, nous en laisse entrevoir le tableau. Le clergé cathédral y tenait la première place. Riche en argent et en terres, possédant la seigneurie sur cette partie haute de la ville dont il occupait plus des trois quarts, rejetant au second plan l'autorité de l'évêque dont il prétendait être exempt en vertu d'anciens privilèges, fier de l'antiquité de son église, de la possession du corps de saint Lazare, l'ami du Christ, le patron de la ville et du diocèse, imprimant une grande pompe aux solennités religieuses, consacrant aux besoins de ses églises, à l'entretien de ses propriétés, au soulagement des pauvres, une partie de ses revenus, il possédait sur la population une influence considérable.

L'abandon qui depuis longtemps existait dans sa discipline n'échappait il est vrai, à personne ; les mœurs, les querelles de quelques-uns de ses membres fournissaient ample matière à la médisance, et Chasseneuz lui-même se permet à propos de certaines visites, couvertes d'un prétexte de dévotion, de compromettantes allusions dans lesquelles semble

---

[1] *Catalog.* pars 12, consid. 89 ; *Consuet*, rubr. 7, par. 3, p. 927 ; rubr. 11, pars 3, p. 1406 ; rubr. 13, pars 2, 1447 ; *Catalog.* pars 12, consid. 96. Les chanoines de la cathédrale possédaient plus des trois quarts des maisons du château et plus de trois cents maisons dans la ville, sur lesquelles ils avaient la justice pendant toute l'année (1543). Inventaire des titres de la ville d'Autun, p. 123, 127, Bouhier donne à Chasseneuz le titre de seigneur de Prélay. C'était un petit fief voisin de la baronnie de Montjeu, près Autun, à laquelle il fut réuni plus tard.

percer le ressentiment de ses propres griefs, mais, après tout, ces chanoines, ces prêtres étaient ses voisins, ses amis, et il comptait plusieurs parents dans ce chapitre cathédral où se trouvaient d'ailleurs des hommes dignes de respect par leur caractère, d'autres instruits, quelques-uns gradués en droit civil et en droit canon. Quoiqu'ils eussent de longue date de fréquents démêlés avec les magistrats du bailliage et les officiers de la ville, il était facile de vivre en paix avec eux, en fermant les yeux sur leurs habitudes, en gardant le silence sur leurs privilèges. Une communauté d'intérêts rattachait d'ailleurs la bourgeoisie à ce clergé grand propriétaire; tous deux tenaient le haut du pavé. Le Chapitre, l'évêque, les abbayes possédaient dans la cité, dans son voisinage, dans leurs terres, de petites justices seigneuriales, dont les baillis, lieutenants, procureurs d'office étaient pris parmi les gens de loi, et jusqu'à leur suppression en 1790, on voit ces fonctions remplies par vingt-cinq ou trente avocats, procureurs et praticiens d'Autun [1].

Une certaine réserve, la nécessité d'une bonne intelligence s'imposaient donc aux laïques, vis-à-vis de ce clergé dont tous avaient besoin, dont les membres appartenaient à des familles notables du pays, dont l'église était regardée comme l'honneur de la cité. Chasseneuz n'eut garde de s'en écarter, sans abdiquer toutefois son indépendance, sans craindre de signaler dans l'organisation du Chapitre les points qui lui paraissaient contraires à la discipline ecclésiastique. C'est ainsi qu'en parlant des deux sortes de chanoines qui le composaient, les uns titulaires et pourvus de prébendes, les autres jeunes chanoines ou cha-

---

[1] *Consuet.* rubr. 4, par. 1, p. 511.

noines surnuméraires, pouvant être investis de cette dignité dès l'âge de quatorze ans, il s'étonne que ces derniers, appelés à recevoir un jour le sacerdoce, fussent soumis à la juridiction du Chapitre et non à celle de l'évêque, unique juge de l'aptitude, du caractère et de la vie des clercs auxquels lui seul avait pouvoir de conférer l'ordination, d'ouvrir les portes du sanctuaire. « Qu'une pareille disposition, ajoute-t-il avec prudence, soit convenable ou non, je ne m'en expliquerai pas d'avantage... et pour cause [1]. »

Il n'avait pas de raisons d'user des mêmes ménagements à l'égard de certaines corporations religieuses souvent en procès ou en discussion avec le clergé séculier sur des questions d'attributions et de préséance. Il leur fait une application sévère des principes de subordination auxquels il devait consacrer un de ses ouvrages. Parmi ces corps religieux, les Cordeliers ou Frères Mineurs de l'observance de Saint-François, établis vers la fin du siècle précédent contre le gré du clergé et des habitants, se montraient les plus libres dans leurs allures, étaient les plus répandus dans la classe populaire, affichaient vis-à-vis de tous une extrême indépendance. Quoique le droit d'asile devenu intolérable, à raison de la protection qu'il offrait aux criminels, eut été successivement restreint, et qu'il fut presque partout tombé en désuétude, en attendant sa suppression par l'ordonnance de Villers-Coterets, ils plaidaient devant le parlement de Bourgogne contre les officiers du bailliage qui avaient extrait de leur église un assassin et prétendaient se le faire restituer. Au mépris des lois canoniques qui attribuaient à l'évêque l'approbation des prédicateurs, ils s'étaient arrogé le droit de prêcher, sans sa permission, dans les

---

[1] *Catalog.* pars 4, consid. 12.

paroisses de la ville pendant l'Avent, le Carême, aux jours de fêtes solennelles et avaient été condamnés, après de longues procédures, par une sentence du bailliage. Vivant de quêtes et d'aumônes, obligés par leur vœu de pauvreté et d'humilité à garder le dernier rang dans les cérémonies religieuses où le clergé se trouvait réuni, il leur arrivait parfois d'y manquer et d'afficher des prétentions contraires à l'esprit de leur institut. « Je vois bien, dit Chasseneuz, qu'ils ne sont Mineurs
« que de nom et qu'ils ne le sont pas dans leurs actes.
« Ils osent non seulement disputer d'égalité avec les
« autres religieux, mais encore avec l'église cathédrale.
« Je les ai vus, aux funérailles de noble et puissante
« personne, François Rolin (capitaine de la ville d'Autun
« et petit-fils du chancelier de Philippe le Bon), prendre
« le pas avant les chanoines et soutenir que leur gar-
« dien devait marcher immédiatement après l'évêque,
« parce que le corps du défunt avait été déposé pen-
« dant une heure dans leur église ; je vous laisse à pen-
« ser quelle fut la décision. Leur orgueil ne peut se
« comparer qu'à celui de Lucifer qui voulut devenir
« semblable au Très-Haut. Le gardien qui avait soulevé
« un pareil débat fut vertement réprimandé dans le
« chapitre général de l'ordre, et les correcteurs vinrent,
« dans celui de l'église cathédrale, désavouer hautement
« sa conduite [1]. »

Aux douzième et treizième siècle, les papes, les conciles, les théologiens effrayés du relâchement de la discipline parmi les moines et les clercs, de la préférence donnée par

[1] Gagnare, *Hist. de l'Église d'Autun*, p. 201 ; *Consuet. rubr.* 1, p. 67 ; *Catalog.* pars 4, consid. 69 ; Rég. Lavirotte, p. 43, à la bibl. de la Société Éduenne. L'ordonnance de Villers Cotterets portait que les accusés pourraient être tirés, en cas de prise de corps décernée contre eux.

eux à l'étude du droit civil sur celle de la théologie et du droit canon, de leur penchant pour les discussions du barreau, avaient jeté un cri d'alarme. Saint Bernard, Pierre de Blois, Roger Bacon, dénoncèrent, comme pernicieuses pour le clergé, les *cavillations* des légistes dont les subtilités augmentaient, dans des proportions toujours croissantes, le nombre des procès. Honorius III leur avait fait défense de s'immiscer dans les affaires séculières et prohiba l'enseignement du droit civil dans l'université de Paris fondée avec le concours des deux puissances. Innocent IV s'était plaint qu'un grand nombre de clercs et de religieux, après avoir étudié les lois civiles dans les universités, embrassaient la profession d'avocat, que les dignités ecclésiastiques, les prébendes, les bénéfices même de moindre importance, étaient presque partout donnés à des professeurs en droit civil et à des avocats. Il recommandait de juger toutes les causes, celles des clercs aussi bien que celles des laïques, comme elles l'avaient été autrefois, par le droit canon et par la coutume. Il engageait les princes à supprimer dans leurs états l'enseignement des lois romaines; mais ces avertissements étaient restés sans efficacité. La supériorité attachée par les légistes aux principes du droit romain, l'ascendant qu'ils avaient su prendre sur les esprits, portaient quantité de clercs à recourir aux discussions du barreau, à ce que Roger Bacon appelait : le fracas des tribunaux séculiers [1].

de la franchise des églises, sauf à y être réintégrés; mais cette dernière condition ne paraît pas avoir été observée; d'Héricourt, *Lois ecclésiastiques*, 3ᵉ part., p. 119.

[1] Laferrière, *Hist. du dr. fr.*, t. IV, p. 331 ; *Hist. litt. de France*, t. IX, p. 714, 220; Coquille, *les Légistes*, p. 220, 226. Le concile de Latran avait défendu aux bénéficiers de plaider comme avocats devant les tribunaux séculiers, à moins que ce ne fut pour leur propre défense, pour soutenir les droits de leur église ou pour les pauvres.

Au seizième siècle, ces tribunaux étaient en voie d'assurer partout leur prépondérance. Le clergé lui-même, à raison de l'étendue de ses propriétés, de la complexité de son organisation, de ses rapports avec les autres parties de la population, était devenu leur client principal. Les chanoines d'Autun plaidaient avec l'évêque au sujet de leurs privilèges, avec les officiers de la ville touchant la quotité des aumônes qu'ils devaient aux pauvres, le quart des deniers perçus par eux sur les produits du grenier à sel, l'entretien des murailles et des chemins de ronde du Château, les anticipations commises par eux sur les remparts et sur les terrains vagues appartenant à la ville, la fermeture des portes dans le Château, la quantité de cierges due par la ville au grand autel de la cathédrale. Ils étaient en procès avec les seigneurs avoisinant leurs terres, au sujet de leurs limites, avec des débiteurs récalcitrants contre lesquels ils étaient obligés quelquefois d'employer l'excommunication et la menace de privation de sépulture ecclésiastique. Les religieux plaidaient avec leur abbé, les religieuses avec leur supérieure, touchant l'interprétation de la règle, les revenus du couvent et de la manse abbatiale, l'administration des biens et des bâtiments communs. On avait même vu des procès à propos de reliques et, faute de meilleures preuves, l'authenticité adjugée à celui qui pouvait justifier de la plus ancienne possession. Le démon de la chicane, tournant toutes les têtes, ayant

---

Grégoire IX fait la même défense à tous les prêtres. Innocent III ne permit aux moines et aux chanoines réguliers de plaider devant les tribunaux que quand il s'agissait des affaires de leur monastère et avec la permission de leur abbé. D'Héricourt, 1ʳᵉ part., p. 86.

stalle au chœur et voix au chapitre, avait chassé de l'Église l'esprit de subordination et de charité mutuelle [1].

Il en était de même parmi les laïques. Tout était matière à procès sans fin devant les nombreuses justices qui enserraient dans leurs mailles toutes les parties du territoire. Il était comme impossible qu'un différend s'arrangeât par voie de transaction ou d'arbitrage, tant l'homme de loi, à l'affût de la moindre contestation, s'efforçait de lui donner une importance que souvent elle n'avait pas. Subtil et rusé jusqu'à la malice, guettant le plaideur dans les rues, il s'attachait à lui comme son ombre, savait l'enlacer dans de captieux raisonnements et, se gaussant de la crédulité du bonhomme, donner à toutes causes, dit Montaigne, un biais pour les accommoder où bon lui semblait. L'avocat plaidait avec une gravité emphatique, faisait parade d'érudition, accumulait les citations de la Bible, des théologiens, des philosophes, des historiens, des juristes, à propos d'un fétu. Le fond disparaissait sous cet étalage pédantesque pour lequel il semblait n'être qu'un prétexte. La bourgeoisie qui exerçait les professions d'avocat, et de procureur, occupait les offices de judicature, trouvait dans cette multiplicité des procès, dans la complication et les frais considérables des procédures, son principal moyen d'influence, la source

---

[1] Inventaire des titres de la ville, *passim*. En 1479, la veuve et les filles de Pierre de Thoisy, ancien bailli d'Autun, mort excommunié par le chapitre pour refus de lui payer les arrérages d'une rente perpétuelle, s'en reconnaissent débitrices afin d'obtenir son inhumation en terre bénite. En 1537, menace d'excommunication contre Philibert Leclerc, si, dans dix jours, il ne paie à un prêtre bénéficier quinze gros de rente et trois mille six cent pommes de *blandureau*, dus par lui à une chapelle de la cathédrale. Rég. Lavirotte, p. 48 et 248.

d'une fortune accrue de père en fils par des habitudes d'ordre et d'économie.

Parmi ces procès où la futilité du sujet contraste avec le sérieux de l'argumentation, qu'on nous permette d'en citer un qui donna lieu à de grandes discussions parmi les avocats d'Autun et qui aurait pu figurer dans les *Plaideurs*. Il nous fera connaître pour quel mince intérêt, sur quelle puérile équivoque, ces avocats se mettaient en frais d'érudition et d'éloquence. Nous le trouvons dans le commentaire de Chasseneuz sur la Coutume de Bourgogne, au titre des Forêts et pâturages.

D'après le droit des gens, les choses qui n'appartenaient à personne, comme les oiseaux du ciel, les animaux des forêts, les poissons des rivières, devenaient la propriété du premier occupant, Or voici, dit Chasseneuz, un cas qui s'est présenté à ce sujet et qui peut se présenter tous les jours. Un habitant d'Autun, maître Guillaume de Sully, avait élevé pendant neuf mois un étourneau qui, allant et venant dans sa chambre, paraissait tout à fait apprivoisé. L'ayant rencontré un jour dans la maison de Pierre Colaud, il assigna ce dernier devant l'official et demanda qu'il lui donnât son oiseau. Il prouva que c'était celui qu'il avait nourri, élevé, et, d'ailleurs, les témoins le reconnaissaient parfaitement, attendu qu'il était dépourvu d'ergots à l'une de ses pattes. Le procès fut longuement débattu et Chasseneuz avait été l'avocat de l'intimé. La règle générale de droit des gens et de droit civil, étant que les choses qui n'appartiennent à personne deviennent la propriété du premier occupant, il en résulte, dit-il, que dès qu'on ne les a plus sous sa garde, on cesse d'en avoir la propriété et qu'elle passe au nouvel occupant. Maître Guillaume de Sully s'évertue à prouver qu'il a tenu et élevé cet étourneau dans sa maison, mais il convient qu'il ne le tient plus actuellement, qu'il s'est échappé ; donc il a cessé d'en avoir la propriété, il ne peut le revendiquer à ce titre et Colaud doit être renvoyé de la demande.

Il objecte que l'oiseau étant apprivoisé, il n'a pu en perdre la propriété uniquement parce qu'il s'est envolé. Je réponds que pour déroger à la règle ci-dessus, il ne suffit pas que l'oiseau soit apprivoisé, mais encore qu'il ait conservé l'habitude de sortir de la maison et d'y revenir. Ces deux conditions, d'après la loi *De acquirendo rerum dominio* sont indispensables. Or, cette habitude, maître Guillaume de Sully ne l'a ni articulée, ni prouvée. Il allègue, en vain, qu'ayant été une fois propriétaire, il est censé l'être encore ; un pareil principe, d'après Barthole, d'autres jurisconsultes et les canonistes, n'est pas applicable aux oiseaux, aux poissons, aux choses qui, par leur nature même, deviennent la propriété du premier occupant ; on ne les présume pas appartenir à un autre qu'à celui qui les occupe actuellement ; celui, à qui une chose n'appartient pas, doit même, d'après Barthole et Jason, supposer qu'elle appartient à un autre. La clarté de la loi ne peut prêter matière, en pareil cas, à des conjectures. La raison alléguée par maître de Sully, que cet oiseau n'avait pas perdu l'habitude de revenir n'est pas moins frivole ; qu'il l'ait eue ou non, c'est un point qui n'a pas été établi et qu'il est inutile de discuter. Il avoue seulement dans son mémoire, qu'il s'est échappé de sa garde ; il en résulte qu'il appartient à Colaud, qui l'occupe pour la seconde fois. La loi admet qu'il a recouvré sa liberté naturelle. D'un autre côté, on ne peut supposer que Colaud l'ait pris dans la maison du demandeur ; ce serait là un délit, et un délit ne se présume pas. Les témoins attestent qu'une de ses pattes manquait d'ergots, et maître de Sully prétend que ce signe établit sa propriété ; mais, qu'un pareil signe soit naturel ou qu'il provienne du fait du propriétaire, peu importe. Dès que l'oiseau s'est envolé, celui qui l'aurait marqué de ce signe, n'en perdrait pas moins la propriété. Il n'est au pouvoir de personne d'empêcher une disposition de la loi, favorable à quelqu'un, d'obtenir son effet, et la loi décide simplement que l'oiseau qui s'est envolé devient la propriété du premier occupant.

De toutes ces raisons et de quantité d'autres, développées dans la cause, je concluais que la demande de maître de Sully était inadmissible, comme contraire à la raison et au droit, parce qu'il n'avait pas articulé que l'oiseau avait l'habitude de revenir, qu'il s'en prétendait simplement propriétaire, et qu'il demandait, en cette qualité, le défendeur fut condamné à le lui *donner*. Il intentait une action en revendication, et il concluait à *donner;* mauvaise conclusion, car donner c'est transférer la propriété. Il devait, au contraire, conclure à être déclaré propriétaire et à ce que la possession lui fut rendue. D'un autre côté, l'official d'Autun ne pouvait connaître de la cause, les actions en revendication, n'entrant pas, comme on le sait, dans sa compétence. Il était même impossible au réclamant d'intenter une pareille action, car tout en s'attribuant la propriété au commencement du procès, il était convenu plus tard que l'intimé était en possession, par suite de quoi il avait acquis indubitablement la propriété. Je concluais, en définitive, et c'était aussi l'avis de plusieurs avocats d'Autun qui avaient écrit sur la question, entre autres de François et de Jean de Montholon, qu'on ne pouvait rendre de sentence sur une demande absurde. L'affaire fut jugée en faveur de Colaud par l'official d'Autun, et confirmée, en appel, par l'official du siège métropolitain de Lyon [1].

A côté des habitudes de chaque jour où les pratiques de la dévotion, les cérémonies religieuses, les discussions de la chicane occupaient la première place, il y avait les deux fléaux de cette époque : la peste et les ravages des gens de guerre. De temps en temps, l'épidémie apparaissait quand elle n'était pas, comme la maladie de la lèpre, permanente et à l'état endémique. A ses premiers symptômes, l'effroi se répandait dans la ville. Évêque, chanoines, magistrats, bourgeois se hâtaient de gagner leurs châteaux, leurs cures, leurs maisons de campagne, les villes voisines. Chasseneuz se réfugia, à différentes reprises, à Toulon-sur-Arroux, à Issy-l'Évêque, son pays natal, emportant avec lui ses papiers et ses livres afin de ne pas interrompre le cours de ses travaux. Les sergents de la Viérie expulsaient de la ville les malheureux qui étaient atteints les premiers; les tribunaux se fermaient et, en 1519, il ne resta que quelques prêtres assez courageux pour affronter l'épidémie, donner des secours aux malades, conduire les morts à la sépulture. On ne voyait dans les maisons que de pauvres gens sur lesquels le mal prélevait son tribut accoutumé, laissant après lui un surcroît de famine et de misère [2].

---

[1] *Consuet. rubr.* 13, par. 1, p. 1439. François de Montholon, garde des sceaux en 1542; Jean de Montholon, chanoine régulier de Saint-Victor, cardinal en 1528, auteur d'un *Promptuarium juris divini et humani*, 1520.

[2] En 1519, la peste dura trois ans. En 1529, les cadavres gisant

Dans les intervalles de paix laissés par les guerres, des bandes de troupes, recrutées de tous pays, ne touchant plus la solde accoutumée, se livraient au pillage dans les campagnes et jusque sous les murs de la ville, vivant à discrétion sur le paysan, emmenant ses bestiaux, brûlant quelquefois sa maison après l'avoir dévastée. Les travaux de l'agriculture étaient interrompus, la tenue des petites justices était suspendue, les habitants n'osaient plus sortir de leurs demeures. En vain les rois avaient tenté de réprimer par leurs ordonnances « ces bandes d'aventuriers, « gens vagabonds, perdus, abandonnés à tous les vices, « larrons, meurtriers, rapteurs et violeurs de femmes et « de filles, blasphémateurs et renieurs du nom de Dieu, « loups ravissants, coutumiers de dévorer le peuple et de le « dépouiller de tout son bien, de perdre, gâter et dissiper « tout ce qu'ils trouvent, de battre, mutiler, mettre le bon « homme hors de sa maison, faisant plus de violences et « de cruautés que nuls ennemis, fussent-ils Turcs ou « infidèles, ne voudraient faire ni penser, » le vagabondage de ces bandes qui ne reconnaissaient ni chefs réguliers, ni autorité, avait pris, depuis la dernière guerre de François Ier contre l'Empire, des proportions effroyables. Il ne restait d'autres ressources aux habitants des villes et des campagnes que de pourvoir eux-mêmes à leur défense [1].

Les magistrats d'Autun, s'il en faut croire Chasseneuz, furent des premiers à donner l'exemple. Aussitôt après

---

dans les rues, étaient la proie des chiens. De 1529 à 1530, il mourut de la peste ou autres épidémies, trois à quatre mille personnes. *Mém., soc., éd.*, 1862, p. 78 à 84 ; id., 1872, p. 466. Inv. des titres de la ville, p. 37, 879 ; Chasseneuz, *Consuet. rubr.* 3, par. 2, p. 413.

[1] Édit. du 25 sept. 1523 ; Isambert, t. XII, p. 216 ; Lettres sur la police des gens de guerre du dernier décembre 1485 ; id., t. XI, p. 152.

avoir reçu l'édit (1523) auquel nous venons d'emprunter le tableau de ces désordres et qui ordonnait « de courir sus à ces pillards et mangeurs depeuple, » ils organisèrent une milice urbaine divisée en compagnies de cent hommes. Elle sortit de la ville, sous la conduite d'un maire courageux, contre une troupe de huit cents robeurs, qui, après avoir saccagé Clamecy, Vermenton, Montbard, s'était cantonnée à trois lieues d'Autun, au château de Lucenay, l'Évêque ; elle en tua une partie, pendit les prisonniers à la potence et délivra le pays [1].

De temps à autre, et surtout pendant les fêtes civiles et religieuses de la Saint-Ladre qui attiraient de tout le voisinage une foule considérable dans la ville, on donnait au peuple un pieux spectacle. A ces fêtes des Fous, des Innocents, du roi Hérode, espèces de saturnales religieuses, accompagnées de danses et de mascarades, causes de scandales et de rixes dans les rues, les maisons et jusque dans le sanctuaire, interdites par les conciles, par les évêques, mais toujours renouvelées par les jeunes chanoines et les prêtres inférieurs, le Chapitre cathédral, comme pour les détourner de ces grotesques parades, opposait la représentation plus édifiante de Moralités et de Mystères. Sur le parvis de son église, sur la place principale située au centre de la ville, il faisait construire des échafauds, où les spectateurs venaient entendre la pièce composée quelquefois par un auteur étranger et convenablement rémunéré de son talent [2].

---

[1] Chasseneuz, *Catalog.*, pars 9, consid. 3. Ce fait se passa le 22 février 1522 ; l'année commençait à Pâques.

[2] Gagnare, p. 461, 628 ; Courtépée, t. II, p. 503. On représentait encore le Mystère de l'Homme sauvage, symbole de l'Homme à l'état de nature, civilisé par le christianisme ; celui de l'Enfant perdu ou de l'Enfant prodigue, d'après la parabole de l'Évangile, etc. Mém. mss. du chan. Gaucher, an 1540 (*Arch. de l'évêché d'Autun*).

En 1516, une de ces représentations, reprise les années suivantes, éclipsa toutes celles qu'on avait vues jusque-là. Ce fut, dit Chasseneuz, avec un enthousiasme patriotique, un spectacle aussi beau qu'aucun de ceux donnés depuis bien des années, non seulement en France, mais encore en Europe. Sur la grande place de la ville, on avait élevé aux frais du clergé et des habitants, un vaste amphithéâtre de bois. Il contenait deux cent quarante loges destinées aux ecclésiastiques, aux membres du Parlement de Dijon, aux officiers du bailliage et de la ville, aux nobles et gentilshommes. Au-dessous, ou pour parler notre langage moderne, dans le parterre, les gens du peuple s'entassèrent pêle-mêle sur des bancs disposés en forme de gradins. Un fossé les séparait de la scène qui était abritée par une toile contre la pluie et les rayons du soleil. Quatre-vingt mille spectateurs pouvaient aisément trouver place dans cette immense rotonde. On y représenta la vie de saint Lazare, telle que se l'étaient imaginée les légendaires : sa famille, ses exploits militaires, sa mort, sa résurrection, ce qu'il avait vu dans l'autre monde : supplices des damnés, gorgones, roues, puits infects, cavernes, furies, etc., son arrivée à Marseille sur une barque sans voiles, son épiscopat, son martyre, la translation de ses reliques à Autun, fictions où le sacré se mêlait au profane, la mythologie à l'Évangile, la vérité historique à la tradition fabuleuse, et, néanmoins, reproduites dans l'office du saint, prêchées dans la chaire de l'église cathédrale, accueillies avec une foi respectueuse par la dévotion du peuple. Le spectacle, divisé en plusieurs parties, dura quatre jours et causa un si vif plaisir aux auditeurs « que pas un ne montra un signe de fatigue et qu'on n'entendit pas un sifflet[1]. »

---

[1] Chasseneuz, *Catalog.* pars 11, consid. 52 ; pars 12, consid. 6, n. 19.

Malgré ce respect des croyances religieuses et des souvenirs chrétiens de la cité, un esprit d'indépendance s'agitait au sein de la population laïque ; elle voulait rester maîtresse dans le gouvernement de ses affaires. Un antagonisme inévitable résultait de l'organisation des pouvoirs tels qu'ils se trouvaient constitués dans la ville. Depuis une antiquité reculée, le Chapitre cathédral possédait haute, moyenne et basse justice, dans sa partie supérieure, appelée le cloître, en souvenir du temps où il gardait la vie commune. C'était là, qu'après ses désastres, les habitants s'étaient groupés, que des maisons avaient été reconstruites sur des terrains appartenant au clergé, sous la protection des églises et des murailles flanquées de tours qui enfermaient cette partie culminante et la mieux défendue contre les attaques des gens de guerre. Le Chapitre nommait, pour exercer cette justice temporelle, un bailli qui décidait de toutes causes civiles entre clercs et laïques domiciliés dans le cloître, passait les tutelles, les curatelles, les inventaires, les ventes, et possédait des sergents pour assurer l'exécution de ses sentences. Il exerçait également la justice criminelle et avait des prisons pour enfermer les malfaiteurs. On ne pouvait saisir un coupable dans le cloître sans sa permission. Cette justice seigneuriale, sujette en appel au Parlement, semblable d'ailleurs à celle que possédaient une foule de corps religieux : églises, abbayes, monastères, n'avait rien qui ne fut, à cette époque, légitime en principe et conforme aux habitudes du régime féodal.

Mais, lorsqu'au douzième siècle, tenté par l'ambitieuse

66; Gagnare, p. 551. *Mém. soc. éd.*, 1862, p. 316. *Mém. de Gaucher, à l'an* 1539. On trouve une description analogue de l'Enfer dans le *Mystère de la Passion* ; On. Leroy, p. 250.

pensée d'étendre sa suprématie sur la ville entière, le Chapitre s'était fait céder par les ducs de Bourgogne, en réparation des dommages causés à ses églises, une pleine juridiction sur tous ses habitants pendant les seize jours des fêtes de saint Lazare, il avait, à son insu, semé des germes de division que devait développer plus tard la création d'un bailliage et d'une commune [1].

Les officiers du roi, partageant l'antipathie des légistes contre les justices seigneuriales, principalement contre celles qui étaient entre les mains du clergé, voyaient avec déplaisir le bailli du Chapitre siéger à deux pas de leur auditoire et leur enlever la connaissance d'une foule de causes et d'actes concernant la vie civile.

Ils n'étaient pas moins froissés, dans le sentiment de leur autorité, par la justice des seize jours qui les obligeait à fermer leurs audiences, à suspendre même l'exécution des arrêts du Parlement, car, durant ces jours privilégiés, toute autre juridiction que celle du Chapitre, selon une expression du temps « cessait d'exister. » Ce fut seulement vers le milieu du siècle qu'ils obtinrent, en vertu d'un arrêt, le droit de continuer l'instruction des procès criminels commencés avant l'ouverture des jours octroyés aux chanoines.

De son côté, la magistrature municipale regardait cette double juridiction du Chapitre comme une atteinte aux droits de commune, comme un obstacle à l'unité d'administration dans la ville. Le maire, ou selon l'expression du temps, le vierg en était le chef. On s'était fait de son origine une haute idée. Au lieu de voir en lui ce qu'il était en réalité, c'est-à-dire le successeur du viguier, ancien représentant des ducs de Bourgogne qui avaient consenti à transformer cette magistrature seigneuriale en une magis-

---

[1] Voy. *Gagnare*, p. 474 et suiv.

trature municipale, en cédant au vierg l'administration et la défense de la ville, l'exercice de la justice et la répartition de l'impôt, on le faisait descendre en ligne droite de ce Vergobret investi, du temps de César, d'une autorité suprême chez les Éduens, administrateur civil et chef de la justice, possédant droit de vie et de mort sur les citoyens. Quoiqu'il fut impossible d'établir une pareille filiation, quoiqu'on eût conservé le souvenir d'une époque où le pouvoir féodal, dans la ville, avant son érection en commune, avait été partagé entre le duc, l'évêque et le Chapitre, les érudits d'Autun ne manquaient pas de chercher à justifier cette fiction qui flattait le patriotisme local[1].

Comme administrateur de la cité, le vierg commandait la milice urbaine, veillait à l'entretien des fortifications, à la garde des portes, à la conservation des propriétés communes, réglait les recettes et les dépenses. Dans ses attributions de police rentrait le droit de surveiller les lieux publics et les marchés, d'arrêter les tapageurs et les filles débauchées, de vérifier les poids et mesures, de faire des publications d'intérêt commun. Or, le Chapitre ne lui permettait pas d'exercer ces attributions dans son cloître, et ce fut seulement vers la fin du siècle suivant, après des contestations et des querelles renouvelées à l'élection de chaque vierg, que ce dernier put obtenir d'y faire exécuter ses mandements de police. Comme magistrat judiciaire, il possédait une justice moyenne et basse, en première instance, avec appel au tribunal du bailliage; elle avait été cédée à la ville,

---

[1] Aug. Thierry, *Essai sur l'histoire du Tiers-États*, in-8°, 1853, p. 25, Béchard, *Hist. du droit mun. au moyen âge*, t. II, p. 253, dit que le vierg était élu chaque année dans une fête populaire, confondant ainsi la cavalcade du premier septembre où il faisait dans les rues de la ville acte de juridiction, avec l'élection du 24 juin.

moyennant finance, par le roi Charles VIII. La juridiction des seize jours, en suspendant son exercice, était également entre les chanoines et le vierg une source de contestations et de procès à travers lesquels les premiers surent se faire maintenir dans leur ancien privilège jusqu'à la Révolution.

Quoique moins tendue vis-à-vis des magistrats du bailliage, la situation du vierg ne laissait pas de donner lieu à des contrariétés. Bien qu'il ne possédât pas la haute justice et qu'il ne pût prononcer la peine capitale, il était chargé de la signifier au condamné et de la faire exécuter sur le signe patibulaire de la ville, quand elle avait été prononcée par les officiers du roi. A raison de cette exécution, il réclamait le droit d'assister au jugement de la cause et de donner son opinion. Il plaidait, à ce sujet, contre le procureur du roi devant le Parlement, menaçant de refuser son concours pour l'exécution du condamné si ce droit ne lui était accordé. Les officiers royaux ne lui reconnaissaient que le droit de détenir un prévenu pendant vingt-quatre heures, après quoi il devait le remettre entre les mains du lieutenant du bailliage, et celui de prononcer, en matière de délits, des amendes jusqu'à la somme de trente sous d'or, sauf appel à leur tribunal.

Le vierg et les échevins, dit Chasseneuz, défendaient, de tout leur pouvoir, leurs droits vis-à-vis du clergé cathédral et vis-à-vis des officiers du roi, droits d'autant plus populaires qu'on les regardait comme un antique apanage de la cité [1].

Malgré cet antagonisme entre les principales classes de la population, malgré les difficultés dont se trouvait souvent entourée l'administration du vierg, cette dignité qui

---

[1] Chasseneuz. *Consuet. proem.*, p. 26, *rubr.* 1, par. 1, p. 75, 92; *Catalog.*, pars 1, consid. 5.

conférait à son titulaire l'exemption des impôts, le premier rang en tête du corps de ville dans les cérémonies civiles et religieuses, le pas aux États dans la chambre du Tiers sur les autres maires de la province, à l'exception du maire de Dijon, était vivement recherchée par une bourgeoisie jalouse d'y trouver un moyen de popularité et d'influence. Aussi, la nomination du vierg, renouvelée chaque année par voie d'élection, donnait-elle lieu à ces cabales qui, de tout temps, ont été inséparables des choix livrés au gré de la multitude. Il n'existait aucune uniformité en Bourgogne dans le mode de ces élections, chaque ville se gouvernant d'après ses privilèges. A Autun, tous les habitants, prévenus par le son de la cloche de la cathédrale, étaient admis à y prendre part au mois de juin de chaque année. Mais l'universalité du vote, au lieu d'en assurer la liberté, n'aboutissait qu'à l'altérer ou à la détruire. Quantité d'électeurs devenaient des instruments entre les mains d'agitateurs plus hardis ou plus habiles qui savaient les décider, par des menaces ou des promesses, à voter en faveur de leur candidat. « La plèbe infime, » n'osait résister à des hommes qui la tenaient sous leur dépendance, par des prêts d'argent, des commandes de travail, par la crainte, qu'une fois arrivés au pouvoir, ils ne fissent peser leur rancune sur ceux qui leur avaient refusé leurs suffrages. Ces cabales faisant élire souvent comme vierg et comme échevins des gens peu capables d'en remplir les fonctions, on fut obligé de demander, sur ce point, une dérogation à l'usage établi. On obtint, du roi, des lettres patentes réduisant à cinquante principaux habitants le nombre des électeurs, et ordonnant que l'élection aurait lieu désormais sous la présidence du lieutenant général du bailliage. C'était le prélude de l'édit de Crémieu (1536) qui généralisa cette mesure dans la France entière, et essaya en même temps de fixer les juridictions respectives des officiers du roi et des officiers municipaux, mais sans parvenir complètement à empêcher des conflits [1].

Il était sorti de la partie éclairée de la population quelques hommes instruits, lettrés, s'occupant d'histoire, d'art oratoire, de philosophie morale, de droit et de théologie. Mais la plupart, se trouvant à l'étroit dans une petite ville, après avoir étudié dans les universités de France ou d'Italie, étaient allés ailleurs tenter une autre carrière ou se livraient à de lointains voyages. Autun avait donné à l'Église Jean de Montholon, célèbre canoniste, qui devint plus tard cardinal ; à la magistrature et au barreau de Paris, Denis Poillot, président aux requêtes de l'Hôtel, François de Montholon, nommé garde des sceaux en 1542. D'autres plus modestes, se contentaient de collectionner, au coin du foyer domestique, des médailles, des débris d'art, et d'antiquité. Entourés de tous côtés par les monuments et les ruines de l'ancienne cité romaine, dont quelques-uns encore debout attestaient une grande magnificence, ils aimaient à rappeler l'ancienne fraternité des Éduens avec le peuple romain qui avait valu à Autun sa restauration par les empereurs, son antique suprématie dans la Gaule, sa vieille civilisation, et, à l'aide d'une érudition aventureuse, ils lui cherchaient dans la nuit des temps une origine reculée. Comme ces familles déchues qui, pour se consoler des revers de la fortune aiment à s'entretenir de leur ancienne prospérité, de la longue suite de leurs aïeux, ils puisaient dans les souvenirs du passé, une distraction aux abaissements du présent. D'autres, enfin, compilaient

[1] Isambert, t. XII, p. 509.

le résultat de leurs lectures ou tenaient un journal des événements publics, des faits locaux ou privés, dans lequel se rencontrent parfois des détails curieux sur les habitudes et les mœurs du temps [1].

En 1521, un événement était venu faire distraction à la vie ordinaire des habitants d'Autun. Pour la seconde fois, depuis le commencement du siècle, ils eurent l'honneur de recevoir le roi de France dans leurs murs. François Ier, occupé de sa guerre contre Charles-Quint, passa en Bourgogne une partie de l'été et visita les principales villes de la province. Le 3 du mois d'août il fit son entrée dans Autun, et s'y arrêta quelques jours, partageant son temps entre l'expédition des affaires et les plaisirs de la chasse dans les hautes forêts qui dominent la ville. Il était accompagné de sa mère, Louise de Savoie, de Marguerite de Navarre, alors duchesse d'Alençon, et d'une suite nombreuse. Budé en faisait partie. Son érudition presque universelle, son habileté dans les négociations difficiles, sa grande probité, une simplicité modeste, puisée dans l'amour de l'étude, dans le commerce avec les écrivains de l'antiquité, lui avaient valu la faveur de Louis XII et de François Ier. Quoique rien ne fût plus éloigné de ses goûts et de ses habitudes que la vie de courtisan, quoiqu'il eut souvent témoigné le désir de vivre dans la retraite, le roi

---

[1] Chasseneuz cite : Claude Mussard, auteur d'une chronique des Samothéens, Pierre Turrel, principal du collège de Dijon, auteur d'ouvrages d'histoire, d'astrologie, poète latin ; Pierre Ailleboust, qui fut médecin de François Ier ; Pierre Rolin, archidiacre, auteur d'un livre sur l'art oratoire ; les chanoines Jean Morin, conseiller au Parlement de Rouen et Philippe Brunet, évêque de Négrepont, tous deux très érudits. Les mémoires manuscrits du chanoine Gaucher et d'un curé de Saint-Jean-l'Évangéliste, paroisse de la ville, datent de cette époque. *Catalog. proém*, pars 12, consid. 60, 61 ; pars 2, consid. 8; pars 10, consid. 44. Voyez sur le voyageur Quintin et le canoniste Guillaud *Gagnare*, p. 547, 549.

avait voulu qu'il le suivît dans ses voyages et même quelquefois dans ses expéditions militaires. Budé l'entretenait pendant les repas, et la conversation roulait ordinairement sur les antiquités grecques et romaines, sur les lettres sacrées et profanes.

Chasseneuz fut prié par les magistrats de haranguer le roi aux portes de la ville. Il lui parla de sa gloire passée, du rang qu'occupait parmi les Gaulois la confédération Eduenne, de la sagesse de ses anciens druides, de son alliance avec les Romains, de ses écoles autrefois célèbres, de la longue suite de calamités qui avaient amené sa décadence. Il s'efforça de lui persuader, comme un acte glorieux pour son règne, de rendre à Autun l'ancienne splendeur qu'il avait reçue des Constantins, illusion dans laquelle se complaisait le patriotisme de ses habitants. Le roi se contenta de renouveler leurs privilèges. Quelques années plus tard, il permit de clore la ville d'une enceinte fortifiée, afin « d'éviter aux excursions et voleries qui se « pourraient faire de la part des ennemis, vagabonds, « brigands, et autres gens de mauvaise vie, allant par le « pays et opprimant le peuple [1]. »

Le roi voulut visiter ses monuments. Il alla jusqu'aux pieds de cette pyramide de Couhard qui se dresse au flanc des montagnes fermant l'horizon du côté du midi. Il discuta longtemps avec Budé sur sa destination primitive, et finit par conclure, d'après la tradition du pays, les vestiges d'antiques sépultures épars à ses pieds, et l'opinion de

---

[1] *Consuet. proëm. rubr.*, 1, par. 4, p. 111; *Journal d'un bourgeois de Paris*, édit. Lalanne, p. 104. Le 11 août, François 1ᵉʳ signe à Autun deux déclarations rappelées par Isambert. Il confirme les privilèges de la ville de Beaune, D. Plancher, t. IV, p. 543. *Catalog.*, pars 2, consid. 5; pars 5, consid. 25. *Lettres patentes*, datées d'Argilly, de sept. 1546; Livre noir, fol. 119 (*Archives de la ville d'Autun*).

Chasseneuz, qu'elle avait été comme les pyramides d'Égypte, le tombeau d'un grand personnage, d'un chef de la cité Éduenne, en quoi, ajoute ce dernier, il se montra grand historien [1].

L'évêque d'Autun le pria d'employer son autorité pour accomplir un acte réparateur à l'égard duquel sa propre autorité était restée impuissante. Il existait dans un faubourg de la ville, une antique abbaye de femmes, connue sous le nom de Saint-Jean-le-Grand et soumise à la règle bénédictine. La reine Brunehaut, à qui on attribuait sa fondation, l'avait placée sous la protection du roi de France, sous la juridiction du siège apostolique et exemptée de la juridiction de l'évêque diocésain. Ces exemptions, accordées à grand nombre de monastères, avaient été une des causes de leur décadence. La surveillance du Saint-Siège était trop éloignée, elle s'exerçait par une intervention, souvent trop tardive et trop transitoire, pour obtenir des résultats durables. Les religieuses de Saint-Jean, appartenant la plupart à de grandes familles, placées dans le cloître par leurs parents en vertu de l'habitude et sans égard à leur volonté, supportaient impatiemment les devoirs et les privations de la vie monastique ; l'indiscipline s'était, de bonne heure, introduite dans cette communauté. Au commencement du treizième siècle, d'après l'historien de l'église d'Autun, « elles étaient tombées dans un relâchement affreux et vivaient dans le libertinage. » Le pape Innocent III donna à l'évêque Gautier, aux abbés de Sainte-Marguerite et d'Ogny, deux monastères bourguignons, l'ordre d'y mettre la réforme ; mais avec

---

[1] *Catalog.*, pars 2, consid. 5. Nous n'avons pas la harangue de Chasseneuz à François Ier ; *Proém.* 19. Voy. ce qu'il dit d'Autun dans ses *Commentaires sur la Coutume de Bourgogne*, préface, p. 25 et s.

leur mode de recrutement et leur esprit d'indépendance, les religieuses ne persévérèrent pas longtemps dans une régularité qu'elles ne subissaient qu'à regret. Le désordre, un instant corrigé, reparaissait au bout de quelques années. Claude de Rabutin en était alors abbesse. Appartenant à une des plus nobles familles de la Bourgogne, fille d'un lieutenant de roi au gouvernement de cette province, elle avait apporté dans cette communauté tous les éléments de révolte et d'indépendance que l'orgueil de sa naissance et de sa dignité pouvaient inspirer à un caractère ardent et sans retenue. L'abbaye était ouverte aux laïques, les religieuses se répandaient dans le monde. Elles s'étaient fait accorder la permission de posséder des biens en propre et d'en disposer à leur gré. Leurs mauvaises mœurs étaient la fable de la ville. Le roi fit conduire cette abbesse indisciplinée au prieuré de Marcigny où régnait, sous le gouvernement de l'abbé de Cluny, une étroite observance. Il chargea l'évêque d'Autun d'introduire à Saint-Jean la réforme, et de punir les religieuses qui avaient participé au libertinage de leur supérieure [1].

Il fit proposer à Chasseneuz par Étienne Poncher,

---

[1] Saulnier, *Autun chrétien*, p. 116; Gagnare, p. 124, 203; *Consuet.*, rubr. 4, pars 1, p. 5, 16. Claude de Rabutin était fille de Hugues, seigneur d'Épiry et de Jeanne de Montagu, descendante des anciens ducs de Bourgogne; Beaune, *Généalog. des Rabutin*, p. 41. Dans une généalogie de Claude de Traves (arch. du château de Montjeu), on voit que ce seigneur reçut un soir, dans son château de la Porcheresse, le roi qui s'était égaré à la chasse. Il rentra à Autun dans la nuit, « toutes cloches sonnantes et grands flambeaux allumés. » Chasseneuz, *Consuet.* rubr. 1, par. 4, p. 111, dit que Louise de Savoie et Marguerite de Navarre restèrent à Autun jusqu'au 23. Leur séjour nous donne la date de l'histoire de ce chanoine racontée dans la soixante et unième nouvelle de *l'Heptaméron*, date cherchée par le bibliophile Jacob dans une note de l'édition Delahays, in-16, 1858, p. 498.

garde des sceaux, protecteur des savants et des gens de lettres, et par l'évêque de Senlis, de s'adjoindre aux membres du Grand conseil qui l'accompagnait, promettant de le pourvoir bientôt d'un office dans cette compagnie. Mais Chasseneuz déclina cette proposition parce que ce conseil n'avait pas, à cette époque, la stabilité qu'on lui donna dans la suite, qu'il suivait le roi dans ses voyages, et que cette vie errante l'aurait détourné de ses études et de l'achèvement des ouvrages qu'il avait commencés. Depuis la mort de Guy de Rochefort, son protecteur, il avait renoncé à accepter tout emploi. Peut-être, disait-il, quelques années plus tard, je me déciderai, quand j'aurai cinquante ans, si j'y trouve un avantage et si des démarches me semblent faciles ; mais, si je vois que je ne puis parvenir autrement que par le moyen qui réussit le mieux aujourd'hui, c'est-à-dire par l'argent, je m'en tiendrai à l'avis de Labéon (qui, élevé au consulat par Auguste, répondit qu'il préférait partager son temps entre la société des savants et la composition des livres) [1].

Sa conscience se révoltait contre un des principaux abus de ce temps : celui de la vénalité des charges. Louis XII, ayant besoin d'argent afin de payer les dettes contractées par Charles VIII dans son expédition d'Italie, au lieu d'augmenter les impôts, avait préféré créer de nouvelles charges de finance et vendre les offices de judicature. Quoique les États de Tours eussent condamné un pareil expédient, demandé l'élection des magistrats par leurs pairs et leur institution par le roi, quoique l'ordonnance, de juillet 1493, sur l'administration de la justice et celle de Blois, de 1498, eussent interdit et

---

[1] Chasseneuz, *Catalog.*, pars. 6, consid. 5.

déclaré nul tout marché de ce genre, les besoins de l'État avaient obligé d'éluder ces défenses et de donner les offices à prix d'argent sous forme d'emprunt fictif. C'était ouvrir la porte à l'avidité des courtisans qui, à dater de ce moment, en avaient fait un objet de trafic. On achetait à deniers comptants le crédit d'un grand afin d'obtenir une charge par sa protection. Le chancelier Duprat imagina, le premier, de faire profiter le trésor public d'un commerce qui jusque-là avait enrichi des particuliers. Il concentra entre ses mains la vénalité des offices et s'était amassé ainsi de grandes richesses. On connaît le mot de François Ier, lorsqu'il fit construire de nouvelles salles à l'Hôtel Dieu de Paris : Elles seront bien grandes, dit le roi, si elles peuvent contenir tous les pauvres qu'il a faits [1].

Il institua quantité de charges nouvelles, non d'après les besoins de la justice, mais d'après les besoins du trésor. Il les conféra, au nom du roi, moyennant une somme reçue à titre de prêt, avec promesse de la rendre quand le roi le pourrait, mais le roi, toujours en peine d'argent, ne rendait jamais. En vain les États provinciaux, le parlement de Paris, les hommes honnêtes protestaient-ils contre un abus qui avilissait la magistrature ; la vénalité des charges était devenue une des ressources ordinaires de la couronne. Chasseneuz ne pouvait manquer de condamner, comme le firent plus tard, Bodin, Hotman, Loyseau, le chancelier de l'Hopital, une innovation à laquelle l'opinion publique adressait le double reproche d'exclure le mérite pauvre, en favorisant les riches, et d'exciter la cupidité des

---

[1] Picot, *Hist. des États généraux*, t. I, p. 434 à 442 ; Isambert, t. XI, p. 50, 91, 238, 345 ; Biogr. Michaud, art. Duprat.

juges, en les poussant à exploiter leurs charges au détriment des plaideurs. Une déclaration du 31 janvier 1521, ayant institué, dans le parlement de Paris, une nouvelle Chambre composée de deux présidents et de dix-huit conseillers qui avaient payé leur office deux mille écus, déclaration que le parlement ne consentit à enregistrer, après de vives remontrances, que sur l'ordre exprès du roi, avec des réserves humiliantes pour ces magistrats et en exprimant le vœu de les voir bientôt supprimer. « Que dire, s'écrie à ce sujet, Chasseneuz, de certains conseillers de ce temps, nouvellement créés, élevés en dignité à l'âge de vingt ou vingt-cinq ans, moyennant finance ou par je ne sais quelle autre influence, sinon que ce qui est mauvais dans son principe ne peut aboutir à une bonne fin. Si toutes choses sont mal gouvernées, que peut-on dire, sinon que Roboam, en écoutant les conseils des jeunes gens, ne fit qu'amoindrir sa puissance. Tant que la vieille Rome se laissa gouverner par les vieux Romains, nul bon citoyen ne resta sans récompense et nul pervers sans châtiment ; mais, lorsqu'à des pères vertueux succéda une jeunesse dépravée, ses conseils entraînèrent l'État dans la ruine. Je passerai sous silence ce qu'on a dit de l'administration de notre temps ; cela est connu de tout le monde et mieux vaut se taire que de rappeler le mal. Puisque les juges, ajoute-t-il ailleurs, achètent leur office à prix d'argent, n'ont-ils pas aussi le droit de vendre la justice, en vertu de cette maxime : *emerat ille prius, vendere jure potest?* »

« Il y avait, selon la remarque d'Augustin Thierry, deux

---

[1] *Journal d'un bourgeois de Paris*, p. 123 ; Isambert, t. XII, p. 196, à la note. Chasseneuz, *Catalog.*, pars 17, consid. 13 ; *Consuet. rubr.* 1, par. 6, p. 248.

chemins pour parvenir aux offices ; celui de la nomination directe, obtenue par le mérite seul ou aidé de faveur, et celui que frayait aux candidats la vénalité des charges, abus passé en coutume par la connivence des rois, mais qui, à cause des conditions de grade et d'examen préalable, ne dispensait pas de tout mérite. La riche bourgeoisie profitait de cette voie, pendant que l'autre s'ouvrait, au prix de fortes études, à toutes les classes jusqu'aux dernières du tiers état. » Placé par sa naissance et sa fortune dans une situation modeste, étant loin, dit-il quelque part, de posséder l'opulence du riche Crésus ou de l'avare Pygmalion, faisant plus de cas de l'honneur que des honneurs, Chasseneuz se promit de ne tenter, pour parvenir, que la seule voie qui lui paraissait légitime [1].

[1] Aug. Thierry, *Hist. du Tiers-État*, in-8°, p. 85, Chasseneuz, *Préface des Commentaires sur la Coutume*. On a souvent répété, d'après Montesquieu, que les inconvénients résultant de la vénalité des offices, avaient été contre-balancés par l'indépendance qu'elle assurait aux magistrats. On ne peut contester la vérité de cette remarque, mais il est certain aussi qu'elle avait grandement contribué à augmenter le désordre qui régnait, au seizième siècle, dans l'administration de la justice, qu'elle avait livré les charges de judicature « aux enchères de l'ignorance et de l'immoralité, que les acheteurs d'office se faisaient volontiers revendeurs de justice. » Ce sont les plaintes plusieurs fois reproduites par les États généraux et dans les ordonnances royales. Voy. Ch. Bataillard, *Mœurs judiciaires de la France, du seizième au dix-neuvième siècle*, in-12, 1878, p. 53, 99 et *passim*.

CHAPITRE II.

Commentaires sur la coutume de Bourgogne.

Dans sa retraite studieuse qu'il appelle, avec une sorte d'amour, ses foyers, ses lares, ses pénates, son sanctuaire, au milieu des gens de justice, discuteurs et âpres au gain, embrouillant à plaisir les procès, il pensa à tirer parti de ses longues études. « Tout homme, dit-il, qui par l'intelligence, l'autorité, la connaissance des lettres et des arts, par le travail, peut rendre service à ses compatriotes, à ses parents, à ses amis, quelquefois même à tout le monde, doit choisir un genre de vie stable qui lui permette de faire valoir les talents qu'il a reçus de Dieu. C'est pour cela que moi, Barthélemy de Chasseneuz, le dernier des docteurs en droit, après avoir fréquenté tant d'écoles en France et en Italie, parcouru et habité tant de cités, m'être trouvé dans des réunions d'hommes savants, avoir exercé plusieurs magistratures, m'être assez heureusement acquitté de diverses négociations qui m'ont été confiées par l'illustrissime seigneur, Charles d'Amboise, vice-gérant du roi très chrétien en Italie, réfléchissant au but que je me proposerais, au lieu où j'établirais ma demeure, j'ai tourné toutes mes pensées et mes affections vers le pays qui m'a vu naître, qui m'a élevé, qui m'a rendu capable d'apprendre les lettres et les arts, et j'ai résolu d'exercer dans la ville d'Autun les fonctions d'avocat. C'est, par cet amour puissant de la patrie, qu'après avoir consacré un si grand nombre d'années à l'étude de la jurisprudence civile et canonique, des ordonnances des rois de France, des décrets des Pontifes, j'ai préféré passer le reste de ma vie dans l'obscurité auprès des miens et leur faire part du fruit de mes travaux, plutôt que de vivre avec éclat dans les pays étrangers et d'y obtenir les plus grandes dignités. Ne ferai-je pas mieux, en effet, de contribuer à faire rendre la justice dans mon pays et de vivre tranquillement dans ma famille, que de m'exposer à rencontrer le trouble sous un ciel étranger, quand même j'y mènerais une vie très vertueuse? Ayant donc résolu de m'attacher à la manière de rendre la justice dans cette ville d'Autun, et, ayant accepté plus tard les fonctions d'avocat du roi, j'ai voulu m'imposer un travail propre à faciliter aux juges l'expédition des procès. »

« Voyant que l'on citait fréquemment la coutume de Bourgogne au parlement de Dijon et dans les autres tribunaux de la province, que l'on soulevait une foule de questions qui, presque toutes, étaient décidées par elle, j'entrepris de la lire et relire avec attention afin d'essayer de la bien comprendre. Quoiqu'elle me parût quelquefois rude et difficile, soit à cause de l'obscurité des termes, soit par le grand nombre de cas et de doutes qui en augmentaient encore la difficulté, je dérobai certaines heures aux affaires du barreau et aux empêchements qui résultent du mariage, afin d'écrire un livre sur cette coutume, d'abord pour ma propre utilité, ensuite pour celle de quelques praticiens sans instruction, car je n'ai pas prétendu écrire pour les gens habiles. J'y ai inséré ce que j'ai appris dans les juriconsultes les plus récents et dans les affaires du palais, désirant communiquer aux autres tout ce que je savais moi-même. »

Du reste, ajoutait-il en terminant cette préface empreinte d'une foi chrétienne : « Si on rencontre dans ces commentaires quelque chose digne d'être lu, il faut en rendre grâces à Dieu seul, auteur de toutes bonnes qualités dans l'homme, source féconde de toute science, dont nous devons implorer le secours dans toutes les actions de notre vie, et surtout quand nous entreprenons quelque œuvre importante destinée à paraître devant le public, car nous travaillerions en vain, si Dieu ne préside à notre travail, si le Saint-Esprit ne nous vient en aide. » Il terminait en invoquant ce secours tout-puissant pour la perfection d'une œuvre entreprise, non dans le but d'une vaine gloire, mais pour la gloire de Dieu et l'utilité du public.

Il éprouva, au moment de la faire paraître, une de ces contrariétés qui étaient fréquentes à une époque où le plagiat s'exerçait sans scrupule parmi les savants. Un Dijonnais, Pierre Bonféal, ancien élève de l'université de Dôle, puis avocat général au parlement de Bourgogne, avait réuni sur le texte de la coutume, des notes ou apostilles, consistant en de simples renvois aux passages des docteurs ultramontains qui pouvaient servir à son éclaircissement. Chasseneuz, ayant eu ces notes entre les mains, y avait joint des observations nouvelles. Jean Thierry, élève de l'université de Turin, plus tard professeur à celle de Valence, s'appropriant les unes et les autres, les fit imprimer à Lyon, en 1516, avec quelques additions, sous le nom de Hugues Descousu de Chalon-sur-Saône, et probablement à l'insu de ce dernier qui, avoir après professé le droit canon à Montpellier, menait à cette époque une vie errante dans les Pays-Bas et en Espagne. Si imparfaites qu'elles étaient, ces notes n'avaient pas paru indignes d'être copiées par plusieurs habiles gens, à Paris, à Dijon, à Autun. Tout en se plaignant de cette supercherie, tout en revendiquant cet embryon de commentaire, comme son œuvre propre, sous le nom de : *Consuetudines meæ antiquæ*, le jurisconsulte autunois comprit bientôt, en voyant l'accueil fait à son œuvre nouvelle, qu'il venait d'élever un monument durable aux coutumes de sa province (1517) [1].

En 1453, après l'expulsion des Anglais du territoire, Charles VII avait prescrit par l'ordonnance de Montils-les-Tours, la rédaction des coutumes locales dont le désordre s'était encore augmenté pendant une guerre de cent ans. Ces coutumes faisant loi en justice avec les ordonnances royales, presque partout tombées en oubli, étaient si nombreuses, qu'en comptant seulement les principales, elles s'élevaient à plus de soixante. Déjà, du temps de saint Louis, quelques-unes avaient été mises par écrit et confirmées par des édits royaux. Mais la plupart, consignées sur des copies faites par des praticiens sans expérience, dépourvues d'ordre et de méthode, contenant des décisions particulières prises par des juges locaux, des usages propres à certains pays, des contradictions et des erreurs, causaient, lorsqu'elles étaient alléguées devant les tribunaux, un grand embarras aux juges, donnaient lieu à

---

[1] *Consuet.* rubr. 3, par 3, p. 385 ; rubr. 4, par 20, p. 750 ; rubr. 9, par. 2, p. 1187. La première édition est de 1517, Lyon, Simon Vincent, avec une dédicace à Hugues Fournier, président du parlement de Dijon, et le distique suivant :

Hedua nunc tenet auctorem Bartholomeum,
Quem Issiacum genuit, nomine de Chasseneus.

Nous nous servons de l'édition de 1574, Lyon, Barth. Vincent in-f°. Bouhier, *Vie de Chasseneus*.

des contestations sur leur véritable teneur, nécessitaient des enquêtes et des procédures qui, en allongeant singulièrement les procès, entraînaient les parties dans des frais considérables.

Philippe le Bon, duc de Bourgogne, prince qui aimait à s'entourer de légistes, sur le conseil de son habile chancelier, Nicolas Rolin, répondit le premier à l'appel du souverain. Six commissaires élus parmi les représentants du clergé, de la noblesse et du tiers aux États de la province, après avoir entendu des évêques, des ecclésiastiques, des chevaliers, des avocats, des procureurs, des praticiens, assemblés à Dijon de toutes les parties de la Bourgogne, après avoir consigné par écrit leur déposition, consulté les anciens et nouveaux registres, discuté les oppositions et les difficultés que présentait leur rédaction, en firent un choix qui fut soumis à l'examen du conseil ducal, présenté à l'approbation des États, et rendu exécutoire par lettres patentes du mois d'août 1459 [1].

Cette nouvelle rédaction était divisée en treize titres, à savoir : des justices et de leurs droits, des confiscations, des fiefs, des droits appartenant aux gens mariés et de la communauté entre époux, des rentes vendues avec faculté de rachat, des enfants de plusieurs lits, des successions, de la succession des bâtards, des mains-mortes, du retrait lignager, des censes, des aveux, des forêts, rivières, pâturages et prescriptions.

[1] Isambert, t. IX, p. 252. Chasseneuz, *Consuet.* proœmium. La rédaction des coutumes ne commença véritablement que sous Charles VIII, dans la plupart des provinces de France. Les seigneurs se montraient opposés à cette rédaction qui avait pour but principal de diminuer leurs prérogatives féodales et l'arbitraire de leurs justices. C'est un fait prouvé par le texte des procès-verbaux. Charles VIII fut obligé de réitérer l'ordre de Charles VII par l'ordonnance de Montils-les-Tours, du 28 mai 1506. *Isambert*, t. XI, p. 457.

Ce n'était pas la reproduction plus ou moins logiquement coordonnée des anciennes coutumes du pays, les unes d'une application générale dans la province, les autres restreintes à certains lieux, dans lesquelles les matières s'étaient successivement accumulées, avec de fréquentes répétitions, au hasard des circonstances qui les avaient fait naître, c'était une codification nouvelle, péchant peut-être par l'ordre et la clarté, mais dont les rédacteurs avaient éliminé les questions de justice administrative, les règles de compétence et de procédure, les usages particuliers, et ces symboles juridiques employés lorsque le juge tenait ses assises dans les carrefours ou sous l'arbre séculaire. De ces symboles, il n'était resté qu'un dernier vestige dans cette cérémonie de la *desceinte*, a laquelle la femme roturière qui voulait renoncer à la succession de son mari défunt était tenue de se conformer sous peine de nullité, et qui ne fut abolie que dans le siècle suivant. Sous l'influence des progrès de la législation et de l'action des juristes, cette nouvelle coutume de Bourgogne, comme la plupart de celles rédigées au seizième siècle, avait tempéré en plusieurs points, l'ancien droit féodal, facilité la transmission de la propriété, adouci le régime des gens de condition servile [1].

---

[1] Voy. *Anciennes coutumes de Bourgogne*, dans Bouhier, t. I, p. 133 ; Giraud, *Hist. du dr. fr.*, t. II, p. 208. Voy. dans Marnier, *Ancien coutumier de Bourgogne*, in-8°, 1858, ch. XXVIII, XXIX, XXXI, XXXII, quelques-uns de ces usages symboliques. Tandis que, dans la coutume du seizième siècle, la femme noble pouvait renoncer à la communauté avec son mari défunt par un acte fait en présence du juge ou d'un notaire et de témoins, ou en présence du curé ou du vicaire du lieu du décès, avant que le corps fut sorti de la maison, la femme roturière était obligée d'ôter sa ceinture et de la laisser sur la fosse, après l'enterrement. Les Légistes étaient ennemis des symboles. Chasseneuz trouve cet usage aussi peu convenable que celui qui, dans certaines provinces d'Italie consistait, pour un débiteur, à faire l'abandon de

Aussi l'avait-on intitulée : Coutume générale du duché de Bourgogne. Elle régissait un territoire étendu, divisé en cinq grands bailliages, qui furent subdivisés, dans la suite, en plusieurs autres. C'étaient le bailliage d'Auxois, comprenant ceux de Semur, d'Arnay, de Saulieu, d'Avallon avec le comté de Noyers ; le bailliage de la Montagne ou de Châtillon-sur-Seine avec Arc en Barrois et le comté de Bar-sur-Seine, enclavés dans la Champagne et ressortissants au Parlement de Paris ; le bailliage de Dijon avec ceux d'Auxerre, de Saint-Jean-de-Losne, de Nuits, de Beaune ; le bailliage d'Autun avec ceux de Montcenis, de Bourbon-Lancy, de Semur en Brionnais et le comté de Charollais ; enfin, le bailliage de Châlon-sur-Saône avec la Bresse Chalonnaise Dans les bailliages de Châlon et de Dijon étaient comprises les terres d'Outre-Saône et du ressort de Saint-Laurent où l'on usait point de droit écrit. En abolissant par ses lettres d'approbation toutes autres coutumes générales, particulières ou locales, en ne laissant subsister que celle consignée dans cette nouvelle rédaction, le duc avait décidé que tous les cas qui n'étaient pas prévus par elle seraient jugés conformément au droit romain [1].

Sortie, dans ses dispositions principales, de la loi des Burgondes apportée au cinquième siècle dans le pays, à la suite de l'invasion germanique, et de la loi romaine qui régissait le clergé et les habitants gallo-romains, la coutume de Bourgogne réunissait l'élément romain et l'élément féodal. Déjà, à l'époque de sa rédaction par le roi

---

ses biens en frappant trois fois une pierre avec les fesses : *percutere lapidem cum natibus; Consuet. rubr. 4,* par. 20, p. 754 ; Ducange, au mot *Cessio bonorom.*

[2] Klimrath, *Études sur les Coutumes,* p. 67.

Gondebaud qui avait, pendant plusieurs années, occupé de hautes dignités en Italie à la cour des empereurs, la loi burgonde avait fait de nombreux emprunts à la loi romaine. Les lettres d'approbation de la coutume, en ordonnant de recourir au droit romain dans tous les cas qui n'étaient pas décidés par elle, à la différence d'autres pays où l'on recourait d'abord aux coutumes voisines, avait incorporé, en quelque sorte, ce droit à la coutume même. Il devenait, dit Bouhier, droit municipal quand il ne se trouvait pas en contradiction avec elle. Le duché de Bourgogne, dit à son tour Chasseneuz, est le pays du droit civil; nos coutumes ont eu l'intention de le corriger le moins possible et doivent, dans les cas douteux, être interprétées par lui [1].

Le droit romain régissait toutes les propriétés qui n'étaient pas féodales. Aussi, quoique la Bourgogne fut un pays de franc-alleu et que toute terre, à moins de titre contraire, fut réputée libre, la coutume n'avait pas jugé à propos de s'en occuper, parce que l'alleu était exclusivement placé sous le régime du droit romain. Ce droit avait même exercé son influence sur les fiefs en les soumettant à l'égalité du partage. Il était suivi pour les testaments, les institutions d'héritiers, les enfants de plusieurs lits. La dot, il est vrai, était soumise à la communauté coutumière et non au régime dotal du droit romain, mais le mari en restait le maître dans le sens de cet ancien droit; il s'observait même, à défaut du droit coutumier, pour les contrats d'origine germanique, tels que les fiefs et le douaire [2].

---

[1] Bouhier, t. I, p. 411, 416.
[2] Laferrière, *Hist. du dr. fr.*, t, V, p. 102. En 1570, sur la demande des États de Bourgogne, eut lieu une réformation de la coutume

Chasseneuz se trouvait donc, mieux que personne, préparé, par ses études dans les universités d'Italie, a un travail destiné à éclaircir, au moyen de ce droit supérieur désigné, à raison de la sagesse et de l'étendue de ses principes, sous le nom de droit commun des nations, une foule de questions restées sans réponse dans une rédaction succincte, faite à la hâte, laissant souvent l'esprit dans le doute par son obscurité et sa concision.

Les premiers interprètes des coutumes de France : Bohier, Sanson, Pyrrhus Angleberme, contemporains de Chasseneuz, dans leurs commentaires sur celles de Bourges, de Tours, d'Orléans, recherchent la brièveté, se bornent généralement à l'explication du texte ; leur timidité dégénère parfois en sécheresse. Denis du Pont, sur celle de Blois, plus développé, mais se restreignant aux questions de droit civil, ne pousse pas d'excursions hors de son sujet ; l'érudition de Chasseneuz porte un tout autre caractère. Elle pénètre par une multitude de canaux dans toutes les parties du droit, même dans celles qui ne se rattachent qu'indirectement à la coutume ; elle s'élève et déborde au-dessus de ses digues. Il se livre souvent, à propos d'un mot, à des digressions historiques, morales, religieuses ; il donne des récits de procès, raconte ce qu'il a vu dans la pratique du barreau, ce qu'il connaît des décisions rendues par les tribunaux ; il insère dans son livre de longues consultations ; il indique quelquefois des réformes et enregistre celles qu'avaient portées les ordonnances royales. Il compare les dispositions de la coutume avec celles du droit romain et du droit canon, avec les

---

motivée par l'obscurité de certains articles. Le commentaire de Chasseneuz ne porte pas sur cette révision, dont nous n'avons pas à nous occuper. Bouhier, t. I, p. 26 et suiv.

législations féodales de l'Allemagne et de l'Italie, avec les coutumes de France qui lui sont connues ; aussi n'est-ce pas sans raison qu'il avait intitulé ce vaste travail : Commentaires sur la coutume du duché de Bourgogne et sur celles de presque toute la France [1].

I. — Son explication du premier titre de la coutume : « des justices et des droits d'icelles, » renferme des développements plus étendus que ne lui en ont donné les commentateurs qui se sont occupé, après lui, du même sujet. Elle traite des juridictions haute, moyenne et basse, des crimes entraînant la peine de mort, des cas privilégiés, des différentes espèces de vol, des pénalités, de la latitude laissée au juge dans l'application de la peine, de la réduction du privilège de cléricature, du cas où le condamné à mort peut éviter son exécution, de la grâce du prince, et de beaucoup d'autres questions. On y pourrait trouver les éléments d'une histoire du droit pénal au seizième siècle.

Elle débute par une définition de la justice. Il ne suffit pas à Chasseneuz de rappeler celle donnée par Justinien : *Constans et perpetua voluntas jus suum cuique tribuendi* ; il faut au jurisconsulte chrétien un témoignage encore plus élevé que celui du législateur romain. Il cherche à déterminer, d'après les livres sacrés, les théologiens, les philosophes, les jurisconsultes, sa nature, ses attributs et sa fin. Elle est la vertu par excellence, à raison de son essence qui consiste dans le bien et le juste, car le bien et le juste sont l'essence même de la divinité ; à raison de sa

---

[1] *Consuetudines generales, Bituricenses, Turonenses et Aureliacenses a D. D. Nicolas Bohier, Joanne Sanson et Pyrrho Englebermo*; Paris, Galiot du Pré, 1539, in-4°; Denis Du Pont, *Commentaires sur la coutume de Blois*, Paris, 1677, in-f°. Ces commentaires parurent, pour la première fois, quelque temps après celui de Chasseneuz.

noblesse, car elle renferme toutes les autres vertus morales ; à raison de sa perpétuité, car elle assure la stabilité des États à travers les générations successives ; à raison de son immortalité, car elle rend les hommes dignes d'être un jour appelés à la vie éternelle ; à raison de son utilité, car l'intérêt public et l'intérêt privé en ont également besoin pour leur conservation et leur défense. Elle a son origine en Dieu même qui est la suprême bonté et la suprême équité ; tout ce que les hommes ont écrit sur le droit n'est qu'une imitation imparfaite de la loi des Douze Tables, données par lui à Moïse. Balde la compare à une tour fortifiée ayant une forme triangulaire. L'un de ses angles signifie vivre honnêtement, le second ne blesser personne, le troisième rendre à chacun ce qui lui est dû. Ses différents étages, d'après Cicéron et saint Thomas, consistent dans la religion, la piété, la soumission à la règle, la grâce et le châtiment. Ses deux pierres fondamentales sont la foi et la charité. L'escalier qui sert à y monter est l'espérance, car l'homme juste s'appuie sur l'espérance et sur le courage. Elle a deux portes : la prudence, dont l'homme sage doit toujours marcher revêtu, et la force, semblable à celle du lion, qui ne redoute aucune attaque. Elle a une fenêtre, c'est le silence ; un bouclier, c'est l'équité [1].

Mais la coutume n'avait rien à voir avec ces définitions métaphysiques et allégoriques ; elle prenait simplement le mot de justice dans le sens de juridiction. Jusqu'à la fin du treizième siècle, on n'avait connu que les hautes justices ; mais les seigneurs qui les possédaient, en ayant distrait certaines attributions d'une importance secon-

---

[1] *Consuetudo, rubr.* 1, p. 43.

daire, avaient, par ce démembrement, donné lieu à la création des moyennes et des basses justices. Il existait, en Bourgogne, un grand nombre de seigneurs possédant l'un ou l'autre de ces degrés de juridiction. Celle de bas justicier était, dans certaines seigneuries, tellement restreinte, qu'il n'avait que le droit de condamner à une amende de sept sols pour de légers délits commis à la campagne. Souvent peu favorisés de la fortune, ruinés par les arrière-bans qu'ils avaient dû fournir pendant les guerres, ne tirant de leurs petits fiefs que de maigres revenus, ces seigneurs cherchaient à faire produire à leurs justices tous les profits possibles ; elles étaient devenues un instrument d'oppression vis-à-vis de leurs vassaux. De pareils abus avaient augmenté contre le régime féodal l'aversion d'une école de légistes qui qualifiait de haineux tout droit contraire au droit romain et à la centralisation monarchique. Sans partager les exagérations de cette école, Chasseneuz applaudit aux restrictions qu'avait imposé successivement au pouvoir seigneurial le droit des ordonnances ; il croit ce pouvoir susceptible, sur plusieurs points, de réformes dans le sens de l'équité, de la justice rationnelle, de l'unité d'administration. Pour lui, comme pour les légistes élevés à l'école du droit romain, toute juridiction tire du prince son origine. Elle n'en peut venir qu'en vertu d'une concession ou d'une tolérance ; elle ne peut être exercée que par des magistrats tenant de lui leur autorité ; celui qui, dans son exercice, se rend coupable de faute ou de négligence peut en être privé par une sorte de droit de confiscation. Aussi, n'hésite-t-il pas à conseiller, comme une utile mesure, la suppression de cette foule de petites justices, dont les exigences dans la fixation des taxes, des amendes, pour des causes d'un mince intérêt, constituaient vis à-vis des justiciables, une cause de ruine et de misère [1].

Le premier droit appartenant au seigneur possédant la haute justice, dont s'occupe la coutume, était celui d'épave, c'est-à-dire le droit de s'approprier, quand elles n'étaient pas réclamées dans un certain délai, toutes choses mobilières trouvées sur son territoire, telles qu'un objet, une bourse perdus, un animal domestique, un essaim d'abeilles égarés. Cette disposition, empruntée à la loi des Lombards, était contraire au droit romain qui prescrivait de rendre ces choses à celui qui prouvait sa possession sur elles, quel que fût le moment où cette preuve était faite, et au droit canonique qui ordonnait de les remettre à l'évêque diocésain, afin qu'en cas de non réclamation elles fussent données aux pauvres. Aussi, cette double opposition fait-elle regarder à Chasseneuz comme excessif le privilège du seigneur. Il est d'ailleurs impossible d'admettre, d'après la raison et l'équité, que le propriétaire d'une chose perdue ou égarée puisse perdre son droit sur elle, par un fait accidentel, indépendant de sa volonté, et qu'elle soit légitimement acquise à un autre.

Celui qui avait trouvé une épave n'avait pas le droit de la retenir, lors même qu'à raison de sa garde ou des dégâts causés par elle, comme dans le cas d'une bête pâturant sur son héritage, il aurait éprouvé du dommage. Il ne lui était permis de réclamer d'indemnité que quand la propriété en était fixée, par la raison que personne ne peut se rendre justice à soi-même. Il devait

---

[1] *Id.*, p. 78 à 80 ; *rubr.* 8, p. 318, etc. Bouhier, t. II, p. 297. Droict haineux est le droict qui, par le moyen de la coustume du païs, est contraire au droict escrit. Boutilier, *Somme rurale*, l. Ier, t. Ier.
Édit du 16 février 1539, portant réunion de toutes les justices seigneuriales de la ville de Paris au domaine de la couronne, et réglant l'indemnité des seigneurs qui les possèdent. Isambert, t. XII, p. 665.

la signifier, dans les vingt-quatre heures, au juge ou aux officiers du seigneur ; faute d'une pareille déclaration, il était passible d'une amende de soixante sols au profit de ce dernier.

Le seigneur, haut justicier, gardait l'épave pendant quarante jours, la faisait publier par trois fois, à huit jours d'intervalle, au marché ou à l'église du lieu, ou bien au marché ou à l'église les plus rapprochés, à la Messe paroissiale du dimanche. Réclamée par son propriétaire, elle lui était rendue contre remboursement des frais qu'elle avait occasionnés. Après l'expiration de ce délai, réclamée ou non, elle devenait, de plein droit, la propriété du seigneur. La coutume n'avait pas admis d'exception pour le mineur et l'absent ; mais l'équité, observe Chasseneuz, recommande d'en établir une. La prescription ne peut courir contre celui qui se trouve dans l'impossibilité de l'interrompre et comme, en pareil cas, il ne s'agit point pour le mineur et l'absent de faire un gain, mais d'éviter une perte, le seigneur, même après le terme fixé, doit leur restituer l'épave, si elle se trouve encore en état d'être rendue[1].

Un autre droit attaché à la haute justice qui, volontaire dans le principe, avait été rendu obligatoire par les seigneurs et inscrit par eux dans les coutumes, était le droit d'indire ou de lever des aides. Il consistait, en Bourgogne, dans un redoublement des redevances dues au seigneur par tous ses justiciables, de condition libre ou de mainmorte, et s'appliquait aux quatre cas suivants : quand le seigneur faisait le voyage d'outre-mer, et il faut entendre par là, dit Chasseneuz, non seulement une

[1] *Rubr.* 1, p. 84 à 107 ; Bouhier, t. II, p. 580.

expédition contre les infidèles, mais encore un simple pèlerinage en Terre-Sainte ou tout autre pèlerinage de dévotion; quand, à la suite de services militaires, il recevait, lui ou son fils aîné, l'ordre de Chevalerie; quand il mariait sa fille légitime et même naturelle, si cette dernière n'avait pas de quoi subsister ou ne possédait pas une position qui lui permît de gagner honorablement la vie; quand, retenu en captivité à la suite de guerres publiques ou privées, civiles ou étrangères, il fallait se procurer l'argent nécessaire à sa rançon, pourvu, toutefois, qu'il n'eût pas porté les armes contre son souverain.

La femme pouvait exercer le droit d'indire sur ses sujets quand elle possédait la haute justice, sur les sujets de son mari quand ce dernier était en captivité. Il n'était pas permis au seigneur de le réitérer pour le même cas durant sa vie. Accidentel et facultatif, il n'était pas sujet à prescription et, lors même que le seigneur et ses auteurs auraient négligé d'en user depuis un temps immémorial, ses justiciables n'y restaient pas moins soumis, le non usage n'abolissant pas une disposition portée par la loi ou par la coutume. Un pareil droit, établissant une servitude particulière en dehors des obligations ordinaires du justiciable envers le seigneur, paraît odieux à Chasseneuz. Il propose d'en dispenser, comme il était d'usage de le faire pour la taille royale, le père de douze enfants. Il lui semble également rationnel d'en affranchir, sur leurs propriétés particulières, les ecclésiastiques qui, en vertu de leurs privilèges, étaient exempts des tailles; mais cette opinion ne fut adoptée, ni par les autres commentateurs de la coutume, ni par la jurisprudence des cours. Quand ils étaient justiciables d'un seigneur, les ecclésiastiques restaient assujettis à tous les droits seigneuriaux. La quotité de cette imposition était fixée par le seigneur et répartie entre eux par ses sujets, selon leurs facultés. On devait en dispenser les pauvres, et reporter leur contingent sur les gens riches ou aisés. Si les justiciables refusaient de procéder à cette répartition, le seigneur, après les avoir assemblés, pouvait y procéder lui-même ; en cas d'excès elle était réductible par le juge royal [1].

Les pénalités portées par la coutume contre les voleurs consistaient : pour un simple larcin n'excédant pas la valeur de dix livres tournois, dans une peine laissée à l'arbitrage du juge, mais sans mort naturelle et sans mutilation des membres. Au-dessus de cette somme, le voleur, également punissable à l'arbitrage du juge, pouvait, selon les circonstances, être battu de verges, flétri de la marque, subir même une mutilation. L'essorillement ou amputation de l'oreille était la mutilation la plus fréquemment usitée en Bourgogne. En cas de simple récidive pour un vol commis dans la province ou hors de la province, lorsque déjà il avait été puni ou convaincu une première fois, et que les deux vols excédaient dix livres, le coupable devait être pendu dans le lieu où le crime avait été commis. Cette pénalité, existant dans l'ancienne coutume et maintenue dans la nouvelle, était d'autant plus rigoureuse que, d'après le droit commun et l'usage général en France, on ne l'appliquait qu'à un troisième vol. Alors seulement, le coupable était regardé comme ayant l'habitude du crime, comme un insigne et dangereux voleur [2].

Quoique la coutume ne parlât que d'objets volés, il

[1] *Rubr.* 1, par. 4, p. 110 à 150 ; Bouhier, t. II, p. 600 et suiv.
[2] *Rubr.* 1, par. 5, p. 150, 163, etc. ; Bouhier, t. I, p. 809.

fallait comprendre sous le nom de larcin toute usurpation illicite du bien d'autrui : le détournement d'une succession, la coupe d'arbres fruitiers, le refus de restituer une somme appartenant à quelqu'un, la mauvaise foi d'un procureur qui, feignant d'avoir occupé dans une cause, s'approprierait les frais et dépens envoyés à un de ses confrères, l'emploi d'une somme confiée pour être rendue à un tiers, l'usure, l'acceptation en gage d'une chose que l'on savait avoir été volée, une fausse créance, le conseil ou l'ordre de commettre un vol, l'achat ou la vente d'une chose volée. Chasseneuz n'est pas d'avis que le recéleur doive être puni de mort comme le voleur ; mais les ordonnances d'Orléans et de Blois n'admirent pas une pareille distinction : elles édictèrent contre eux la même peine [1].

Bien que le vol d'objets sacrés fût des plus graves, que son auteur fût tantôt brulé, tantôt pendu à la potence, même, dans ce cas, comme dans celui de vol particulier, il existait des circonstances qui pouvaient autoriser une mitigation de la peine. Elles dérivaient du temps où le vol avait été commis, par exemple durant une famine ; du sexe, si le voleur était une femme ; de l'âge, si c'était un jeune homme ; de l'objet volé, s'il était d'une valeur modique. Aussi, tantôt appliquait-on la peine capitale, tantôt la déportation dans une île, tantôt la mutilation. En général, il n'était pas d'usage, en Bourgogne, de pendre une femme pour un vol [2].

Il y avait encore d'autres cas où le coupable pouvait échapper à l'application de la peine capitale. Une nécessité pressante ne supprime pas, assurément, les dispositions

[1] *Id.*, p. 152.
[2] *Id.*, p. 155, 157.

de la loi, mais elle en arrête l'application. Commettre un vol pour s'empêcher de mourir de faim, soi et les siens, est un cas d'excuse, car on ne fait qu'obéir au besoin de sa propre conservation ; le droit naturel prime alors le droit civil ; la nécessité fait tellement loi qu'il est permis de se confesser à un laïque, quand on ne peut faire autrement. Je suis encore excusable si j'enlève à quelqu'un une chose qui m'appartient et que je ne puis me faire restituer par les voies de droit. Il n'est pas défendu à une femme de prendre quelque chose à son mari, s'il est dans l'aisance et si elle-même n'a rien en ce moment, afin de faire l'aumône à un pauvre ; à un religieux de secourir un indigent contre le gré de son supérieur, etc [1].

Le vol domestique, portant sur des choses de peu de valeur, telles que des aliments, n'était pas, à moins de fréquentes récidives, punissable comme un crime ; mais le vol d'habits, d'or, d'argent, surtout s'il y avait effraction, était d'autant plus grave que les serviteurs doivent inspirer moins de défiance. Même au-dessous de dix livres, il entraînait ordinairement la peine de mort [2].

Le signe patibulaire, destiné à exécuter les condamnés et à effrayer les malfaiteurs, nécessaire pour cause d'utilité publique, était la marque de la haute justice, du *merum imperium* ou droit du glaive. On ne doit pas l'ériger dans l'enceinte des villes, à cause du spectacle odieux qu'il présente à la vue et de l'infection des cadavres, mais dans des lieux retirés, de même qu'on éloigne les épreux, les animaux dangereux ou atteints de maladies contagieuses, les femmes de mauvaise vie. Le haut justicier ne perdait pas le droit d'en posséder un, lors même

[1] *Id.*, p. 186.
[2] *Id.*, p. 188.

qu'il ne s'en serait pas servi depuis plus de cent années. Son mode de construction indiquait la qualité du seigneur auquel il appartenait. Celui des barons, tenant leur fief du roi, était à quatre piliers surmontés de leurs pannonceaux ; celui des barons, tenant leur fief d'un autre seigneur, à trois piliers ; d'autres consistaient en deux colonnes réunies par une traverse fixée en terre ou dans un bloc de maçonnerie ; d'autres, enfin, dans un simple poteau, vulgairement désigné sous le nom de gibet [1].

Il existait, en Bourgogne, des seigneurs, dont l'un possédait le droit de condamnation, l'autre le droit d'exécution. Le quel des deux doit avoir le signe patibulaire ? Il semble naturel, répond Chasseneuz, que celui-là possède le signe à qui appartient la chose désignée ; mais cette raison, bonne en général, dit Bouhier, n'était pas admise dans la province, la coutume attribuant ce signe au haut justicier privativement à tous autres. Le seigneur qui avait l'exécution, mais qui, en même temps, n'avait point part à la haute justice, ne pouvait prétendre au droit d'en posséder un. Il devait se contenter de pendre le condamné sur le signe d'un seigneur voisin ou sur celui qu'il possédait lui-même dans une autre justice. Le haut justicier ayant le droit de faire dresser une potence dans toute l'étendue de sa juridiction, pouvait, s'il ne trouvait pas sur sa terre un lieu plus convenable, obliger son vassal, moyennant indemnité, à en souffrir l'érection sur un terrain dépendant de son fief [2].

Quand le signe patibulaire était tombé par accident ou par vétusté, la coutume donnait au seigneur l'an et jour pour le relever, sans avoir besoin de prendre la permission

---

[1] *Id.*, par. 8, p. 314, 316 ; Bouhier, t. II, p. 300.
[2] *Id.*, par. 8, p. 317 et suiv. ; Bouhier, t. II, p. 301.

du duc ; mais, ce délai passé, il était tenu de la demander ; elle était accordée par lettres patentes délivrées à la chancellerie du parlement. Sa négligence à relever ce signe ne le privait pas de l'exercice de sa juridiction, du droit de condamner à mort les coupables ; mais alors sur quel signe pouvait-il les exécuter ; avait-il le droit d'employer la décapitation, le supplice du feu, la noyade? En pareil cas, il faut remonter aux principes. La négligence du seigneur fait revenir le condamné au prince. C'est sur le signe de la justice royale, au chef-lieu et en présence des officiers du bailliage, qu'il doit être exécuté. Si, en leur abandonnant cette exécution, le seigneur craint de préjudicier pour l'avenir à ses droits, rien ne l'empêche de faire des protestations et des réserves. Cependant, le droit commun permettant de se servir du sceau d'autrui, avec son consentement, il semblerait qu'il soit également permis d'emprunter, à titre transitoire, le signe d'un voisin. Mais il faudrait se garder de pendre le coupable à un arbre ; user de ce mode et que l'on n'avait vu employer jusqu'ici que par les prévôts des maréchaux à l'égard de leurs soldats et par les officiers du roi, serait commettre un abus de pouvoir, s'exposer au même châtiment que si, après l'an et jour, on relevait sans autorisation le signe tombé. La coutume ne disant pas que la peine de mort puisse être appliquée par la décapitation, le feu ou l'eau, il n'est pas permis de l'étendre au delà de ses prescriptions, surtout dans un cas odieux ; il y aurait plutôt lieu de la restreindre. J'ai toujours pensé, ajoute Chasseneuz, après avoir discuté sur ce point les différentes opinions, qu'on ne pouvait se servir que de son signe, que le seigneur qui avait négligé de le relever, s'était privé lui-même de l'exécution. S'il le redressait passé l'an et jour, sans la permission du prince, il devait être condamné à le démolir, privé pour toujours du droit de le relever, puni à l'arbitraire du juge. Cette punition pouvait même aller jusqu'à la peine de mort, sévérité excessive qui fut repoussée à la fois par l'usage et par les autres interprètes de la coutume [1].

II. — La confiscation était un des profits de la haute justice, la conséquence de la mort naturelle ou de la mort civile, c'est-à-dire de la condamnation à l'emprisonnement à vie, aux galères, au bannissement à perpétuité du royaume ; c'est ce que la coutume exprimait par ces mots : « Qui confisque le corps, confisque les biens. » Le droit de confiscation, emprunté à la législation romaine, après avoir appartenu aux rois dans les premiers siècles de la monarchie, avait passé, depuis la constitution de la féodalité, aux seigneurs haut justiciers. Ils en usaient, contrairement à l'opinion de Chasseneuz partisan sur ce point comme sur plusieurs autres des droits du souverain, même quand la condamnation avait été prononcée devant une justice royale ; le prince n'était resté en possession de son ancienne prérogative que dans les cas royaux, tels que : crime de lèse-majesté divine ou humaine, hérésie, fausse monnaie, falsification des sceaux de l'État, conspiration, révolte à main armée, dilapidation des deniers publics, etc. On comptait jusqu'à soixante-douze cas entraînant, soit au profit du seigneur, soit au profit du roi, la confiscation [2].

Quelques coutumes refusaient au seigneur le droit de confiscation, d'autres le restreignaient aux meubles, d'autres aux immeubles. Celle de Bourgogne, par une disposition très dure, comprenait sans exception tous les

[1] *Id.*, p. 335.
[2] *Rubr.* 2, par. 1, p. 340 à 378.

biens du condamné. La confiscation avait lieu à l'exclusion de ses héritiers, conformément à l'ancien droit du Digeste, plus rigoureux sur ce point que celui des Novelles qui en exceptait ses enfants, afin de ne pas faire retomber sur des innocents la faute d'un père ou d'une mère coupables. Leurs biens étaient dévolus de plein droit au seigneur, quand même la sentence avait été rendue dans un autre ressort que celui d'où dépendait sa justice, mais pourvu que ces biens fussent situés dans une province où la confiscation était en usage; autrement, ils revenaient aux héritiers du condamné [1].

Quoique le mari fût libre, pendant le mariage, de disposer entre vifs, par toutes sortes de contrats, des biens de la communauté, un sentiment d'équité avait défendu qu'il en disposât par un délit et que sa femme eût à souffrir des conséquences d'une faute personnelle. Elle emportait donc, en cas de confiscation du mari, non seulement les biens qui lui étaient attribués par la coutume, c'est-à-dire la moitié des meubles et acquêts, ainsi que son douaire coutumier, mais tous les avantages que le mari avait pu lui faire par contrat de mariage ou par un autre acte. De son côté, la femme ne pouvant, par contrat ou quasi-contrat, disposer des meubles et acquêts de la communauté, ne les confisquait pas non plus par son délit au préjudice du mari qui, durant le mariage, en avait la jouissance et la libre disposition ; elle ne confisquait que ses propres héritages [2].

Les biens confisqués n'appartenaient pas toujours au

---

[1] *Id.*, p. 346 ; Bouhier, t. I, p. 811 et suiv.
[2] Confisquer le corps et les biens d'un homme ou l'homme qui confisque son corps et ses biens sont deux expressions équivalentes dans le texte de la coutume. *Id.*, *rubr.* 2, p. 378.

seigneur haut justicier. Ceux d'un taillable ou d'un mainmortable, lui ayant été donnés sous condition d'inaliénabilité, si ce n'est au profit de gens taillables et mainmortables comme lui, revenaient au seigneur de la taille et de la mainmorte, même quand ils étaient situés dans la haute justice du seigneur qui avait prononcé la condamnation. Autrement, c'eut été les aliéner contre la défense portée par la coutume, au profit de ce dernier, lui transférer des obligations serviles et priver le seigneur de la taille et de la mainmorte du droit de retour qu'il possédait sur ces biens quand le taillable ou le mainmortable venait à décéder sans laisser d'héritiers. Lorsque, de deux seigneurs, l'un possédait sur l'homme confisqué la taillabilité et l'autre la mainmorte, la première s'appliquant à la personne et la seconde aux biens, ceux-ci revenaient au seigneur de la mainmorte. Du reste, quel que fut le seigneur à qui appartenait la confiscation, il était tenu de payer les dettes et les frais de justice laissés par le condamné, les deniers dotaux et les droits de sa femme, jusqu'à concurrence de la valeur de ces biens [1].

III. — Dans un grand nombre de coutumes, la succession des bâtards nés, domiciliés, décédés *ab intestat* dans une seigneurie, sans laisser d'héritiers légitimes, appartenait, en vertu d'un droit qui n'était pas sans analogie avec celui de confiscation, au seigneur haut justicier. Celle de Bourgogne l'avait attribuée au duc. Sous ce rapport, le bâtard tenait de la condition servile. Bien que ses parents ne pussent prétendre à sa succession *ab intestat*, les jurisconsultes étaient unanimes à penser et on admettait,

[1] *Id.*, par. 3, p. 383.

comme un principe généralement reconnu en France, qu'il était libre de disposer de ses biens par toutes sortes de contrats, par donation entre vifs ou à cause de mort, mais sans pouvoir toutefois instituer comme héritiers ses père et mère naturels, afin de ne pas encourager par là l'immoralité. S'il laissait des héritages en lieu de mainmorte, le seigneur de la mainmorte obtenait la préférence sur le duc et sur le roi et, comme eux, vêtu et saisi de ces biens, il était tenu de faire inventaire et de payer les dettes jusqu'à concurrence de ce qu'il avait recueilli. Le droit de bâtardise s'étendait même à la succession des fils et petits-fils du bâtard, décédés sans héritiers légitimes de leur corps ; mais le roi ne prenait, en pareil cas, que les héritages provenant du côté du père ou du grand'père bâtard, de la mère ou de l'aïeule bâtarde ; les autres biens revenaient aux héritiers collatéraux. Le seul moyen d'empêcher les effets du droit de bâtardise était le mariage du père et de la mère du bâtard ou sa légitimation par le prince, prérogative appartenant au souverain, mais que les ducs de Bourgogne s'étaient attribuée ainsi que d'autres droits régaliens. La légitimation ne rendait le bâtard apte à succéder à ses père et mère que si elle avait été demandée par eux et obtenue de leur vivant. Une légitimation accordée au bâtard sur sa propre demande, ne servait qu'à empêcher le droit du prince ; mais elle ne lui en conférait aucun sur la succession de ses père et mère, attendu qu'on ne peut donner un héritier à personne, si ce n'est de consentement. Mais quand les père et mère ne laissaient pas d'enfants légitimes, quand ces enfants répudiaient leur succession, quand ils en étaient exclus pour cause d'indignité, restant libres alors de disposer de leurs biens, il leur était permis d'instituer le bâtard pour héritier, non en qualité d'enfant, mais comme étranger. Dans quelques diocèses de Bourgogne les évêques succédaient aux biens, meubles du prêtre bâtard, et il ne restait au prince que ses immeubles ; la coutume avait respecté cet ancien usage [1].

IV. — Un titre de la coutume, rejeté presque à la fin par ses rédacteurs, mais qui, dans l'ordre des idées, doit prendre place après celui des justices, était le titre des aveux. Quand le sujet d'un haut justicier était arrêté et détenu dans une autre seigneurie pour un crime punissable de peine corporelle, le seigneur du domicile ayant droit aux amendes en cas de condamnation, pouvait le revendiquer comme son justiciable, l'avouer pour son homme et sujet ; c'est ce que la coutume exprimait par ces mots : « L'aveu emporte l'homme. » Dans le cas de flagrant délit, si le juge du lieu où le crime avait été commis avait commencé des poursuites, il pouvait les continuer partout où se réfugiait le coupable, mais non s'emparer de lui sur le territoire du seigneur. Ce dernier n'était pas obligé de le livrer ; il devait seulement le repousser et lui refuser un asile. S'il n'avait été ni surpris en flagrant délit, ni condamné ou proscrit, mais simplement inculpé, le seigneur lui devait protection et défense ; il ne convenait pas qu'il devînt le bourreau de son sujet. Étranger et réfugié, mais non domicilié sur sa terre, il était tenu de le remettre au

---

[1] *Rubr.* 8, p. 1116 et s. p. 1136.
La succession des bâtards est l'objet d'un titre particulier placé à la suite de celui des successions en général. Nous ne parlerons pas de ce dernier, non plus que de ceux des gens mariés, des enfants de plusieurs lits, des rentes vendues avec faculté de rachat, afin de ne pas entrer dans de trop longs développements et pour nous borner à ce qui nous paraît offrir aujourd'hui le plus d'intérêt au point de vue historique, c'est-à-dire à l'état des personnes et de la propriété.

juge qui le réclamait. Le vagabond, sans demeure connue, était punissable partout. L'exercice du droit d'aveu était restreint à l'intérieur de la province, au ressort du parlement de Dijon, et la remise n'était pas accordée par un tribunal supérieur à un tribunal inférieur, par la justice du bailliage à celle du seigneur. Les ordonnances de Roussillon et de Moulins (1564-1566), afin de faciliter et de rendre moins coûteuse l'instruction des procès criminels, abolirent l'aveu seigneurial ; elles statuèrent que la connaissance des crimes entraînant des peines afflictives appartiendrait au juge du lieu où ils avaient été commis, et que le juge du domicile serait tenu, sur sa réquisition, de lui renvoyer l'accusé [1].

V. — Le fief est une concession provenant de la bienveillance libre et volontaire du seigneur qui abandonne à perpétuité, sur une chose immobilière ou équivalente, le domaine utile, n'en retenant que la propriété, à la charge de fidélité et de services ; telle est la définition donnée du fief par Chasseneuz, d'après son maître Jason ; elle avait été généralement adoptée par les jurisconsultes. Comme eux, il fait venir les fiefs des Romains, de ces bénéfices ou concessions de terres données par les empereurs à leurs officiers, à la condition de services militaires ; mais le contrat féodal était inconnu sous cette dénomination avant la rédaction du *Livre des Fiefs* [2].

Dans la plupart des coutumes de France, le délai accordé au vassal pour demander l'investiture était de quarante jours ; celle de Bourgogne, par une disposition plus libérale, à laquelle on ne peut assigner, dit Chasse-

[1] *Rubr.* 12, p. 1433 ; Bouhier, t. II, p. 302 et suiv.
[2] *Rubr.* 3, par. 1, p. 387 et suiv. Cf. Bouhier, t. II, p. 4.

neuz, d'autre motif que la volonté de ses rédacteurs, l'avait fixé à l'an et jour, à partir du décès du seigneur féodal, ou du décès du père du vassal, ou de l'acquisition du fief, en un mot, toutes les fois qu'il y avait mutation de seigneur ou de vassal. Quand le seigneur laissait en mourant plusieurs héritiers, le vassal, d'après Barthole et Chasseneuz, devait à tous sa prestation de foi et hommage, par la raison que le serment de fidélité était indivisible comme la fidélité même. Si le vassal venait à mourir avant de s'être acquitté de son devoir de fief, le texte de la coutume donnant, d'une manière générale, l'an et jour à partir du décès, son héritier avait le même délai. Ainsi, dix héritiers venant successivement à mourir sans avoir satisfait à cette obligation, le survivant avait encore une année à partir de la mort du dernier, interprétation adoptée par Cujas, mais repoussée par Dumoulin qui fait remarquer que ce délai n'était pas applicable en pareil cas, puisqu'on ne peut considérer comme vassal celui qui n'a pas encore reçu l'investiture [1].

Il n'aurait pas suffi que le vassal se présentât devant le seigneur et lui annonçât simplement la mort de son père. Il devait aller le trouver dans le manoir féodal dont son fief était mouvant, en tenue convenable, en temps opportun ; mais il n'était pas obligé de le chercher hors de la province. En cas d'absence, il s'adressait à son bailli, juge, châtelain, ou principal officier. Il était libre de s'acquitter de ce devoir par un procureur muni d'un pouvoir spécial. Il s'exprimait en ces termes : Monseigneur, je vous demande, avec tout le respect que je vous dois, l'investiture du fief qui est à moi et que je tiens de vous ; je déclare

---

[1] *Id.*, p. 390 et suiv. ; Bouhier, t. II, p. 83.

être prêt à vous faire serment de fidélité envers et contre tous, à l'exception du roi, mon souverain seigneur, et de ceux à qui j'ai fait déjà un pareil serment. Il disait encore en termes plus simples : Je vous demande l'investiture de mon fief dont le domaine direct vous appartient, la fidélité étant sous entendue dans une pareille formule [1].

Il pouvait se présenter plusieurs cas où le vassal était excusable de n'avoir pas rendu son devoir de fief dans le délai prescrit par la coutume, par exemple : si le seigneur était frappé d'excommunication et par là même d'infamie et d'incapacité de posséder un fief ; s'il existait entre lui et le vassal des inimitiés capitales par suite de meurtre, de mauvais traitements, de menaces graves, d'embûches, d'accusation de crime. Le délai ne courait alors qu'après la disparition de ces divers obstacles. La question de savoir à qui devait s'adresser le vassal, quand plusieurs personnes se disputaient la succession du seigneur, avait donné lieu à des solutions différentes. Le plus sûr parti, en pareil cas, d'après Chasseneuz, était de s'adresser de préférence à celui des héritiers qui, étant en possession, avait pour lui la présomption de droit ; mais rien n'empêchait toutefois le vassal de s'adresser à un autre, avec réserve que cette demande ne pût lui préjudicier, s'il arrivait que ce dernier ne fût pas reconnu comme véritable propriétaire. Il pouvait encore différer jusqu'à ce que le sort de la succession eût été fixé ; c'était le parti le plus sage, pourvu qu'il eût invoqué cette incertitude comme un empêchement, et protesté que, n'ayant pas de raison pour s'adresser à l'un plutôt qu'à l'autre, il ne dépendait pas de lui d'accomplir son devoir de fief. Quand il ignorait, de bonne foi, de

---

[1] *Id.*, p. 398 et suiv. ; Bouhier, t. II, p. 108.

quel seigneur son fief était mouvant, il devait faire reprise à la Chambre des comptes du Parlement [1].

L'hommage du vassal, pour un fief relevant d'une seigneurie appartenant à une femme, pouvait être fait à son mari comme administrateur de la communauté, mais il était bon que la femme y consentît. Quand le fief appartenait à la femme, c'était par son mari que le devoir était rendu. Le vassal en âge de pupillarité, c'est-à-dire au-dessous de quatorze ans, n'était pas tenu de porter foi et hommage dans le délai prescrit. Ce serment constituait une obligation personnelle qu'il était incapable de remplir, surtout à l'égard du devoir principal consistant dans le service militaire. C'était donc seulement, à dater de sa majorité, qu'il avait l'an et jour établis par la coutume. Mais il n'en était pas moins obligé de faire dans le même délai, à partir de la mort de son père, sa reconnaissance de fief. Il possédait un recours contre son tuteur qui, faute de l'avoir donnée, lui aurait fait perdre les fruits sur lesquels le seigneur avait, alors, le droit de mettre la main. En cas d'insolvabilité du tuteur, on admettait pour le mineur la possibilité d'obtenir la mainlevée des fruits non encore perçus et consommés. Du reste, aucune disposition n'empêchait le tuteur d'offrir lui-même foi et hommage pour son pupille. Si ce dernier n'était pas pourvu d'un tuteur, le seigneur, pour cause de devoir non fait, n'avait pas le droit d'appliquer les fruits à son profit. Quand lui-même mourait sans enfants, mais laissant sa femme enceinte, le devoir était rendu à la personne de l'enfant à naître représenté par un curateur au ventre [2].

---

[1] *Id.*, p. 403.
[2] *Id.*, par. 2, p. 410 ; Bouhier, t. II, p. 86, 92.

La prestation de foi et hommage était suivie, dans les quarante jours, du dénombrement. Il consistait dans la remise au seigneur, par procureur, notaire ou huissier, d'un acte renfermant la description détaillée des terres et droits dont se composait le fief servant. Le refus de rectifier sur la demande du seigneur et avec intention de préjudicier à ses droits, les omissions ou les erreurs contenues dans cette déclaration, était considéré comme une violation de la foi jurée par le vassal. Ce refus était puni, dans l'ancien droit, de la perte du fief ; le seigneur le saisissait en toute propriété en vertu du droit de commise ; mais la nouvelle coutume, tempérant une pareille rigueur, avait statué que le vassal perdrait seulement la chose recélée. A défaut de dénombrement donné dans le délai prescrit, le seigneur pouvait mettre le fief sous sa main, mais sans faire les fruits siens et sans exploiter par lui-même. Cette saisie, n'ayant d'autre but que de rendre le vassal plus diligent à accomplir son devoir, prenait fin du moment qu'il avait déposé sa déclaration, quand même le seigneur aurait l'intention de la discuter. N'ayant que la garde des fruits, il était obligé de les restituer. S'il existait une contestation sur la nature des rapports entre le seigneur et le vassal ; si, par exemple, ce dernier niait que la chose qu'il possédait fût féodale, la question devenant alors litigieuse, la saisie était ajournée jusqu'à décision par les tribunaux ; mais s'il résultait du procès que le vassal avait agi de mauvaise foi, le fief rentrait, en vertu du droit de commise, dans la pleine propriété du seigneur, comme dans les cas de refus de foi et hommage, de félonie et d'injure [1].

[1] *Id.*, par. 3, p. 426.

Le contrat féodal étant un contrat mutuel, une sorte d'alliance entre le seigneur et le vassal, impliquait des devoirs réciproques proportionnés à la nature du fief possédé par ce dernier. Le vassal lige, tenant son fief du roi, ne reconnaissant d'autre suzeraineté directe que la sienne, lui prêtait une fidélité absolue envers et contre tous, sans exception, était lié envers lui quant à sa personne et à ses biens ; le vassal non lige n'était obligé qu'à raison de la chose qu'il possédait en fief et pour laquelle il avait fait hommage. Il pouvait, en la délaissant, s'affranchir du lien de fidélité. Il y avait même des vassaux qui, en vertu d'une stipulation particulière, n'étaient liés au seigneur que vis-à-vis de sa juridiction [1].

Si Chasseneuz repousse, comme nous l'avons vu, les droits dont l'usurpation par les seigneurs avait aggravé la situation de leurs vassaux, il se fait du contrat féodal, en lui-même, une idée conforme aux principes de subordination et de protection qui devaient en être la règle. Il voit, dans les bons rapports du maitre et du sujet, le gage de la conservation des lois qui présidaient, de son temps, à l'organisation de la société. Il rappelle à l'un et à l'autre leurs obligations réciproques. Le vassal doit au seigneur un respect particulier ; le seigneur doit bienveillance au vassal ; c'est pour cela que le vassal lui rend hommage à genoux, et que, pendant qu'il prête serment, le seigneur prend ses mains dans les siennes et qu'il le baise ensuite en signe d'affection et de fidélité. Il est interdit au vassal de porter contre son seigneur une accusation diffamatoire, de le citer en justice sans permission du juge, de même qu'autrefois, l'affranchi romain à l'égard de son patron, interprétation

[1] *Id.*, par. 3, p. 419.

tombée plus tard en désuétude, même dans les pays où la jurisprudence se conformait exactement au *Livre des Fiefs*. Il doit le traiter devant le juge avec la plus grande honnêteté, ne jamais s'écarter de la subordination commandée à l'inférieur vis-à-vis de son supérieur. Il n'attendra pas qu'une injure lui soit faite, que des hostilités contre lui soient commencées ; mais il prévoit plutôt, s'il est possible, celles qu'il préviendra qu'on pourra lui adresser. Étendant même ses obligations au delà des limites adoptées par d'autres juristes, il pense que le vassal doit fournir des aliments au seigneur quand il est tombé dans la pauvreté, que le seigneur, lui-même, a le droit de convertir en un secours caritatif les redevances dues par le vassal, que celui-ci est obligé, non seulement aux devoirs attachés à son fief par la loi et par la coutume, mais encore à ceux que prescrivent l'humanité et la charité dans les circonstances pressantes. De son côté, le seigneur réclamera les services du vassal avec justice et modération ; il ne le surchargera pas au delà de ses facultés ; il ne demandera que ce qui lui est dû en vertu de conventions légitimes, à moins qu'ayant épuisé ses propres ressources, il ne vienne à manquer du nécessaire ; alors le vassal lui fournira quelques secours, mais dans une proportion telle que lui-même n'en soit pas incommodé. Il est obligé, en temps de guerre, de faire guet et garde à son château, non en vertu du droit des fiefs, mais en vertu des ordonnances, parce qu'il y trouve pour lui, sa famille, ses hommes et ses meubles, un refuge pendant les incursions des ennemis [1].

Les fiefs, révocables à l'origine, étant devenus héréditaires à partir de la troisième race, on y succédait de la

---

[1] *Id.*, par. 4, p. 425 ; Bouhier, p. 62 et suiv.

même manière que dans les alleux. Il était permis de les donner, de les échanger, de les aliéner, sans aucune différence d'avec ces derniers. Les religieux profès, incapables d'après leur règle de posséder en propre des biens temporels, ne succédaient pas aux fiefs et perdaient, en entrant dans la vie religieuse, ceux qu'ils avaient possédé étant séculiers. Chasseneuz leur assimile les chevaliers de Malte. Quoique de longues discussions eussent existé entre les docteurs sur la capacité des clercs séculiers, promus aux ordres sacrés, d'occuper des fiefs, la coutume générale en France était en faveur de l'affirmative. Les corps, communautés, collèges, églises, fabriques, hôpitaux qui étaient propriétaires de fiefs, prêtaient serment de fidélité par leurs agents ou procureurs [1].

Les héritiers *ab intestat*, directs ou collatéraux, considérés comme les successeurs de leur père ou de leurs auteurs, prenaient possession du fief sans avoir besoin du consentement du seigneur et sans s'exposer au danger de la commise. Ce consentement était également inutile pour prendre possession après partage ; chacun des co-partageants, demeurant vassal du seigneur pour sa part et portion, était seulement obligé de lui rendre son devoir, sans qu'un seul fût admis à le rendre pour tous. Il en était autrement, d'après Chasseneuz, quand le fief restait dans l'indivision ; un seul pouvait alors faire hommage pour les autres [2].

Mais l'influence du droit qui, sous le rapport de leur transmission avait assimilé les fiefs aux biens patrimoniaux, n'avait pas été assez complète pour les débarrasser

---

[1] *Id.*, par. 5, p. 436 ; Bouhier, t. II, p. 31 et suiv. 84 et suiv.
[2] *Id.*, par. 6, p. 456, par. 7, p. 461 ; Bouhier, t. II, p. 83.

de la commise dans le cas d'aliénation. Cette aliénation pouvait avoir lieu par vente, échange, donation entre vifs, institution d'héritiers, cession en paiement d'une créance, sans qu'il fût besoin d'obtenir auparavant le consentement du seigneur ; mais ce consentement était nécessaire au nouveau propriétaire pour prendre possession réelle. S'il avait omis de le demander, le fief était confisqué au profit du seigneur. Ce consentement était une garantie accordée à ce dernier, afin de faire valoir la conservation de ses droits. La commise était prononcée en vertu d'une sentence du juge énonçant simplement le motif pour lequel on l'avait demandée. Cette faculté d'aliéner le fief, sans consentement préalable, constituait une dérogation à l'ancien droit qui le regardait comme indispensable. Elle avait été admise dans l'intérêt de la liberté des transactions ; mais, néanmoins, elle était encore restreinte à certaines limites. L'aliénation d'un fief noble, c'est-à-dire auquel une juridiction était attachée, n'était pas permise en faveur d'un homme d'une condition inférieure, d'un roturier, à moins qu'il n'eut reçu du roi des lettres d'anoblissement ou l'autorisation d'acquérir un fief noble. Cependant, dit Chasseneuz, les Dijonnais, les Autunois, les Chalonnais avaient, en vertu d'un privilège général le droit d'acquérir toutes sortes de fiefs ; mais, bien qu'il s'appuie sur l'avis de plusieurs jurisconsultes, pour soutenir que la possession d'un fief noble par un roturier lui conférait la noblesse, il n'en était rien, quand bien même ce fief aurait été donné par le roi ; il fallait des lettres expresses émanées de la volonté du souverain [1].

Id., par. 8, p. 465, Cf. ; Bouhier, t. II, p. 177, 196, 25.

VI. — La mainmorte, dit Chasseneuz, vient du colonat romain, de ces serfs attachés à la glèbe, qui ne pouvaient changer leur condition, disposer par testament des terres qu'ils avaient reçues, à charge de les cultiver, d'en payer les redevances et de les transmettre invariablement à leurs descendants. Mais ces derniers étaient esclaves, tandis que le droit de désaveu accordé aux mainmortables, en leur rendant leur liberté, faisait d'eux une classe de gens particulière à la province. Dans le duché de Bourgogne, disait la coutume, il n'y a nuls serfs de corps, expression d'un état de choses privilégié, observé par les Bourguignons comme ayant été le premier peuple de la Gaule qui eût embrassé le christianisme. Tandis qu'en Comté et en Nivernais, il existait des serfs contre lesquels le seigneur possédait un droit de poursuite et de revendication partout où ils se trouvaient, le mainmortable bourguignon, n'étant de condition servile qu'à raison de la terre détenue par lui en lieu de mainmorte, pouvait en l'abandonnant, en désavouant son seigneur, en s'avouant l'homme du roi, reprendre son entière liberté. Mais, en dehors de cet abandon et de ce désaveu, il lui était impossible de prescrire sa franchise, quant à ses biens, en quelque lieu qu'il eût fixé sa demeure et par quelque laps de temps qu'il y fût resté [1].

L'enfant suivait la condition du père, c'est-à-dire que, né dans un lieu de mainmorte, d'un père mainmortable, il était mainmortable comme lui; né dans le même lieu d'un

---

[1] *Rubr.* 9, p. 1178, par. 1, p. 1183 et suiv.
La transition du servage à la main-morte s'était faite en Bourgogne avant de se faire dans le reste de la France. La plupart des communautés mainmortables furent constituées par les anciens affranchissements de serfs de corps. Bouhier, t. II, p. 746.

père franc, il était franc ; né d'un mainmortable dans un lieu franc, il etait également franc, car il fallait, pour le rendre mainmortable, la double condition de la mainmorte et de la naissance en lieu de mainmorte. Il y avait cependant une exception à cette règle, car l'enfant, né en lieu franc d'un père mainmortable et d'une mère franche, suivait la condition de la mère, parce que la servitude de mainmorte n'affectait pas la personne, mais seulement les biens [1].

Un meix, c'est-à-dire une maison, avec une étendue de terre qu'une paire de bœufs suffisait à labourer, situé en lieu de mainmorte parmi d'autres meix mainmortables, était réputé de condition semblable en vertu de cette présomption que tout ce qui était sur la terre du seigneur de mainmorte était assujetti au même régime, que tout individu y demeurant était serf de sa seigneurie, à moins que le contraire ne fût établi par un acte d'affranchissement, par une possession immémoriale, non contestée ou du moins paisiblement exercée durant trente années à partir du jour de la contradiction, c'est-à-dire sans que le

[1] *Id.*, par. 3, p. 1193 ; Bouhier, t. II, p. 777 et suiv.
Chasseneuz, plaisant et humoriste à ses heures, fait à propos de ce texte de la coutume : « En lieu et condition de mainmorte l'enfant suit la condition du père et non de la mère, » la remarque suivante : Il faudrait dire le contraire quand il s'agit des petits des animaux. Le coq de Philippe de Champfleury et la poule d'honorable maître Antoine Chapet, procureur du roi, ont l'habitude de venir dans ma cour. Cette poule y a fait un œuf qui a été couvé par la poule de Léonard Regnault, et il en est né un poulet, dans ma cour. A qui appartient ce poulet; est-il à moi, à Philippe de Champfleury, à Antoine Chapet, à Léonard Regnault ? Signorolo Homodei, qui a traité une pareille question dans un de ses Conseils, a conclu dans un sens favorable à Léonard Regnault. Quoique ce conseil soit parfaitement écrit et très subtil, je ne sais à quoi il pensait en employant son temps à un pareil sujet. On ne rédige de conseil que sur le point qui s'est présenté en fait, et quand le salaire est au bout du travail. *Rubr.* 9, par. 2, p. 1194.

possesseur eut rendu, pendant ce temps, les services dûs par les hommes de mainmorte [1].

De même qu'il y avait des mainmortables d'origine, nés sur la terre du seigneur, de même il y en avait par convention. Dans certaines provinces, on devenait mainmortable dès qu'on avait établi son domicile sur la terre seigneuriale; mais la coutume de Bourgogne exigeait, pour produire cet effet, que l'homme franc, indépendamment du domicile, y prît un meix ou qu'il y tînt feu et lieu pendant un an et jour sans discontinuation, et payât de son chef les mêmes redevances que les autres mainmortables; il devenait alors mainmortable par convention, lui et sa postérité à naître [2].

La femme suivant la condition de son mari, celle qui était mainmortable se trouvait affranchie par son mariage avec un homme franc. Devenue veuve, si elle retournait en lieu de mainmorte, y demeurait an et jour et payait au seigneur les devoirs des autres mainmortables, elle reprenait sa condition première. De même, mariée à un homme mainmortable et réputée comme lui mainmortable, elle recouvrait sa liberté, quand, après le décès de son mari, abandonnant dans l'an et jour le meix et les héritages tenus par lui, elle allait demeurer en lieu franc; mais elle ne pouvait alors réclamer son douaire coutumier assigné sur les biens laissés par ce dernier en lieu de mainmorte; il appartenait aux enfants ou héritiers successibles, restés en communauté avec le défunt; elle n'avait de recours que sur les biens laissés par lui en lieu franc [3].

Il avait existé, sous l'ancienne coutume, des serfs qui ne

---

[1] *Id.*, par. 4, p. 1196 et suiv.
[2] *Id.*, par. 5, p. 1198; par. 6, p. 1200.
[3] *Id.*, par. 7, p. 1204; par. 8, p. 1205.

pouvaient désavouer leur seigneur que pour une juste cause, d'autres dans le cas où il leur refusait des aliments ; la nouvelle coutume, par une disposition générale, avait étendu à tous le bénéfice du désaveu. Celui qui voulait l'exercer allait trouver le seigneur, quelque part qu'il fût, mais sans être obligé de le chercher hors du bailliage où était située la seigneurie. Faute de le rencontrer, il se rendait à son domicile, auprès de son juge, châtelain, ou procureur d'office ; il se faisait accompagner par un sergent royal, porteur d'un mandement de désaveu dressé au tribunal du bailliage, dans lequel il s'avouait l'homme franc du roi ; il déclarait renoncer à son meix, à tous meubles et héritages possédés par lui en lieu de mainmorte ; le tuteur en pouvait faire autant pour son pupille ; mais le désaveu n'était valable que si le désavouant s'était libéré auparavant de toutes dettes envers le seigneur [1].

L'ancienne coutume interdisait au mainmortable la faculté de s'obliger et de contracter sans la permission du seigneur ; il pouvait seulement vendre ses acquêts pour le temps de sa vie ; après sa mort, ils revenaient à son meix ; tout ce qui lui appartenait était acquis au seigneur. La nouvelle coutume avait modifié ces dispositions, en lui permettant d'aliéner son héritage mainmortable par vente, échange, donation, pourvu que ce fût à des mainmortables comme lui, demeurant dans la même seigneurie. Mais elle avait maintenu la défense d'aliéner, sans le consentement du seigneur, au profit d'un homme franc ou d'un mainmortable d'une seigneurie étrangère. Faute de ce consentement, l'acquéreur pouvait bien avoir la possession tant que le seigneur ne réclamait pas, mais il n'avait pas la pro-

[1] *Id.*, par. 9, p. 1209 ; Bouhier, t. II, p. 899, 901.

priété, à moins que le seigneur n'eût approuvé la vente, ou que ne profitant pas de l'action qu'il possédait pour obliger l'acquéreur à s'en désister, il eût témoigné par là l'intention de ne pas la contester. Quand l'homme franc devenait mainmortable du seigneur sur la terre duquel il avait acquis des héritages de mainmorte, la vente, défectueuse dans le principe, obtenait son plein et entier effet, l'état personnel de l'acquéreur ayant changé et l'inhabilité résultant de la franchise ayant disparu. Par la défense d'aliéner à des hommes francs et à des mainmortables d'une autre seigneurie, la coutume n'entendait point préjudicier à ceux qui, antérieurement à sa rédaction, possédaient, en vertu de parcours ou d'un usage particulier, le droit d'acquérir dans le finage les uns des autres. L'homme franc, incapable de droit de parcours et d'usage, pouvait posséder le même privilège en vertu d'une possession légitime, paisible, emportant la prescription [1].

La propriété exploitée par le mainmortable, étant reversible au seigneur quand il ne laissait pas d'héritiers, il lui était défendu d'en disposer par testament si ce n'est au profit de parents successibles, demeurant avec lui en communauté. La transmettre à des étrangers c'eut été priver le seigneur du droit de reversibilité ou d'échute qui était le principal profit de la mainmorte [2].

La parenté, la vie au même foyer, constituant le caractère des gens de mainmorte, lorsqu'ils venaient à se séparer, ils ne pouvaient se remettre ensemble sans le consentement du seigneur, car, par le fait de cette séparation leurs biens lui étaient acquis, et il n'était pas possible de

---

[1] *Id.*, par. 10, p. 1226 ; Bouhier, t. II, p. 799.
[2] *Id.*, par. 11, p. 1241.

faire disparaître son droit par une reprise de communauté opérée sans ce consentement. Un fermier exploitant ailleurs une propriété, un soldat sous les drapeaux, un vicaire attaché à la desserte d'une paroisse, un ouvrier travaillant pour autrui, un domestique en condition, n'étaient pas considérés comme séparés de la communauté ; leur domicile réel était au lieu de leur origine quand ils restaient en communauté de biens avec leurs parents et n'habitaient pas un domicile particulier. Cette communauté de biens et de domicile étant indispensable pour que les gens de mainmorte pûssent succéder les uns aux autres, les fils et les filles qui ne l'avaient pas conservée étaient exclus de la succession de leurs père et mère, à moins de ce rappel dont nous parlerons tout à l'heure ; ils ne pouvaient même prétendre de légitime sur leurs biens de mainmorte, interprétation contre laquelle s'élève Chasseneuz, mais qui fut maintenue par la jurisprudence [1].

Lorsque le cas d'échute arrivait, le seigneur se trouvait saisi, de fait et de droit, des héritages du mainmortable qui n'avaient été donnés par lui qu'à la condition de les retirer faute d'héritiers ou de parents vivant en communauté. Il pouvait, de sa propre autorité, expulser tout détenteur ; mais si un héritier du sang venait élever une contestation, il devait se faire maintenir en possession par la justice [2].

Ayant donné ces fonds à la condition de les reprendre dans l'état où ils se trouvaient au moment de leur concession, il n'était pas obligé de payer sur eux les dettes laissées par le défunt ; mais s'il prenait les meubles lais-

---

[1] *Id.*, par. 12, p. 1244 ; par. 13, p. 1446 ; Bouhier, t. II, p. 850.
[2] *Id.*, par. 14, p. 1253.

sés par lui en lieu de mainmorte, les héritages qu'il avait possédé en lieu franc, il devait commencer par prélever sur eux le montant des frais funéraires. C'était même, dit Chasseneuz, un devoir pour lui d'après le droit commun et l'équité naturelle, bien que la coutume n'en parlât pas, quand son homme ne laissait autre chose que des héritages de mainmorte. Venant à sa succession, à défaut d'héritiers du sang, il était tenu des mêmes devoirs, c'est-à-dire de ceux que la religion prescrit : lui faire administrer les sacrements de l'Église, lui procurer la sépulture chrétienne; le curé pouvait même l'obliger à payer ces frais. « J'ai donné une consultation sur un cas de cette espèce; mais les seigneurs s'y refusent habituellement par une mauvaise inspiration et agissent mal. » Il se payait ensuite de ce que son homme lui devait, puis désintéressait les créanciers jusqu'à concurrence de la valeur des biens de mainmorte, des héritages en lieu franc, à moins que, pour éviter une discussion, il ne préférât leur en faire l'abandon [1].

Le seigneur qui avait repris, en cas déchute, les héritages de son mainmortable, pouvait-il les réunir à son patrimoine, éteindre le meix, ou bien devait-il les remettre à un autre mainmortable ? Il semble que, rentré dans des biens qui, à l'origine, lui appartenaient en toute propriété, il fût libre d'en disposer à son gré quand le concessionnaire venait à disparaître. La coutume ne s'expliquait pas sur cette question et, pour la résoudre, il faut recourir au droit commun. J'ai toujours pensé, dit Chasseneuz, qu'il était tenu de les placer hors de ses propres biens, non seulement pour la conservation de ses droits, mais pour la conser-

---

[1] *Id.*, par. 14, p. 1255 ; Bouhier, t. II, p. 891, 895.

vation des droits des tiers. En réunissant ces biens à son domaine, il préjudicierait aux droits du roi qui possède une taille ordinaire sur tous les feux du royaume et, tous les trois ans, une imposition extraordinaire, votée par les États de la province; il préjudicierait encore aux autres sujets, en obligeant à reporter ce double impôt sur un moins grand nombre de têtes. Si, dans une seigneurie comptant cent hommes de mainmorte, vous en supprimez dix, les quatre-vingt-dix autres auront à supporter une charge plus lourde. Les officiers du roi ne doivent pas tolérer un pareil abus. Le roi lui-même, pour raison d'utilité publique, ne peut réunir à son domaine le fief qu'il a confisqué; il est tenu de le remettre à un autre feudataire, à peine de supprimer le ban et l'arrière-ban dû par ce fief, d'affaiblir ainsi les moyens de défense de l'État, de grever d'autant les autres vassaux. S'il dispensait un fief du service militaire, les autres propriétaires de fiefs seraient en droit de réclamer. Il en est de même des mainmortables; ils peuvent demander le maintien du meix ou, tout au moins, que le seigneur, s'il le supprime, paye lui-même les tailles payées précédemment par les hommes qui l'occupaient [1].

Quand l'homme dont la succession faisait échute avait été à la fois mainmortable dans deux seigneuries, c'est-à-dire dans le lieu de son origine et dans le lieu de sa résidence, une seigneurie n'acquérant pas sur l'autre et chaque seigneur possédant un droit égal, chacun d'eux prenait les héritages et les meubles se trouvant dans la sienne; mais le seigneur d'origine étant considéré comme héritier à titre universel et le seigneur du domicile

[1] *Id.*, p. 1259.

comme héritier à titre particulier, c'était au premier que revenaient les héritages et les meubles situés en lieu franc. Les actions mobilières, considérées comme attachées à la personne, appartenaient au seigneur du domicile, les actions immobilières à celui de la situation des biens [1].

Par une exception à la règle qui excluait de la succession du mainmortable les parents ne vivant pas en communauté avec lui, la coutume avait décidé que s'il laissait un proche parent successible ayant conservé cette communauté, ce dernier rappellerait les parents au même degré qui n'en faisaient plus partie. Ainsi, le frère commun rappelait celui qui avait cessé de l'être. Ce bénéfice du rappel s'appliquait même aux héritiers qui avaient acquis la franchise. Le seigneur ne pouvant, en vertu de cette disposition, avoir l'échute, il importait peu à ses intérêts que la succession fût partagée entre personnes franches ou serviles; d'ailleurs, il avait toujours le droit de mettre, en mains mainmortables, les héritages tombés dans le lot des francs [2].

Le seigneur qui avait pris, en cas d'échute, les héritages de son mainmortable situés en lieu franc et chargés de cens et redevances envers un autre seigneur, était tenu de s'en dessaisir dans l'an et jour à partir du décès, parce que ces biens ne pouvaient être aliénés au détriment du seigneur censier, qu'on ne pouvait donner à ce dernier, sans son consentement, un nouveau censitaire, qu'il lui eût été plus difficile de se faire payer par un seigneur que par un simple paysan; en un mot, parce qu'il n'était permis à per-

---

[1] *Id.*, par. 16, p. 1261 ; Bouhier, t. II, p. 879 et suiv.
[2] *Id.*, par. 17, p. 1275 ; Bouhier, t. II, p. 864.

sonne d'introduire un changement dans le régime des biens donnés à cens [1].

L'ancien droit féodal interdisait aux serfs de porter témoignage, non seulement dans la cause de leur seigneur, mais dans celle de toute personne libre. La coutume de Bourgogne avait modifié cette disposition en défendant aux mainmortables, aux taillables haut et bas, corvéables à volonté, c'est-à-dire imposables à l'arbitraire du seigneur, d'être témoins dans sa cause, à raison de la défiance que leur complète sujétion devait inspirer sur la liberté de leur témoignage. Néanmoins, quand on ne pouvait obtenir la preuve par d'autres moyens, ce témoignage était admis exceptionnellement et sous des réserves laissées à l'appréciation du juge. Cette défense ne s'appliquait, d'ailleurs, qu'aux causes civiles. Dans les procès criminels, la difficulté d'avoir d'autres témoins que ceux qui demeuraient sur les lieux, avait fait admettre, dans l'intérêt de la justice, la déposition du mainmortable, mais toujours avec la prudence qu'elle devait inspirer aux juges [2].

A la différence de quelques autres coutumes, celle de Bourgogne permettait au mainmortable d'entrer dans les ordres sans avoir besoin du consentement du seigneur. Mais la dignité du sacerdoce ne lui conférait pas la franchise; il n'avait pour l'obtenir que la voie commune à tous, c'est-à-dire le désaveu. S'il venait à décéder sans être en communauté avec les parents appelés à sa succession, le seigneur prenait tous ses biens, même les meubles lui appartenant en propre qui se trouvaient placés dans une église de la seigneurie. Cette décision paraît, à Chasseneuz,

---

[1] *Id.*, par. 19, p. 1295.
[2] *Id.*, par. 18, p. 1284; Bouhier, t. II, p. 794.

contraire à la liberté ecclésiastique. En effet, un ancien usage observé dans quelques diocèses et dans celui d'Autun en particulier, attribuait à l'évêque la succession des prêtres bénéficiers, décédés *ab intestat*. D'un autre côté, la coutume déclarait n'avoir pas voulu déroger aux droits possédés par les sujets du duc, en vertu de privilèges. Afin de concilier cette opposition, il semble, dit Chasseneuz, qu'il convient de restreindre le droit du seigneur à la succession des simples prêtres, non pourvus de bénéfices. Le Parlement de Bourgogne était allé plus loin ; il avait limité le privilège épiscopal au cas où le prêtre bénéficier ne laissait aucun parent successible ; autrement, ce privilège qui n'était pas inscrit dans la coutume et qui d'ailleurs était contraire au droit des successions, ne produisait aucun effet [1].

Il était dû, dans certains lieux de la province, en vertu d'un ancien usage, un droit de formariage. Quand une femme mainmortable se mariait sans le consentement du seigneur et allait demeurer avec son mari hors de la seigneurie, quand elle épousait un homme franc en lieu de mainmorte et par là se procurait la franchise, le seigneur, perdant en elle une sujette, prenait en toute propriété les héritages qu'elle tenait de lui ou une valeur égale à ce qu'elle apportait en mariage, au choix de la femme, à moins, dans le dernier cas, que le mari franc ne consentît à devenir lui-même de condition servile. Il n'y avait pas lieu à prendre ce droit, quand le mariage se faisait, par une sorte d'échange entre deux personnes mainmortables. Tel était le cas où la fille mainmortable d'une seigneurie épousait le fils du mainmortable d'une autre seigneurie

---

[1] *Id.*, par. 20, p. 1296 ; Bouhier, *ibid.*

et que ce dernier, pour la remplacer, mariait en même temps sa fille à un mainmortable de la seigneurie où son fils avait pris femme. Si, d'un côté, le seigneur perdait une sujette, d'un autre côté, il en recevait une autre; celle-ci lui assurait la conservation de son droit et, en réalité, il ne perdait rien [1].

Les gens de mainmorte qui, s'absentant de la seigneurie, abandonnaient leurs héritages sans les faire cultiver, avaient dix ans pour rentrer dans leur possession. Le seigneur pouvait, durant leur absence, user de la mainmise, faire cultiver les terres délaissées et s'en approprier les fruits. Ce délai expiré, elles lui étaient acquises de plein droit, sans qu'il fût besoin d'obtenir jugement, à moins que le mainmortable absent ne vînt élever une contestation et rendre nécessaire l'intervention du juge. Quoique la coutume déclarât sa liberté imprescriptible, par quelque laps de temps qu'il eût demeuré hors du lieu de mainmorte, et qu'elle n'admît comme unique moyen d'affranchissement que le désaveu, cependant, si après dix années révolues, il avait laissé le seigneur mettre ses héritages en d'autres mains et si lui-même n'avait cessé d'habiter en lieu franc, il faut bien reconnaître, dit Chasseneuz, qu'il avait, par prescription, recouvré sa liberté puisqu'il ne détenait plus les biens qui le rendaient de condition servile et que la servitude de corps, étant inconnue dans la province, le seigneur avait perdu toute action contre lui [2].

---

[1] *Id.*, par. 21, p. 1299 ; Bouhier, t. II, p. 793.
Taisand prend soin d'ajouter « pourvu qu'elles fussent à peu près du même âge et d'une santé pareille, » qu'on n'échangeât pas une vieille contre une jeune, une valétudinaire contre une bien portante ; *Coutume générale de Bourgogne*, p. 603.
[2] *Id.*, par. 22, p. 1301.

VIII. — Entre les fiefs et les mainmortes occupant, les uns le sommet, les autres le dernier échelon de la propriété féodale, se plaçaient les censives. Elles consistaient dans des terres concédées autrefois à des serfs par le seigneur qui, retenant sur elles le domaine direct, en avait aliéné le domaine utile, moyennant des redevances consistant en deniers ou dans des prestations en nature, telles que vin, blé, autres grains, ainsi qu'en d'autres droits dont nous parlerons tout à l'heure. Les cens se payaient généralement en Bourgogne, au mois de mars. A la différence du fief, dont le vassal était noble, exploitait noblement, était lié envers le seigneur dominant par les devoirs que nous avons exposés, le censitaire exploitait roturièrement, ne relevait pas à foi et hommage, n'était lié qu'à raison des cens et droits qu'il devait payer. Le contrat de cens différait de l'emphythéose en ce qu'on ne pouvait donner à cens qu'un héritage possédé noblement, tandis que pour donner un fonds à emphythéose il suffisait de le posséder en franc alleu ; en ce que le bailleur de l'emphythéose, malgré la durée du bail qui pouvait être d'un grand nombre d'années, n'abandonnait pas son droit sur la chose, était libre d'expulser le preneur faute de paiement, tandis qu'en pareil cas le censitaire n'était pas déchu de sa possession. L'emphythéose était en usage dans les pays de droit civil et principalement dans le midi de la France, le bail à cens dans les pays du nord. La ressemblance des deux contrats les rendant quelquefois difficiles à distinguer l'un de l'autre, la présomption, dit Chasseneuz, était, en Bourgogne, en faveur du contrat censuel [1].

---

[1] *Id., rubr.* 11, par. 1, p. 1368. *Sur l'origine des Censives.* Voy. Laferrière, t. IV, p. 436.

Indépendamment de ces redevances périodiques, le bail à cens comportait, quand on en était convenu, des droits de lods consistant en une somme payée au seigneur, par l'acquéreur à qui était vendue la terre accensée, comme indemnité de son consentement à la vente, le droit de retenue ou faculté par le seigneur de prendre lui-même le fonds en rendant à l'acheteur le prix et les frais raisonnables, le droit d'amende ou peine pécuniaire applicable au censitaire qui ne payait pas les cens, ou à l'acquéreur qui n'acquittait pas les lods, au jour fixé. Ces différents droits, n'étant pas établis d'une manière uniforme dans la province, la coutume s'en référait aux usages particuliers. Les lods n'étaient dûs qu'en cas de vente; en cas d'échange, ils étaient dûs seulement sur la soulte. Quand une terre était soumise à cens vis-à-vis de plusieurs seigneurs, chacun d'eux percevait les lods et amendes en proportion de ses droits [1].

Le censitaire ne pouvait consentir l'imposition d'un nouveau cens, ou, selon l'expression de la coutume, mettre cens sur cens sur l'héritage qu'il tenait du seigneur, parce qu'il aurait par là préjudicié à ses droits et qu'il aurait attribué le domaine direct à une autre personne. Ce nouveau cens n'avait l'effet que d'une simple rente foncière; il ne portait ni lods, ni retenue, ni amende, partant, aucuns droits seigneuriaux. Il était permis au seigneur de le racheter en remboursant à l'acquéreur le prix et les frais de la constitution de rente dans l'an et jour, à partir de la notification de l'acte que ce dernier était tenu de lui faire, à moins qu'il n'eût consenti lui-même à la rente.

[1] *Consuet. id.*, par. 2, p. 1376.
[2] *Id.*, par. 3, p. 1394.

Si un héritage censable, chargé de rentes, venait à être vendu, non seulement le seigneur censier avait, vis-à-vis de l'acquéreur, un droit de retenue dans les quarante jours, mais encore il pouvait, dans l'année après avoir exercé cette retenue, se libérer de la rente, en remboursant à l'acheteur vingt francs pour chaque franc de rente si l'héritage était situé en bonne ville, et quinze francs s'il était en plat pays[1].

Quand le censitaire abandonnait l'héritage accensé, sans laisser, selon l'expression de la coutume, de tènementier pour le cultiver, sans payer les arrérages du cens, le seigneur en percevait lui-même les fruits et émoluments, mais seulement jusqu'à concurrence de ce qui lui était dû. A la différence du seigneur de mainmorte qui, pendant l'absence de son homme, faisait aussi les fruits siens, mais sans être obligé de rendre compte, le seigneur censier était tenu de restituer au censitaire qui, dans l'espace de dix ans, demandait à rentrer dans son héritage, tout ce qui dépassait le montant des arrérages qui lui étaient dûs. Ces dix années écoulées, sans que l'absent eût reparu, ces héritages lui revenaient de plein droit, de la même manière que ceux du mainmortable absent pendant le même laps de temps. Il était libre de les accenser à un autre, à moins que le premier tènementier ne vînt élever une contestation nécessitant l'intervention de la justice[2].

Le seigneur censier ou rentier possédait, pour se faire payer des arrérages du cens et de la rente, deux actions, l'une réelle et hypothécaire contre le possesseur

[1] Par. 4, p. 1408, plat pays ou plein pays : campagne.
[2] Par. 5, p. 1412.

actuel du fonds, avec saisie sur les biens, l'autre personnelle contre le principal obligé du bail ou contre ses héritiers, sans saisie du fonds, quoique ni l'un ni les autres n'en fussent actuellement détenteurs. Quand bien même le détenteur actuel n'aurait été en possession que depuis un an, il pouvait lui réclamer jusqu'à vingt-neuf années d'arrérages dûs par ses prédécesseurs[1].

IX. — Dans l'ancienne coutume, la suprématie du droit féodal avait primé le droit de famille ; le retrait du seigneur l'emportait sur celui du parent. Quand un fief ou un héritage chargé de cens était aliéné, le seigneur féodal ou le seigneur censier pouvaient écarter, dans l'année, et le plus proche parent et l'acquéreur étranger. Mais, au quinzième siècle, la coutume abandonnant le privilège du seigneur, avait donné la préférence au retrait lignager sur le retrait féodal.

Lorsque l'homme ou la femme avait vendu son héritage ancien provenant de son père ou de son aïeul, le plus proche parent de la ligne d'où il provenait avait la faculté de le racheter dans l'an et jour, en rendant à l'acquéreur le prix et les frais de son acquisition. Le retrait lignager, qui avait pour but de conserver les biens dans les familles, est généralement regardé comme une institution d'origine germanique et coutumière ; mais, aux yeux des anciens jurisconsultes, il paraissait tellement conforme à la nature de la société domestique, à ce sentiment de respect et d'affection qui portait autrefois les enfants à vouloir conserver les biens et la demeure des ancêtres, qu'ils l'avaient fait remonter à la législation mosaïque. On lit dans Jérémie

[1] *Id.*, par. 6, p. 1418.

(c. 32) : « Achète ce champ, car, en vertu de ta parenté, c'est à toi de l'acheter, » et dans le Lévitique (c. 25) : « Si ton frère, devenu pauvre, vend sa petite possession et si le proche parent la désire, il peut la racheter. » Naboth, sollicité par Achab de lui vendre une vigne située auprès de son palais lui répond : « Que Dieu me garde de me dessaisir de l'héritage de mes pères[1] ! »

Le retrait lignager avait lieu dans le cas de vente amiable, quand l'héritage était donné en paiement d'une dette, ou quand il était cédé pour transiger sur un procès. Le plus proche parent, ayant la faculté de retrait, était celui qui, vis-à-vis du vendeur, n'était précédé par aucun autre. Quand plusieurs parents, au même degré, voulaient tous en user sur une chose indivisible, le sort était appelé à décider entre eux. L'enfant adoptif qui n'appartenait que par une fiction à la famille, le bâtard qui ne possédait pas les droits du sang, étaient exclus du droit de retrait, aucune conséquence légitime, dit Chasseneuz, en parlant de ce dernier, ne pouvant résulter d'une source corrompue. Le délai de l'an et jour, étant rigoureux, courait contre les mineurs et les absents. S'ils l'avaient laissé écouler, ils n'étaient pas admis à restitution ; il ne s'agissait pas pour eux d'éviter un dommage, mais de recueillir un avantage ; ils le perdaient par leur négligence. Le délai comptait du jour où la vente était parfaite par la tradition réelle ; s'il n'existait pas d'acte de vente et que l'acheteur eût néanmoins pris possession, du jour où la vente parvenait à la connaissance du lignager par un acte quelconque, enfin, dans le cas de vente par décret, du jour de l'envoi en possession par le juge [2].

[1] *Id., rubr.* 10, par. 1, p. 1304 ; par. 10, p. 1344.
[2] *Id., id.*, p. 1316 et suiv.

Si un parent du lignage d'où provenait l'héritage vendu, mais qui n'était pas le plus proche parent, l'avait racheté, un plus proche que lui avait, à son tour, le droit de rachat dans le délai légal. S'il était vendu à un parent n'appartenant pas au côté d'où il provenait, le plus proche parent, de ce côté, possédait le même droit. S'il était vendu à un étranger et qu'aucun parent de la ligne ne voulut le racheter, tout autre parent pouvait le retirer [1].

Il aurait pu arriver que celui qui avait racheté l'héritage eût rendu le droit de retrait illusoire, en le vendant ensuite à un étranger, si la coutume n'avait donné, en pareil cas, au plus proche parent du vendeur, puis, sur son refus, à tous les autres, chacun dans leur ordre, le droit de le retirer. Ce droit était tellement favorable que lors même, dit Chasseneuz, qu'il aurait passé par mille mains, le dernier parent pouvait encore le revendiquer. Il était impossible à un étranger. La vente de rentes ou de cens fonciers réputés immeubles de leur nature, la cession d'un héritage moyennant cens et rentes, étant considérés comme une aliénation, donnaient également lieu au droit de retrait [2].

Toutes conventions faites entre le vendeur et l'acheteur de la chose sujette à retrait, dans le but de déguiser le contrat de vente, d'en augmenter le prix, de réserver sa résiliation, en un mot, de mettre obstacle au droit du lignager, étaient interdites à partir du moment où ce dernier avait consigné le prix du rachat. Quand la vente avait été consentie à un étranger, le retrayant avait le choix d'intenter son action contre le vendeur ou contre le détenteur actuel, tous deux se trouvant en contravention avec la coutume [3].

---

[1] *Id.*, par. 2, p. 1328 ; par. 3, 4, 5, p. 1329, 1330, 1331.
[2] *Id.*, par. 6, 7, p. 1335.
[3] *Id.*, par. 11, p. 1331.

Le retrait ne s'appliquait pas à un simple échange, un héritage remplaçant l'autre et la famille ne perdant rien, quand tous deux étaient de valeur égale. Mais, s'il y avait une soulte stipulée pour parfaire cette égalité, le contrat était alors regardé comme une vente. Il arrivait quelquefois, qu'afin de priver de son droit le plus proche parent après lui, le vendeur pratiquait un échange fictif, puis rachetait lui-même ou par une personne interposée. En pareil cas, on admettait une foule de moyens pour parvenir à la preuve de la fraude : circonstances qui avaient précédé ou suivi la vente, discussion de l'acte, témoignage, aveu ou serment des deux parties. Le lignager était libre de faire dépendre de ce serment le jugement du procès [1].

X. — D'après le droit commun, le propriétaire d'un bois ou d'une rivière sur lesquels n'existe pas de servitude, peut s'opposer à ce que d'autres y prennent un usage; mais le droit féodal avait attaché à ceux possédés par le seigneur, en haute justice, des privilèges particuliers. Dans la forêt banale, bois de haute futaie où le seigneur pouvait, par ban ou proclamation, faire défense de prendre du bois et de mener paître le bétail, le bois acquérait le plain, c'est-à-dire que ce dernier était considéré comme faisant partie de la forêt même quand il était resté trente ans sans culture et qu'il n'en était séparé par aucuns fossés, murs, bornes ou signes marquant la limite des deux propriétés. Ce mode d'acquérir qui n'avait pas d'analogue dans la loi romaine, qui s'exerçait au moyen d'une chose inanimée et sans le concours de l'homme, auquel on peut comparer, cependant, le droit d'alluvion, paraît nouveau et extraordinaire à Chasseneuz. Il reposait

---

[1] *Id.*, par. 12, p. 1353.

sur le principe que la forêt non bornée, ayant poussé avec le temps des rejets qui n'avaient pas été essartés et qui avaient donné par là aux terres contiguës la forme de l'ancien bois, il devenait souvent difficile de distinguer leurs limites et que, par suite, le nouveau bois était incorporé à la forêt du seigneur. Il existait une exception à ce droit d'accrue, quand quelqu'un possédait sur le plain un droit de pâturage ou autre ; c'était alors une servitude à laquelle le seigneur ne pouvait porter atteinte. Ce droit de banalité étant contraire au droit naturel, une possession, même immémoriale, n'aurait pas suffi pour l'établir; il fallait un titre [1].

Le second privilège, attaché à la forêt et à la rivière du haut justicier, consistait dans l'interdiction d'y prendre aucun usage sans posséder un titre ou sans payer de redevance. Cependant, en vertu d'un principe de droit commun et d'une habitude devenue générale dans le royaume, on considérait une possession immémoriale comme faisant présumer l'existence d'un titre primitif et pouvant y suppléer. Le propriétaire d'une forêt assujettie à un usage n'avait pas le droit d'y faire aucun changement qui pût nuire aux usagers et d'y concéder à d'autres un nouvel usage, à moins que le bois ne fut assez étendu pour que les premiers n'éprouvassent aucune gêne de la part des seconds [2].

La propriété d'une rivière banale conférait au seigneur le droit seulement de défendre à ses sujets d'y pêcher et d'y prendre un usage. Il leur était permis d'y puiser de l'eau et d'y abreuver le bétail, tandis que, dans les rivières royales

---

[1] *Rubr.* 13, par. 1, p. 1439 ; Bouhier, t 2, p. 671, 673, 701.
[2] *Id.*, par. 2, p. 1445 ; Bouhier, t. II, p. 707, 712.

ou publiques, on était libre de se livrer à la pêche, de pratiquer des prises pour arroser les prés, sans que le seigneur, dont elles traversaient le territoire pût, y mettre empêchement, pourvu que l'on ne détournât pas l'eau de son cours naturel et qu'il en restât assez pour le service de ses moulins [1].

On exigeait également un titre pour la banalité des fours, moulins et pressoirs, donnant au seigneur le droit de défendre à ses sujets d'aller cuire, moudre et pressurer ailleurs, ainsi que d'en construire pour leur usage particulier. Quand bien même, dit Chasseneuz, les justiciables se seraient soumis pendant mille ans à cette banalité, le seigneur, à défaut de titre, ne pouvait s'en prévaloir pour les obliger d'en user de même à l'avenir; mais, si leur ayant adressé la défense formelle d'aller à d'autres fours, moulins et pressoirs, ils s'y étaient conformés, la prescription courait en sa faveur à dater du jour de cette défense. Quand il n'existait pas dans la seigneurie de moulin banal, chacun était libre d'en construire un sur une rivière navigable, pour son usage particulier, sans nuire toutefois au cours de l'eau, aux héritages riverains, sans exiger de ceux demandant à y moudre un droit de mouture, droit qui était exclusivement seigneurial [2].

La vive pâture ne commençait, nonobstant tous usages contraires, dans les bois de coupe appartenant à l'État et à des particuliers, qu'après la quatre feuille, ces bois n'étant défensables qu'à partir de cette époque; dans ceux de haute futaie, elle avait lieu de la Saint-Michel à la Saint-André exclusivement. Tous usagers possédant droit de vaine pâture devaient s'en abstenir pendant ce temps; ils avaient

[1] *Id. id.* Bouhier, t. II, p. 716.
[2] *Id., id.*, p. 1452 et suiv. ; Bouhier, t. II, p 673.

pour eux le reste de l'année. Les habitants d'une ville ou d'un village ne pouvaient prétendre des droits de pâture sur les héritages d'une ville ou d'un village voisins dépendant d'une autre seigneurie, si ce n'est en vertu de parcours réciproque, de titre exprès, ou bien de redevance payée au seigneur, ou de possession immémoriale, faisant toutes deux présumer l'existence d'un titre primitif [1].

Sur la chasse et la gruerie, la coutume s'en référait aux ordonnances rendues par le roi Jean et par les ducs Philippe le Hardi et Philippe le Bon. Chasseneuz, imitant sa brièveté, se contente de poser à ce sujet un certain nombre de questions et renvoie pour d'autres aux avis des jurisconsultes. Le droit de garenne, un des plus odieux de l'ancien régime, odieux aux populations et aux légistes, ne trouve pas grande faveur auprès de lui. Il se contente de dire qu'il est toléré par la coutume et qu'il est permis de chasser dans la garenne d'autrui. La défense publiée par le seigneur de chasser, sur ses terres, les chevreuils, les lièvres et les perdrix, bien qu'elle constitue une vexation à l'égard de ses sujets, n'est valable qu'à raison du droit appartenant à tout propriétaire d'interdire l'entrée de ses héritages. Si les sujets ne veulent pas être privés du droit de chasse et lui reconnaître une quasi possession, ils doivent immédiatement appeler de sa défense ; autrement, le gibier, au lieu d'appartenir à celui qui l'aurait tué, appartiendrait au seigneur. Une bête fauve, trouvée dans un lacet, appartient à celui qui l'a trouvée et non au propriétaire du lacet. Cependant, si c'est en justice d'autrui, la tête et les pieds sont dûs au seigneur. Prise

[1] *Id.*, par. 3, 4, 5, p. 1459, 1463.

devant les chiens d'un chasseur, elle peut être réclamée par le propriétaire des chiens. Un cerf saisi par des paysans sans être poursuivi, sur un fief de moyenne ou de basse justice soumis à un autre fief en haute justice, est dévolu au seigneur du premier, comme un fruit du fonds; mais le haut justicier a droit au limier et aux pattes; il a droit à la hure, si c'est un sanglier [1].

XI.—Le colombier, selon la remarque de Bouhier, était, à l'égard des pigeons, ce que les parcs et les garennes étaient à l'égard des animaux terrestres. La plupart des coutumes le regardaient comme un droit de haute justice; on ne peut, dit celle de Bourgogne, « faire de colombier en pied, de nouveau, en justice d'autrui, sans licence du seigneur. » Mais, quand on en possédait un, tombé par accident ou par vétusté, rien n'empêchait de le relever et de le remettre en son ancien état sans cette permission, dans les trente ans, afin d'interrompre la prescription. On entendait par colombier en pied celui qui, de la base au sommet, ne servait qu'à élever des pigeons, à la différence de ceux qui, placés au faîte d'une maison ou au-dessus d'une porte, étaient regardés comme de simples volières. Cette défense paraît, à Chasseneüz, contraire au droit naturel, à la liberté possédée par le propriétaire de construire sur son terrain, des maisons, des édifices, des forteresses, des tours, à la hauteur que bon leur semble, pourvu qu'il n'agisse pas par un motif de contrariété envers le voisin, afin d'apercevoir de là sa jolie femme, sa fille, d'avoir vue sur un cloître de religieuses; pourvu que ce ne soit pas dans les zones frontières où il est besoin de la per-

---

[1] *Id.*, par. 7, p. 1475.

mission du roi, ni dans les lieux où le haut justicier a défendu à ses vassaux de bâtir des châteaux avec pont-levis, d'entourer leurs maisons de fossés; mais cette défense, n'étant pas insérée dans la coutume du duché, n'obligeait pas ses habitants [1].

XII. — Sauf les exceptions que nous avons indiquées, en matière de fief, de mainmorte, de retrait, etc., toutes les prescriptions avaient été ramenées par la coutume à la prescription trentenaire. D'après le droit canon, on ne pouvait prescrire, en aucun cas et par quelque laps de temps que ce fut, sans la condition de bonne foi. Quiconque prescrit de mauvaise foi, dit Chasseneuz, est tenu à restitution dans le for de la conscience. Mais, le droit romain, la loi des Burgondes, les coutumes, n'entrant pas dans une pareille distinction, avaient voulu établir une règle générale, non pour favoriser la mauvaise foi, mais pour fixer la propriété, prévenir les procès, arrêter des contestations. La prescription ne courait pas d'ailleurs contre les absents et les mineurs, qu'il s'agît pour eux de recueillir un avantage ou d'éviter une perte. Plusieurs coutumes, prenant sous leur protection les biens temporels des églises, avaient adopté à leur égard la prescription de quarante ans. Aux yeux de certains jurisconsultes, cette prescription, empruntée au droit canon, était même la seule que l'on dût appliquer. Mais les représentants du clergé qui avaient fait partie de la commission de rédaction de la coutume de Bourgogne et de l'assemblée des États qui l'avait approuvée, n'ayant réclamé en faveur de l'Église aucun privilège de prescription, celle de trente ans était considérée, comme ayant, en vertu même de leur

[1] *Id.*, par. 9, p. 1487; Bouhier, t. II, p. 734, 742.

consentement, force de loi vis-à-vis des clercs et des laïques [1].

Parmi les nombreuses questions, se rattachant à la coutume, sur lesquelles Chasseneuz s'arrête parfois avec de longs développements, il faut placer celles qui, tenant au droit civil et au droit canon, étaient résolues par eux d'une façon différente. Le statut municipal devant être entendu et appliqué à la lettre, il importe d'autant plus de signaler les points sur lesquels il se trouve en opposition avec la loi ecclésiastique. Il apporte, dans cet examen, un grand respect vis-à-vis de l'Église, un grand sentiment de conciliation car, chrétien avant tout, il repousse non seulement les actes contraire à la loi positive, mais encore ceux que condamne la loi religieuse, l'une obligatoire dans la pratique de la vie civile, l'autre dans le for de la conscience. De là, le caractère religieux qui se rencontre dans son ouvrage, un ensemble de doctrines emprunté aux Livres saints, aux théologiens, aux canonistes, un respect égal pour la croyance de l'Église et pour sa législation.

Les jurisconsultes du milieu et de la fin du siècle, Dumoulin, Doneau, Hotman, Pithou, Duaren, hostiles à l'Église, professeront plus ou moins ouvertement le calvinisme; d'autres se feront les ardents champions du gallicanisme. Chez ces nouveaux juristes, la foi est ébranlée ; le clergé leur est antipathique ; ils tiennent en suspicion tout ce qui ne relève pas de la législation civile, toute autorité qui n'est pas subordonnée à l'autorité royale. Chez Chasseneuz, la foi est ferme et entière, elle s'affirme à chaque page de son livre ; mais, malgré sa soumission à l'enseignement de l'Église, malgré son respect pour les

---

[1] *Id.*, par. 8, p. 1480 ; Bouhier, t. I, p. 556.

immunités du clergé, la sévérité du juriste l'emporte parfois sur les scrupules du catholique, et, tout en essayant de se tenir dans un moyen terme, il n'hésite pas à approuver les restrictions imposées par les ordonnances royales à la juridiction ecclésiastique, à signaler les abus qui s'étaient glissés dans ses tribunaux, quand il y voit, d'une part, une garantie pour une meilleure administration de la justice, et, de l'autre, un intérêt pour la discipline religieuse.

Dès le milieu du treizième siècle, les cours d'Église, en étendant considérablement leur compétence, n'avaient presque rien laissé aux tribunaux séculiers. Les laïques leur confiaient souvent, de préférence, la décision de leurs procès, y trouvant, en général, une procédure plus régulière, un plus grand esprit d'équité, des juges plus éclairés et moins faciles à corrompre. Non seulement, elles connaissaient des crimes contre la religion : hérésie, sacrilège, blasphème, etc., mais encore de toutes les obligations contractées sous la foi du serment : louages, marchés, prêts, conventions de mariage, douaires, des légitimités d'enfants, de l'adultère à raison du sacrement, des testaments avec leurs droits de sceau et d'inventaire, à cause des legs pieux qu'il était d'habitude d'y insérer. Un canoniste, vivant au commencement du seizième siècle, Étienne Aufréri, professeur de droit et official de l'église métropolitaine de Toulouse, dans un commentaire composé par lui sur la première Clémentine afin de tracer les limites des deux juridictions, énumérait jusqu'à cent quarante-neuf cas où il appartenait au juge d'Église de décider des procès concernant les laïques [1].

---

[1] *Consuet. rubr.* 1, par. 8, p. 254 ; Fleury, *Institution du droit ecclésiastique*, t. II, p. 12.

Il en était résulté partout des plaintes, des discussions, des conflits, et plusieurs s'étaient présentés dans la ville qu'habitait Chasseneuz. L'official du diocèse, réclamant pour l'évêque le droit de nommer des tuteurs aux enfants mineurs, se trouvait en contestation avec les officiers du bailliage. Le procureur du roi plaidait contre l'évêque devant le parlement de Dijon sur la question de savoir si un laïque, possesseur d'un cens ou d'une rente foncière, pouvait intenter, devant le juge d'Église, une demande en paiement des arrérages contre le débiteur principal ou contre ses héritiers. Je m'abstiens, dit Chasseneuz, de me prononcer sur ce débat, car il est encore pendant devant la cour et, aussi, de peur de commettre une erreur en ce qui touche aux immunités de l'Église ; cependant le parlement de Paris a déjà rendu un arrêt contraire [1].

Mais, malgré cette réserve inspirée par l'incertitude du jugement à intervenir, la question de compétence ne laissait aucun doute dans son esprit. Comment, en effet, des clercs dispensés, par leur état, de la tutelle et de la curatelle, incapables d'être procureurs des laïques, exonérés d'une partie des charges de la vie civile, pourraient-ils prétendre à s'immiscer trop avant dans la plus importante de ces charges, celle de rendre la justice ? En général, ils ne doivent pas se mêler des affaires temporelles et des actes de judicature. C'est assez que le for ecclésiastique connaisse des questions de mariage et de légitimation qui touchent au sacrement; dans toutes les autres, le clerc lui-même doit être assigné devant le juge séculier; les actions possessoires appartiennent à la compétence de ce juge; il a le droit de faire inventaire, même après le décès d'un ecclésiastique, car, par suite de ce décès, ces biens

---

[1] Fevret, *Traité de l'abus*, Ed. de 1653, p. 323. *Consuet.* rubr. 6, par. 4, p. 856; rubr. 11, par. 6, p. 1428, etc.

ont perdu leur caractère de biens ecclésiastiques et suivent la condition des héritiers; c'est encore lui qui donne un curateur à un clerc, etc. L'ordonnance de Villers-Coterets (1539), vint consacrer ces principes en portant défense de citer, en matière civile, les laïques devant les tribunaux d'Église, en ne réservant de juridiction à ces derniers qu'en matière de sacrement et dans autres questions spirituelles et ecclésiastiques concernant les laïques [1].

Un autre grief des légistes contre les clercs était la connaissance attribuée à leurs tribunaux des crimes commis par eux et la défense de les traduire devant les juges séculiers. Les laïques, avait dit Boniface VIII, dans la bulle *Clericis laïcos*, n'ont aucune puissance sur la personne et les biens des ecclésiastiques. On sait qu'à côté de ce privilège du for, ils jouissaient de l'exemption de la taille, des octrois, des aides, des gabelles, de la subsistance des troupes, et que ces impôts étaient remplacés par les décimes et par des subsides extraordinaires. Ces privilèges avaient engagé nombre de gens à se rattacher au clergé, en se faisant donner l'habit et la tonsure. Indépendamment de ceux qui rendaient des services effectifs dans l'Église, on voyait des clercs mariés s'occupant de toutes sortes de trafics et de travaux manuels. Le privilège de cléricature s'étendait également aux serviteurs des ecclésiastiques. Quantité de vauriens, après avoir porté pendant quelque temps l'habit et la tonsure, se prévalaient de leur qualité de clercs pour se mettre à l'abri des rigueurs de la justice séculière et pour se réclamer de celle des tribunaux d'officialité qui, moins sévère, ne prononçait, ni la peine de mort, ni la mutilation des membres, ni la condamnation au bannissement

---

[1] *Consuet.* rubr. 1, p. 82, et *passim*; d'Héricourt, 1ʳᵉ part., p. 309, 312.

et aux galères. On avait même vu, dit Pierre de Cugnières, au commencement du quatorzième siècle, des gens ayant l'intention de commettre un crime, prendre auparavant ces deux insignes afin de s'assurer l'impunité. Le clergé se prêtait volontiers à ces admissions qui augmentaient le nombre de ses justiciables, l'importance et les émoluments de ses tribunaux [1].

Il avait fallu prendre des mesures contre un abus qui, tout à la fois, déshonorait l'habit clérical, entravait le cours de la justice, allait jusqu'à compromettre la sécurité publique. La règle générale, dit Chasseneuz, est que les clercs ne peuvent être poursuivis pour un crime devant le juge séculier, et aucune coutume contraire ne saurait prévaloir ; mais cette règle comporte cependant de nombreuses exceptions. Quoique l'immunité de la personne des clercs soit de droit positif et leur privilège du for de droit divin, quoique le pape ne puisse les supprimer par une disposition générale, il peut néanmoins, dans certains cas, abandonner au prince le jugement des clercs par voie de délégation et de privilège [2].

Le nombre des gens qui se prévalaient du privilège de cléricature, sans porter l'habit et la tonsure comme ils s'y étaient engagés, et qui menaient une vie dissolue ou criminelle, était devenu tellement considérable, qu'en 1516, quelque temps après la conclusion du concordat, le chancelier Duprat avait obtenu, du pape Léon X, une bulle abandonnant au bras séculier ceux qui, quatre mois avant la perpétration d'un crime, n'auraient pas été revêtus de ces deux insignes. En 1527, il obtint encore, de Clément VII, une nouvelle bulle permettant de faire juger par les

[1] Fleury, t. II, p. 138.
[2] *Consuet. rubr.* 1, par. 5, p. 192.

mêmes tribunaux les clercs tenant de lui des charges de judicature, pour fautes commises dans l'exercice de leurs fonctions[1].

Les autres cas, désignés sous le nom de cas privilégiés, afin de les distinguer des délits communs consistant en des crimes purement ecclésiastiques, tels que l'hérésie, la simonie, les fautes commises dans l'administration des sacrements, etc., où les clercs perdaient le privilège de cléricature et devenaient justiciables des tribunaux laïques, étaient: l'assassinat, le port des armes, l'entrée dans la milice, l'exercice, pendant une année, du métier de comédien, de bouffon, de saltimbanque, la privation des fonctions sacerdotales, la négligence du juge d'Église à punir le coupable, l'exercice d'une profession réputée vile, comme celles de tavernier et de boucher, la bigamie, le rapt d'une jeune fille, l'immixtion dans un office laïque, etc. Il est permis à un laïque d'arrêter un clerc, non quand il a commis un délit, mais quand il s'apprête à le commettre; le confesseur lui-même peut révéler l'aveu d'un crime que son pénitent a l'intention d'accomplir. Mais le clerc, condamné à mort par le tribunal séculier, doit être, en vertu d'une exception déclinatoire, remis à son Évêque, sur sa propre demande ou sur celle du prélat; il évite ainsi l'application de la peine capitale[2].

Les ordonnances de Moulins et de Roussillon vinrent, comme on le sait, simplifier ces questions relatives au privilège du for sur lesquelles existaient de grandes discus-

---

[1] *Id*, p. 593, 205; d'Héricourt, par. 1, p. 311; Isambert, t. XII, p. 349. Le concile de Trente subordonna également le bénéfice du privilège de cléricature au port de l'habit ecclésiastique.

[2] *Consuet. rubr.* 1, par. 5, p. 193 et suiv. La simonie, l'hérésie, quand elles troublaient l'ordre public, furent considérées comme des cas privilégiés; d'Héricourt, 1re part., p. 313.

sions parmi les légistes et de fréquents conflits entre les tribunaux. Elles statuèrent que nul ne jouirait de ce privilège, s'il n'était promu aux ordres sacrés, ou du moins sous-diacre, ou s'il ne résidait et ne rendait des services effectifs dans le bénéfice, l'office, la fonction qu'il tenait de l'Église. Une déclaration de 1556, décida que les simples clercs tonsurés ne pourraient invoquer le privilège du for, à moins qu'ils ne fussent pourvus d'un bénéfice ou retenus ailleurs par leurs études. Les ordonnances de 1566 et 1580 réglèrent la manière de procéder en cas de délit privilégié. Elles établirent que la connaissance de ces crimes appartiendrait au juge laïque et au juge ecclésiastique simultanément; le premier appliquait la peine portée par les ordonnances, le second la peine canonique [1].

En matière de délits spirituels, c'est-à-dire contre les devoirs du prêtre, ou de délits légers ne nécessitant pas la vindicte publique, un abus signalé par Chasseneuz s'était introduit dans les cours d'Église. Un délit passible, selon sa nature, d'une peine spirituelle, comme l'excommunication, la suspense, l'interdit, la déposition, ou d'une pénitence particulière : prières, jeûnes, mortifications, aumônes, ou bien encore d'une peine spirituelle, comme la fustigation et l'emprisonnement, demeurait souvent impuni, en versant aux tribunaux d'officialité une somme d'argent, afin d'arrêter le procès et le prononcé de la sentence. Cette somme devait être distribuée aux pauvres; mais, en réalité, on l'employait souvent à d'autres usages. Le produit de ces compositions s'élevait chaque année, dans le diocèse d'Autun, à quatorze cents écus soleil. Elles tendaient à favori-

---

[1] D'Héricourt, 1re part p. 310, 313.

ser l'inconduite des clercs, et le concordat de 1516 les avait interdites « sous peine de malédiction éternelle » à l'égard de ceux qui vivaient publiquement dans l'incontinence. L'évêque, Jacques Hurault, dans des statuts à l'usage des officialités de son diocèse, les avait également prohibées, et ordonné qu'il serait procédé contre les accusés jusqu'à sentence définitive. « Que Dieu, dit Chasseneuz en applaudissant à cette réforme, le conserve pour avoir, en ce cas comme en plusieurs autres, pourvu à des abus contraires au droit. Il est assurément permis au juge d'Église d'appliquer à un délit une peine pécuniaire si elle est propre à inspirer une crainte plus grande au coupable ; c'est une commutation qu'il est au pouvoir de l'évêque de prononcer ; mais elle doit se faire dans le jugement même, après les débats de la cause, et non auparavant [1]. »

Sur les points où la coutume est en opposition avec le droit canonique, comme la prescription trentenaire, comme la promesse de donation faite par serment entre le mari et la femme, valide, d'après ce dernier, à raison du serment, valide, d'après la coutume, seulement quand les plus proches parents successibles y avaient consenti, à moins que par contrat de mariage il n'en eut été autrement convenu, il n'hésite pas à donner raison à la coutume. Son approbation par l'ordre du clergé fait disparaître toute incertitude ; elle oblige le juge d'Église aussi bien que le juge laïque. Quand le premier y contrevient, il s'attaque à l'autorité royale qui l'a approuvée et il est permis de recourir

---

[1] *Consuet.*, p. 353, 373. Fleury, t. II, p. 167 ; *Consuet. rubr.* 1, par 5, p 177 ; *rubr.* 13, par. 1, p. 1438. En général, les cours d'Église s'abstenaient de prononcer contre les clercs la peine canonique du fouet qui était regardée comme ignominieuse ; on voit, cependant, un arrêt du parlement de Paris, de 1562, défendre aux officiaux de l'appliquer publiquement. Fevret, *Traité de l'abus*, p. 663 ; Van Espen, t. II, p. 372.

à l'appel comme d'abus. Malgré son respect pour le clergé, il ne craint pas de rappeler, au prince et à ses officiers, la nécessité de réprimer l'esprit de chicane qui s'était introduit dans ses tribunaux, la négligence des supérieurs vis-à-vis des fidèles qui leur sont confiés, l'habitude d'extorquer de leurs sujets de faux serments pour la défense de leurs droits [1].

Il soumet à son examen une foule d'autres questions intéressant le droit religieux et la conscience : si un légat peut donner dispense à un séculier pour posséder un bénéfice régulier, et à un clerc pour posséder, à la fois, deux bénéfices incompatibles, c'est-à-dire comportant tous deux charge d'âmes ; comment un clerc peut prouver qu'il a été promu au sacerdoce quand il a perdu ses lettres d'ordination ; si, ordonné dans un autre diocèse que celui auquel il appartient, sans dimissoire de son évêque, il est admis à jouir du privilège de cléricature. Il traite du régime des dîmes inféodées. Il passe en revue les cas où, pour un prêt d'argent, de bétail, il est permis de demander des intérêts ; les différents contrats de chetel renfermant souvent des stipulations usuraires condamnées par le droit canon ; la forme, la validité, la sainteté du serment ; l'infamie qui s'attache au parjure et sa gravité au point de vue de la conscience ; les peines civiles qui en sont la suite, telles que la privation de toute action en justice, l'impossibilité d'être admis aux dignités ; pour un docteur, la perte de son titre ; pour un évêque celle de ses fonctions ; comme châtiment corporel, l'amputation de la main ; comme devoir, l'obligation rigoureuse de réparer le tort causé par un faux serment, etc.

---

[1] *Consuet. concl.* p. 1499. L'observation des coutumes délibérées par les trois États était admise comme un principe dans la législation ecclésiastique ; d'Héricourt, 1re part., p. 294.

Dans un ordre d'idées différent, il trace aux juges les limites de leur juridiction, les devoirs de leur charge. Le juge qui, sans motif, atténue la peine portée par la loi, se couvre d'infamie. Cependant, il doit incliner plutôt vers la douceur et l'humanité ; mieux vaut pécher par la clémence et la pitié que par la cruauté. Ajouter des peines nouvelles à celles prévues par le droit est une pratique détestable. Le juge qui, dans un procès civil, accepte quelque chose de l'une des parties, mérite d'être condamné à une triple amende et privé de son office ; dans un procès criminel, à l'exil et à la confiscation des biens. Si, en conseillant un faux témoignage ; si, en se laissant corrompre par l'argent, il a causé la mort d'un innocent ; s'il a fait périr un accusé dans la torture quand elle ne devait pas être appliquée, il s'est rendu coupable d'homicide et doit payer de sa tête un pareil crime. Le docteur qui, par une consultation malavisée, fait perdre son procès à un client ayant le bon droit pour lui, est tenu de réparer le tort qu'il lui a causé. Le notaire, l'avocat, qui exige de l'argent d'un homme pauvre pour un acte, un conseil, une plaidoirie, pèchent dans le for de la conscience.

Il n'est pas jusqu'aux formes de la procédure qu'il ne s'attache à décrire : la manière de rédiger une assignation, de dresser un procès-verbal de saisie, de prononcer un jugement. Il indique comment on doit faire un testament olographe et un testament nuncupatif, et examine les conditions de leur validité. En un mot, il ne perd jamais de vue l'utilité pratique et le but indiqué dans sa préface, celui de prévenir et d'abréger les procès.

Nous avons essayé de faire connaître le caractère général de son livre ; nous l'avons suivi dans l'explication de plusieurs titres de la coutume. Aller au delà, serait s'engager dans des développements sans fin, dans un dédale de questions touchant à toutes les branches de la science du droit, car, sous le simple titre de commentaires, ce livre est en réalité une somme de jurisprudence. On y trouve une multitude de solutions, d'aperçus, de renvois à ses prédécesseurs, non seulement sur les cas qui s'étaient présentés dans l'école et les tribunaux, mais encore sur ceux qui pouvaient se présenter plus tard ; en un mot, le résultat de l'expérience et de la pratique, la doctrine et le conseil.

Il est un des derniers représentants d'une école touchant à son déclin, prête à disparaître devant une école nouvelle dont l'éclat allait bientôt rejeter dans l'ombre celui de ses devanciers. Avec Guy Pape, Étienne Bertrandi, Tiraqueau, Rebuffe, il appartient à cette génération de juristes qui, dans la multiplicité des cas réels, dans ceux d'une éventualité douteuse, dans des hypothèses imaginaires, dans l'entassement et la comparaison des opinions, cherchaient le sens pratique et applicable des lois, et reconnaissaient pour chef « le grand Barthole, ce flambeau du droit, dont les ouvrages renferment la substance de la vérité, dont l'opinion faisait loi parmi les docteurs et les juges, surtout quand celle d'autres jurisconsultes venait à l'appui de la sienne [1] ».

Montaigne a dit quelques mots sur la méthode de ces légistes du second âge, tantôt verbeuse, diffuse, tantôt pleine de sécheresse, s'éparpillant dans un cahos de divisions, de distinctions, d'exceptions à l'infini. Il n'en a vu que les défauts, sans tenir compte des services qu'elle rendait à l'intelligence des textes, en les soumettant à une analyse minutieuse, en les examinant sous toutes faces, en

---

[1] Chasseneuz, *Consilia*, fol. 144.

faisant ressortir toutes leurs conséquences, venant ainsi en aide à des praticiens inexpérimentés, mettant à leur disposition un arsenal de solutions appuyées sur des autorités nombreuses. « Le centième commentaire renvoie, « dit-il, à son suivant, plus épineux et plus scabreux que le « premier ne l'avait trouvé. On donne autorité à infinis doc- « teurs, infinis arrêts, et à autant d'interprétations. Trou- « vons-nous pourtant quelque fin au besoin d'interpréter et « s'y voit-il quelque progrès et avancement vers la tranquilli- « té? Au contraire, nous obscurcissons et ensevelissons l'in- « telligence. » Ce jugement est sévère et peut-être ne tient-il pas compte de toute la vérité. Il méconnaît surtout la nécessité de cette loi qui assujettit à une marche lente et successive les progrès de l'intelligence et ne lui permet de s'élever que du simple au composé et du détail à l'ensemble. Malgré ce travail d'analyse et de citations poussé à l'extrême, et « combien, ajoute Pasquier, que cette manière « d'enseigner, ces mots bizarres et farouches de conclusions, « ampliations, faillances, limitations, ce langage barbare « et grossier dût détourner le monde de l'étude du droit ; « toutefois, sous la bannière de ces juristes, il commença de « s'épandre par diverses nations, bien qu'ils ne s'aient pu « garantir de la barbarie ancienne, encore qu'ils fussent « du temps de François Ier. » Par ses défauts même, une pareille méthode devait amener et amena cette réaction qui se rencontre dans tout développement de la pensée, dans la formation de toute science. Elle fit sentir la nécessité de recourir aux origines historiques, de substituer aux subtilités l'étude des principes, d'adopter une exposition plus simple, plus brève, plus élégante, débarrassée des scories d'une terminologie obscure et barbare ; avec

Alciat et Cujas, elle fit entrer l'étude du droit dans une phase plus philosophique et plus rationnelle [1].

Chasseneuz ne sût éviter aucun de ces défauts; c'étaient ceux des jurisconsultes les plus célèbres de son temps, et il était difficile qu'il en fût autrement. Si la raison d'autorité occupe une si grande place dans leurs écrits, il ne faut point oublier qu'ils ne possédaient pas cette multitude d'arrêts qui vinrent plus tard fixer, en toutes sortes de questions, l'incertitude de la jurisprudence résoudre des difficultés sur lesquelles ils n'avaient pour guide que leur propre sentiment et celui de leurs devanciers; qu'ils s'avançaient, en tâtonnant, sur un terrain à peine défriché, encore hérissé de broussailles; qu'ils se trouvaient arrêtés, à chaque instant, par des doutes qui n'avaient pas encore été éclaircis [2].

De là, des incertitudes et des variations dont Chasseneuz ne put et ne chercha pas à se préserver. Après avoir examiné une question sous tous ses aspects, pesé les différentes réponses, il ne se détermine qu'en face de l'évidence, d'une interprétation équivalant à une certitude ou du moins généralement admise comme la plus conforme à l'équité; mais, quand un pareil secours vient à lui manquer, il se montre hésitant, timide, et, après avoir exposé le pour et le contre, il laisse au lecteur le soin de prendre lui-même un parti. Cette incertitude lui est commune du reste avec d'autres contemporains, et on a adressé à Tiraqueau ce même reproche de soulever quantité de difficultés sans

---

[1] Montaigne, liv. III, ch XIII ; *Œuvres de Pasquier*, t. I, p. 982, 999. *Amplia, limita istam regulam, fallit ista regula*, expressions fréquemment employées par les jurisconsultes pour indiquer les cas auxquels il fallait étendre une règle de droit, ceux dans lesquels il fallait la restreindre, ceux où elle n'était pas applicable.

[2] Bouhier, *Vie de Chasseneuz*.

les résoudre. S'il lui arrive de changer de sentiment, il ne craint pas d'en faire l'aveu et d'en donner les motifs. Un défaut de mémoire, la diversité des opinions, variables selon les temps et les lieux, expliquent comment les plus illustres docteurs ont pu donner, à différentes époques de leur vie, sur un même point, des solutions contraires. Papinien lui-même n'est pas exempt de ces variations. Il a dit que c'était la preuve d'une grande sagesse de reconnaître l'erreur dans laquelle on était tombé et que celui qui a mission de corriger les erreurs des autres ne doit pas rougir d'avouer aussi les siennes. L'honnêteté, la sincérité, la défiance de soi-même, accompagnent toujours Chasseneuz dans cette recherche désintéressée de la vérité; il aurait pu dire comme Montaigne : ceci est un livre de bonne foi [1].

Il travailla à ces commentaires jusque vers la fin de sa vie; c'était, à ses yeux, son œuvre capitale. Il y intercala successivement ce qu'il avait rencontré dans les nouveaux commentateurs des coutumes, dans les jurisconsultes italiens contemporains, dans les jugements des tribunaux et les arrêts des Parlements. Malgré les occupations que lui donnait la charge de président du Parlement de Provence, il en fit paraître, en 1535, une nouvelle édition précédée d'une préface par Joachim de Sade, conseiller dans cette cour, qui l'avait accompagné dans le voyage qu'il fit à Paris cette

---

[1] *Consuet. rubr.* 4, par. 23, p. 785. Taisand, p. 548. Dans deux ou trois passages de ses commentaires, Chasseneuz donne à entendre, qu'en présence d'un cas douteux, il pouvait être permis de se décider en faveur d'un ami. Il paraît, d'après Montaigne (liv. II, ch. XII), que cette doctrine était assez répandue de son temps; c'est seulement plus tard qu'elle fut généralement condamnée, *Consuet. rubr.* 4, par. 23, p. 784 ; *rubr.* 11, par. 2, p 1381.
Consil. p. 76. Bouhier, *Vie de Chasseneuz*.

même année, afin de se justifier des accusations portées contre lui par l'avocat général Laugier et de s'occuper de la réformation de la justice en Provence.

L'apparition de son livre fut un événement dans le monde judiciaire. Son succès dépassa bientôt les limites de la Bourgogne. On en multiplia les éditions, en France et à l'étranger, dans le courant du siècle et au commencement du siècle suivant. Le président Bouhier en avait compté près de vingt, et, du vivant de Chasseneuz, on en fit plusieurs dans un format portatif, afin de servir de manuel ou de *vade mecum* aux gens de loi. On salua, en son auteur, l'homme qui, le premier, venait d'introduire la lumière du droit romain dans le chaos des coutumes locales. Nicolas Bouhier, à qui son érudition, comme professeur et avocat à Bourges, valut une place de conseiller au Grand conseil et une présidence au Parlement de Bordeaux, magistrat intègre et modeste, parvenu, comme Chasseneuz, par son seul mérite, lui dédia, en 1529, son commentaire sur la coutume du Berry. Denis Du Pont, rédacteur et commentateur de celle de Blois, l'appelle un homme très savant, un très célèbre interprète du droit. Une des plus grandes illustrations du seizième siècle, Dumoulin, ayant entrepris, en 1525, sur les coutumes de France, un travail comparatif resté à l'état d'ébauche et composé de simples notes qui, néanmoins, selon Daguesseau, ont mérité d'être réputées comme des lois, s'arrêta sur l'ouvrage de Chasseneuz d'après l'édition de 1523. Tout en relevant ses erreurs avec une critique qui, selon Bouhier, ne porte pas toujours juste, il le proclame un homme très habile [1].

---

[1] Voir la troisième édition des *Commentaires*, sous ce titre français : *Le Grand Coutumier de Bourgogne*, in-4°, Paris, François Regnault, 1534. Il y est question des grands et des petits imprimés donnés à Paris et à Lyon par cet éditeur. Les caractères d'impression sont mi-

Plus tard, le président de Thou lui donna le nom de jurisconsulte d'une grande renommée, et Charles Loyseau, dans son *Traité des Ordres*, n'hésite pas à dire qu'il fut un des personnages les plus considérables de son temps. Les jurisconsultes qui commentèrent, après lui, la coutume de Bourgogne le regardent comme leur père et leur maître à tous. Bouhier, dont les observations ont rejeté dans l'ombre les travaux de ses prédécesseurs, tout en regrettant les hésitations de Chasseneuz, de celui qu'il appelle avec une affection respectueuse, « notre Chasseneuz », s'attache à lui, autant que possible, comme au guide le plus sûr et le plus fidèle. Même de nos jours, le mérite de ses travaux n'est pas complètement tombé dans l'oubli. Il fut, dit Laferrière, un des jurisconsultes les plus instruits en droit romain. Toullier s'appuie sur son autorité pour admettre qu'une simple lettre missive, faisant allusion à un engagement pris par son auteur, mais sans s'expliquer sur la nature de cet engagement, ne peut être considérée comme un commencement de preuve par écrit, et Demolombe l'invoque à propos du paiement avec subrogation ; nous ne pousserons pas plus loin la recherche de ces témoignages [1].

croscopiques et les additions rejetées à la fin du volume qui est précédé d'un frontispice représentant le plaid du roi et les portraits de : Barthole, Balde, Paul de Castro, Saliceti, Alessandro Alessandri, Jason, Panormita, Félinus, Philippe Decio, Turrecremata. Bouhier, Vie de Chasseneuz ; *Car. Molinaei Opera*, 1681, in-f°. Les notes de Dumoulin, se trouvent au tome II, pages 1077 à 1105. On y rencontre des appréciations du genre de celles-ci : *Falsum, falsissimum, falsum et ridiculum, truffa est, puto quod sic, hoc placet*. Ces notes ne furent publiées qu'après la mort de leur auteur.

[1] De Thou, in-f°, trad. Du Ryer, t, I, p. 338 ; Loyseau, *Traité des Ordres*, ch. I, p. 39 ; Laferrière, t. V, p. 79. Toullier, t. IX, p. 89, dit, par erreur, que Chasseneuz écrivait sous l'empire de l'ordonnance de Moulins. Demolombe, *Des Contrats*, t. IV, p. 251.

CHAPITRE III

Catalogue de la Gloire du Monde.

Il avait à peine terminé ses commentaires, « qu'afin d'éviter une oisiveté fatale à l'intelligence qui est sujette à voir diminuer bientôt ses propres richesses, si on n'y ajoute continuellement celles des autres, » il entreprit de retracer, dans un grand ouvrage, ce qui pouvait être dit sur les honneurs, les dignités, la gloire, la louange de tous les êtres de la création, sur le rang occupé par chacun d'eux, non seulement sur la terre, mais dans le ciel et dans les enfers. L'idée lui en avait été suggérée par des débats qui doivent nous paraître futiles, mais auxquels on attachait alors une grande importance, par des questions de préséance qui s'étaient élevées entre plusieurs magistrats du ressort du parlement de Dijon et qui avaient donné lieu à de longs procès, à une foule de questions se rattachant plus ou moins directement au fond de la cause. Le sujet ayant pris sous sa plume des proportions trop considérables pour trouver place dans ses commentaires, il s'était décidé à l'imprimer séparément [1].

Une tâche aussi étendue lui paraissait d'autant plus hardie que personne jusque-là n'avait essayé de l'entreprendre; mais il s'y était décidé par de graves motifs. En effet, rien n'était plus utile pour chacun, dans la conduite de la vie, que de connaître le but et le rang assignés à sa profession, afin de ne pas tomber dans des erreurs contraires à l'ordre, à l'honnêteté, au respect des autres et de soi-même, afin que l'inférieur restât soumis au supérieur, que personne n'entreprit sur le métier, l'office, la juridiction d'autrui et que, de l'harmonie qui doit exister entre tous les membres de la société, résultât le bien universel. De même que cette harmonie disparaîtrait du corps humain, si un membre voulait remplir les fonctions d'un autre, de même le trouble envahirait le monde si chaque fonction n'était répartie entre des personnes différentes. Malheureusement, aujourd'hui, quantité de gens, qui ne sont rien par eux-même, se laissent tellement aveugler par les fumées de la présomption, se montrent tellement avides d'une vaine gloire, qu'ils recherchent les honneurs, les magistratures, les dignités, les offices, non dans la pensée de s'y rendre utiles, mais pour satisfaire leur goût de domination. Afin de les détourner d'une pareille poursuite, il convenait de rappeler à chacun la dignité de son état. Le sujet était recommandable, nécessaire, d'un usage journalier car, partout, il n'était question que de disputes à propos de supériorité, de préséances, de noblesse, de l'ordre a observer dans les conciles, les

---

[1] *Consuet. rubr.* 3, par. 4, p. 427. La première édition du *Catalogus* est de Lyon, Simon Vincent, 1529, in-4°, Lettres goth. avec grav. en tête de chaque partie.

assemblées, les tribunaux, les corporations et jusque dans les rues. On avait même vu de grands personnages trancher de semblables discussions par le glaive. La matière méritait donc l'attention du législateur ; elle était aussi utile dans l'école que dans les tribunaux ; il fallait la ramener aux principes du droit et de la justice. Afin de remplir ce vaste cadre, d'en appuyer les conclusions sur un ensemble imposant d'autorités, ce n'était pas trop de faire appel à la théologie, à la jurisprudence civile et canonique, à l'histoire, aux sciences, aux poètes et aux arts ; et ce tableau retraçant la nature, les qualités, les propriétés, l'utilité de tous les êtres, la place occupée par chacun d'eux dans la hiérarchie universelle, Chasseneuz l'intitula pompeusement : le *Catalogue de la gloire du monde*[1].

Ce n'était pas simplement, comme l'a dit un des rédacteurs de la *Biographie universelle*, « le protocole de la vanité humaine, » un ouvrage de pure spéculation ou de curiosité. La pensée morale et pratique qui l'avait inspiré se retrouve dans toutes ses pages. A la société fortement organisée du moyen âge, reposant sur le respect de l'Église, de la féodalité et de la coutume, le seizième siècle en voyait succéder une autre, animée d'un vague besoin d'innovation, poussée dans des voies d'indépendance. Les lettrés tendant à s'affranchir du joug des anciennes croyances qui jusque-là avaient servi de guide, se jetaient dans la libre recherche; les rois ne voulaient plus reconnaître une autorité supérieure dans la papauté dont l'arbitrage et les jugements avaient si souvent, au moyen âge, tranché leurs différents ou condamné

---

[1] *Catalog., præfatio.*

leurs désordres. La noblesse féodale, composée autrefois d'un certain nombre de familles puissantes appauvries depuis les croisades, s'était morcelée, en même temps que ses propriétés, en une foule de petits seigneurs qui se montraient d'autant plus durs dans l'exercice de leurs droits qu'ils étaient plus gênés, et qu'ils voyaient avec déplaisir l'autorité et la fortune passer entre les mains des habitants des villes. Quoique toujours respectée, la foi, chez un grand nombre, avait cessé d'être la règle des mœurs en attendant que le doute s'attaquât systématiquement à ses dogmes. L'affaiblissement du sentiment religieux se traduisait, dans une partie du haut clergé, par un esprit d'ambition et de cupidité, par le goût d'une magnificence religieuse ou mondaine ; dans le clergé inférieur, par l'ignorance et l'oubli des devoirs du ministère pastoral. Les liens de la discipline s'étaient relâchés dans les couvents. Les moines, abandonnant l'observation de la règle, la lecture, le travail, l'obéissance, se répandaient dans le monde, pendant que les tribunaux retentissaient du bruit de leurs rivalités. Des chapitres repoussant, au nom de leurs privilèges, l'autorité supérieure des évêques, vivaient dans une liberté qui dégénérait souvent en licence. Les attributions des magistratures encore mal définies, à peine sorties du chaos, donnaient lieu jusque dans le grand conseil et dans le parlement de Paris, à des conflits, à des querelles de préséance. Les nombreuses ordonnances rendues pour l'administration de la justice rappellent sans cesse aux magistrats l'exactitude à leurs devoirs, les convenances attachées à leur état, tracent les limites de leur compétence, essayent de poser des barrières à leur cupidité. La bourgeoisie enrichie dans les charges de finance et de judicature, renonçant à la vie simple et modeste des temps passés, aspirait à former une noblesse de second ordre, recherchait le luxe et les superfluités. Les corporations de métiers et d'artisans, régies par des statuts dont l'interprétation donnait lieu à de fréquents procès, se montraient animées d'une jalousie exclusive. Les ordonnances rendues pour fixer les rangs et la compétence des officiers de justice, pacifier les querelles des corporations, réprimer les progrès du luxe, venaient échouer contre l'habitude, l'intérêt, le développement du commerce, de l'industrie et des arts, qui tendaient chaque jour à niveler l'inégalité des rangs ; et ce travail de transformation, dans lequel toutes les convoitises étaient en éveil, inquiétait les hommes attachés aux traditions du passé, effrayés de se trouver en présence d'un esprit nouveau et d'un avenir inconnu [1].

A côté de cette révolution dans les mœurs, nous devons en signaler une autre dans le domaine de l'intelligence. Plusieurs écrivains du moyen âge avaient tenté d'embrasser, dans leurs ouvrages, toutes les sciences connues de leur temps. Isidore de Séville, Bède, Pierre Comestor, Albert le Grand, Vincent de Beauvais, Brunetto Latini, Barthélemy Glanville, ont fait de leurs livres de véritables encyclopédies. Même dans de simples chroniques monastiques, relatives à certains lieux et à certains temps, on trouve fréquemment des résumés de théologie, de philosophie, de sciences, des abrégés d'histoire universelle. L'invention de l'imprimerie avait donné un nouvel aliment à cette soif de tout embrasser et de tout connaître. Cornelius Agrippa, Cœlius Rhodiginus, Ravisius Textor et d'autres encore, impuissants à produire des œuvres originales, s'étaient attachés à englober dans des compilations coordonnées sous une classification plus ou moins natu-

---

[1] Bernardi, art. Chasseneuz. Chassencuz, *Consuel. et Catalog. passim.*

relle et, faute de mieux, alphabétique, tout ce qu'ils avaient pu recueillir de l'héritage du passé. « Ces hommes laborieux, dit Emerson, dans son langage imagé, lisaient avec voracité, puis éprouvaient le besoin de se décharger du fardeau de leurs connaissances. On pourrait citer un grand nombre d'exemples de cette manie d'écrire qui était devenue l'habitude des lecteurs gloutons de ce temps[1]. »

Cet état de société nous donne le motif du livre de Chasseneuz, comme ce genre de littérature nous en indique le caractère. Il veut montrer à l'homme les conditions de stabilité dont il ne peut s'écarter sans que le trouble paraisse dans le monde, et il emprunte à une érudition universelle toutes les ressources à l'appui de sa thèse. La création tout entière, la vie sociale et politique reposant sur le principe d'une hiérarchie nécessaire, il faut en chercher la démonstration et la preuve, à tous les degrés, dans les écrivains qui ont parlé de l'une et de l'autre. Il n'y a rien, assurément, dans un pareil thème qui puisse nous paraître aujourd'hui bien original ; mais Chasseneuz n'en revendique pas moins, comme lui appartenant en propre, l'idée mère de son livre et la disposition des matériaux, bien que cette idée et son application ne semblent être qu'une extension plus générale de celles qui avaient inspiré l'auteur des Traités sur la hiérarchie céleste et sur la hiérarchie ecclésiastique, attribués à saint Denys l'Aréopagite.

Quoiqu'il en soit, il divisa le *Catalogus* en douze parties subdivisés elles-mêmes en nombreux chapitres et traitant : de l'honneur et de ses marques, de l'excellence de l'homme

---

[1] Hallam, *Littérature de l'Europe*, tr. par Borghers, t. I, p. 117. Emerson. *Society and solitude*, Sampson Low, 1874, p. 177.

et de la femme, des esprits célestes et des lieux infernaux, de l'état ecclésiastique, des princes séculiers, des officiers des princes, des juridictions et des officiers de justice, des nobles, des gens de guerre, du degré de prééminence entre les sciences, des gens du peuple, ouvriers et artisans ; dans la douzième partie, il emprunte au monde naturel et surnaturel une foule de sujets qu'il dispose à sa fantaisie et dans un ordre souvent arbitraire.

L'honneur, aux yeux du moraliste chrétien, est inséparable de la vertu. Si vous voulez être honoré, il faut porter témoignage de vos mérites devant Dieu et devant les hommes. Il est préférable à toutes choses, plus précieux que la vie, et rien ne doit coûter pour le défendre ; mais il consiste aussi dans des marques extérieures, dans les dignités qu'il appartient au prince de conférer. L'Écriture sainte nous fournit l'énumération des personnes auxquelles, à raison de leur âge, de leur autorité, de leur profession, nous devons donner des témoignages particuliers d'honneur et de respect. De là, tout un code de politesse passant en revue les égards dus à chacun selon son rang, puis un traité sur les armoiries, une dissertation sur les costumes et sur les insignes extérieurs des dignités, depuis la tiare du souverain pontife jusqu'à la coule du moine, depuis la croix du Christ jusqu'aux marques du fabricant, depuis le drapeau militaire jusqu'aux bannières des corporations. L'homme devant être honoré après sa mort, comme il l'a été pendant sa vie, il décrira plus loin les rites employés par les différents peuples dans l'ensevelissement des défunts [1].

De tous les êtres de la création, divisés en quatre classes,

---

[1] *Catalog.* pars 1, consid. 1 à 38; concl. 1 à 100 ; pars 2, consid. 5, 6.

possédant, les uns seulement l'existence, les seconds l'existence et la vie, les troisièmes l'existence, la vie et le sentiment, les quatrièmes, joignant à toutes ces qualités l'intelligence et le libre arbitre, l'homme est le plus noble. Créé par Dieu à son image, placé au centre de la création qui a été mise tout entière à ses pieds, confié à la garde des anges, il est élevé même au-dessus d'eux et tient de plus près au Christ, car le Christ s'est incarné dans la nature humaine, car il possède le pouvoir d'appeler, dans le sacrement de l'autel, Dieu même sur la terre, tandis que les anges le contemplent seulement dans le ciel [1].

La femme, compagne et semblable de l'homme, peut se rendre digne d'éloges par une foule de vertus : la force d'âme, la sagesse, le bon conseil, le travail, la virginité, la chasteté et la pudeur, la clémence, la crainte de Dieu et de son mari, la piété, la grâce, la beauté, la vie de famille. La mythologie et l'histoire présentent quantité de femmes qui se sont distinguées par ces vertus, d'autres par des actes de dévouement et d'héroïsme. Le goût de la parure, des bijoux, des parfums, des vêtements de soie est une des faiblesses de leur sexe; mais il ne trouve pas dans Chasseneuz un censeur trop sévère. Il ne partage pas, à l'endroit de leur toilette, le rigorisme de certains moralistes et prédicateurs. Il suffit que la femme ait la permission de son mari, que dans le soin de sa parure elle n'ait d'autre intention que celle de lui plaire. Il n'est pas nécessaire que la vertu ait un aspect de rudesse ; on préfère la voir tempérée par une certaine élégance. La Bible nous montre d'ailleurs, chez les Hébreux, l'usage des boucles d'oreilles, des bracelets d'or et des parfums ;

---

[1] Pars 2, consid. 1 à 4.

mais elle leur fait, de la brièveté dans les paroles et du silence, une recommandation essentielle. Poètes et philosophes sont sur ce point d'un avis unanime. La nature elle-même semble l'indiquer aux femmes. Dans le règne animal, elle a refusé la voix aux femelles; celles du rossignol, du merle, du chardonneret, de la linotte, sont privées de voix ; on ne les met pas en cage parce qu'elles ne chantent pas ; Aristote a dit : le genre féminin est muet [1].

L'amour pour son mari est le premier devoir de la femme; l'anneau que ce dernier lui passe au doigt, le jour du mariage, en est le symbole. Il doit être d'or, car de même que l'or surpasse les autres métaux, cet amour doit surpasser tous les autres. Il est de forme ronde, car c'est la plus parfaite de toutes les formes; elle indique la perpétuité de l'affection. On le place au quatrième doigt parce qu'il est le plus en rapport avec le cœur et que, d'après les philosophes qui ont décrit la structure du corps humain, on y distingue une petite veine qui prend naissance dans le cœur même [2].

De ce sujet tout terrestre, où le goût et la science pourraient relever plus d'un détail scabreux et empirique, Chasseneuz s'élève aux plus hautes spéculations de la théologie mystique. Les traités de saint Denys l'Aréopagite et leurs commentaires par Lefebvre d'Étaples, les Morales de saint Grégoire le Grand, les Origines de saint Isidore de Séville, les œuvres de saint Thomas d'Aquin l'introduisent dans la cité céleste. Des douze sièges existant dans le paradis, trois sont occupés par Dieu, par Jésus-Christ, par la Vierge Marie; les autres

---

[1] Pars 2, consid. 7 à 41.
[2] Id., consid. 35.

sont la demeure des anges, divisés par saint Denys en trois chœurs ou hiérarchies subdivisées elles-mêmes, en neuf ordres.

Les Livres saints, les Pères de l'Église ont parlé en termes magnifiques du trône de Dieu, de l'adoration et du sacrifice qui lui sont dus, de l'excellence du Christ et de la Vierge Marie exaltée au-dessus des chœurs des anges. D'après saint Thomas, ces derniers n'ont pas été placés dans le ciel, seulement pour s'y livrer à la contemplation des choses éternelles, mais pour présider aussi à tous les corps qui composent le monde de la nature. A la première hiérarchie appartiennent les Séraphins, les Chérubins et les Trônes; à la seconde les Dominations, les Principautés et les Puissances ; à la troisième les Vertus, les Archanges et les Anges. Cette triple division répond avec éclat au mystère de la Trinité [1].

Les Séraphins, dont le nom rappelle les propriétés du feu, ont pour mission d'allumer dans le cœur de l'homme la flamme de l'amour divin. Auprès d'eux seront placés, après la mort, ceux qui, consumés du feu de la charité, auront méprisé pour Dieu toutes les choses de la terre; les prophètes, les apôtres, les souverains pontifes, les saints ermites. C'est de l'ordre des Séraphins qu'a été précipité, au plus profond des enfers, Lucifer dont l'orgueil voulait s'égaler au Très-Haut. Auprès de lui descendront dans la neuvième prison, les hommes superbes, les blasphémateurs, tous ceux qui possédant le pouvoir suprême, empereurs, rois et papes, auront mérité par son mauvais usage la damnation éternelle [2].

---

[1] Pars 3, consid. 1.
[2] *Id.*, consid. 6.

Les Chérubins représentent la plénitude de la science, parce qu'ils pénètrent plus avant dans la connaissance des mystères divins, qu'ils contemplent en Dieu la beauté de toutes choses et répandent cette connaissance parmi les hommes. Ce sont eux qui ont inspiré les apôtres, les docteurs de l'Église, qui inspirent encore les prédicateurs de la parole évangélique, et, il faut ajouter aussi, les docteurs en droit qui s'attachent à l'étude de la justice absolue, les cardinaux, les patriarches, tous ceux, en un mot, que l'esprit de Dieu illumine des rayons de la doctrine. De cet ordre a été précipité dans la huitième prison de l'enfer, Satan, l'ennemi du genre humain, qui s'efforce de le conduire à l'ignorance du péché. Avec lui, seront damnés les hérétiques, les lettrés qui ont donné de fausses interprétations des Écritures, propagé des erreurs, les docteurs en droit qui ont émis des opinions contraires à l'équité, aux décisions de l'Église, les mauvais princes venant immédiatement après les puissances supérieures [1].

Les Trônes, ainsi nommés, parce qu'ils sont placés au-dessous du trône de Dieu qui décerne ses jugements par leur entremise, ont reçu la mission de donner aux juges l'intelligence de la loi. Dans cet ordre seront élevés les archevêques et les évêques, les ducs, les comtes, les marquis, les premiers magistrats, comme le chancelier et les gouverneurs de province, tous ceux qui possèdent une juridiction supérieure, les pasteurs de l'Église ayant gouverné sagement les sujets confiés à leur garde. De cet ordre a été précipité dans la septième prison de l'enfer, Bélial dont le nom signifie, sans maître, démon s'attachant, dans sa colère, à corrompre les juges par l'argent, la

---

[1] *Id.*, consid. 7.

crainte ou la complaisance, tentant les supérieurs ecclésiastiques qui n'instruisent pas le peuple, laissent périr la foi catholique, cumulent des bénéfices, acceptent des présents, tirent vanité de leur luxe, passent leur vie dans les jouissances. Ils s'y trouveront en compagnie des schismatiques, des simoniaques que, par leur négligence ils n'auront pas ramené à la véritable Église, des princes et des juges coupables des mêmes fautes [1].

Dans la seconde hiérarchie, à côté des Dominations chargées de faire exécuter les ordres de Dieu, d'apprendre aux supérieurs à gouverner leurs sujets sans tyrannie, seront placés les prélats d'un rang inférieur à celui des évêques et soumis directement au souverain pontife, tels que les abbés exempts de la juridiction épiscopale, les comtes qui ne reconnaissent pas d'autorité entre eux et le roi, les présidents des cours souveraines, tous les hommes qui ne permettant pas aux vices de prendre empire sur eux, savent au contraire dominer leurs passions. De cet ordre est descendu dans la sixième prison de l'enfer, Astaroth, ou Béhémoth dont le nom est synonyme de bestialité; avec lui seront damnés les gens superbes, colères, adonnés à la bonne chère, endormis dans le péché comme le pourceau dans sa bauge, les prélats qui, par indolence, laissent leurs subordonnés vivre contre la règle, les seigneurs qui oppriment leurs justiciables par leurs officiers, qui sont dépourvus de zèle pour la justice et de charité envers les pauvres, qui se livrent à des exactions, vivent dans la débauche, s'adonnent à la chasse, flattent les courtisans oppresseurs du peuple, les présidents des cours qui laissent traîner en longueur ou qui administrent mal la justice [2].

[1] *Id.*, consid. 8.
[2] *Id.*, consid. 9.

A l'ordre des Principautés, possédant un pouvoir de direction sur les hommes, les rappelant au respect de Dieu, à celui que l'on doit aux supérieurs, correspondent les abbés soumis à la juridiction des évêques, les doyens, prévots et chefs des églises collégiales, les comtes, marquis et autres possédant l'administration d'une province, les docteurs, les prédicateurs, les confesseurs de la foi, les prêtres constitués en dignité avec charge d'âmes, les conseillers de parlement. De cet ordre est descendu dans la cinquième prison de l'enfer, Léviathan et ses complices qui tentent l'homme par l'ambition et l'avarice. A côté d'eux seront placés, ceux d'entre les supérieurs ecclésiastiques qui traitent avec orgueil les gens confiés à leur sollicitude, les supérieurs séculiers qui ne protègent leurs sujets contre autrui que pour les opprimer et les écorcher eux-mêmes, semblables à la baleine qui ne défend les harengs dans la mer contre les autres poissons, que pour en faire sa pâture [1].

Les Puissances ont reçu le pouvoir d'encourager les hommes dans le combat spirituel, de les protéger contre les attaques des mauvais esprits, de même que les pouvoirs civils garantissent les gens de bien contre les attaques des malfaiteurs. Parmi elles, prendront place ceux qui auront vécu dans la chasteté, purgé leurs péchés par la pénitence, repoussé par leurs prières et leurs œuvres les tentations du démon, les saints, les saintes et les vierges. De cet ordre est tombé dans la quatrième prison de l'enfer, Belphégor ou Priape, dieu des jardins, capitaine des démons qui portent l'homme à la luxure. Près de lui, seront placés

---

[1] *Id.*, consid. 10.

les gens adonnés à la lubricité, les filles corrompues, les adultères [1].

Le premier ordre de la troisième hiérarchie est celui des Vertus. Son nom indique la force dont ces anges sont revêtus afin d'accomplir les œuvres que Dieu leur a confiées. Leur mission est de produire des vertus et des miracles, de même que, dans l'ordre temporel, les présidents de bailliage et autres officiers ont celle de faire exécuter les mandemens de la justice; les hommes à qui la sainteté de leur vie a obtenu le don de faire des miracles, les juges fidèles à leurs devoirs seront placés dans cet ordre. C'est de là qu'est tombé Beelzébuth, dont le nom signifie prince des mouches, parce que les mouches viennent sucer le sang des victimes qu'on lui offre en sacrifice. Il tente les hommes par l'envie. Aussi, seront placés près de lui dans la troisième prison de l'enfer, les gens jaloux du bien d'autrui, les juges qui n'administrent pas la justice avec fermeté et courage, les docteurs, confesseurs, prédicateurs qui manquent de piété, de respect pour la loi et, aussi, les hérétiques, les enchanteurs, les devins, ceux qui se livrent aux maléfices et aux sortilèges [2].

Les archanges ou princes des anges, messagers de Dieu, viennent annoncer ses desseins aux hommes. Ainsi, Gabriel fut envoyé à la Vierge Marie pour lui annoncer l'incarnation du Fils de Dieu, au grand prêtre Zacharie pour lui faire connaître qu'il serait le père de saint Jean Baptiste; Raphaël fut envoyé à Tobie pour lui rendre la vue. Ils révèlent les prophèties et éloignent les attaques des démons. On dit qu'ils sont préposés au gouvernement d'un royaume,

---

[1] *Id.*, consid. 11.
[2] *Id.*, consid. 13.

d'une principauté, d'une ville, d'une province ou d'une famille. Le royaume de France est confié à l'archange saint Michel. Dans cet ordre seront élevés ceux qui pratiquent l'aumône, distribuent leurs biens aux pauvres, visitent les hôpitaux, réparent les églises, prient ou font prier pour les morts, les seigneurs temporels qui prennent soin du corps et de l'âme de leurs sujets, les curés, les ecclésiastiques, avec charge d'âmes, qui annoncent la parole de Dieu, enseignent le décalogue, prêchent l'Évangile. De cet ordre est tombé dans la seconde prison de l'enfer, Asmodée ou Belséphon, avec ses adhérents, qui tentent les hommes par la gourmandise. Ils auront pour compagnons les taverniers gloutons et ivrognes, les mangeurs voraces qui se lèvent dès le matin pour s'enivrer et supportent le vin puissamment, les seigneurs temporels et les curés qui, par négligence, n'enseignent pas à leurs subordonnés ce que prescrivent la justice et la religion [1].

Le neuvième et dernier ordre se compose des Anges proprement dits. Ils reçoivent leurs lumières des anges placés au-dessus d'eux, et sont préposés à la conduite des hommes qu'ils cherchent à porter à l'amour de Dieu. Chacun de nous, au moment de sa naissance, a reçu un ange gardien afin de nous confirmer dans la foi, de nous protéger contre les embûches du démon, de nous apprendre à prier et à faire pénitence, de présenter à Dieu nos prières, de nous consoler dans la tristesse, quelquefois même de nous préserver du péril de la mort. Auprès d'eux seront placés les enfants morts en état d'innocence, les gens simples et illettrés qui, vivant de peu, édifient néanmoins leur prochain par leurs paroles et leurs exemples, gou-

[1] *Id.*, Consid. 14.

vernent leur famille dans la crainte de Dieu. De cet ordre est tombé dans la première prison de l'enfer, Mammon qui tente les hommes par l'amour de l'argent. Les avares, les usuriers prendront place auprès de lui. Ainsi, de même qu'il existe dans le ciel neuf hiérarchies et demeures angéliques, il existe, dans les enfers, neuf classes de démons et neuf prisons destinées à recevoir les damnés, selon la nature et la gravité de leurs fautes [1].

Nous nous sommes étendu sur cette classification des Esprits célestes que Chasseneuz soumet au jugement des théologiens, non pas qu'elle présente quelque chose de nouveau, on la trouve au contraire, à certaines variations près, dans plusieurs Pères de l'Église et écrivains scolastiques, mais parce qu'il en fait la base de la hiérarchie sociale. En effet, l'ordre qu'il vient de décrire dans le ciel se reproduit également sur la terre où l'organisation des pouvoirs spirituels et temporels offre trois hiérarchies divisées en neuf ordres ; parmi les ministres du souverain, dont les uns sont employés immédiatement auprès de sa personne, les autres délégués par lui dans le gouvernement d'une principauté, d'autres, enfin, dans le gouvernement d'une partie plus restreinte. Ainsi, dans l'organisation du pouvoir spirituel, les patriarches, assistants de la papauté, correspondent aux Séraphins; les cardinaux, ses conseillers, aux Chérubins ; les cubiculaires ou officiers de la maison du pape, aux Trônes. Dans l'organisation du pouvoir temporel, les pairs de France peuvent être assimilés aux premiers, les ducs aux seconds, les chambellans et officiers du roi aux troisièmes. De même, on trouve dans l'organisation de la justice : le chancelier et le connétable, les con-

[1] *Id.*, consid. 15, 16, 17.

seillers au grand Conseil et les maîtres des requêtes, les présidents et les membres des cours de parlement. Dans la seconde hiérarchie, le premier ordre, pour le pouvoir spirituel, est représenté par les archevêques ; pour le pouvoir temporel, par les princes de la famille royale ; le second par les évêques, les ducs, les comtes et les marquis ; le troisième par les abbés et les barons d'une condition inférieure. Dans la troisième hiérarchie, se placent les archidiacres et les seigneurs haut justiciers, puis les curés, les sénéchaux et les baillis ; enfin, les prédicateurs et les officiers subalternes tenant leurs fonctions d'un pouvoir plus élevé [1].

A la tête de l'état ecclésiastique, institué par Jésus-Christ même, supérieur à tous les autres, le pape, seigneur des seigneurs, évêque des évêques, surpassant toutes les dignités, est comme le soleil au centre du système du monde. L'empereur et les rois, semblables à la lune, reçoivent de lui la chaleur et la lumière ; c'était le langage de Boniface VIII à Albert d'Autriche. Les quatre patriarches de Constantinople, d'Alexandrie, d'Antioche, de Jérusalem, ayant le pas sur les primats et les cardinaux, à l'exception du cardinal d'Ostie qui occupe la première place dans le consistoire et donne à l'Empereur l'onction sainte, représentent auprès de la personne du pontife, les quatre Évangélistes. De même que dans le ciel, siège de l'Église triomphante, trois hiérarchies angéliques accomplissent la volonté du suprême pasteur, Jésus-Christ, de même, dans l'Église militante, trois sortes de cardinaux : cardinaux évêques, cardinaux prêtres, cardinaux

---

[1] *Id.*, pars 4, consid. 1. Sur les pères qui ont traité de la hiérarchie angélique, Voy. Klee, *Histoire des dogmes*, trad. par Mabire, in-8°, t. I, p. 353.

diacres, obéissant à son vicaire, l'assistent de leurs conseils, sont les colonnes de l'édifice de l'Église [1].

Le respect dû à l'Évêque, dans son diocèse, oblige les chapitres exempts de sa juridiction aussi bien que ceux qui lui sont soumis. Il est leur supérieur et leur père, ils ne doivent pas entretenir à son égard des sentiments d'irritation. On peut les contraindre à lui donner des marques de déférence. Comme exemple de l'antagonisme qui existait souvent entre ces deux autorités, Chasseneuz rappelle celui du chapitre de Notre-Dame de Paris. Au moment où l'évêque donnait sa bénédiction dans cette église, les chanoines, invoquant leur exemption, restaient assis et refusaient de s'agenouiller comme les autres fidèles. La cause fut portée au parlement qui condamna leur prétention [2].

Les quatre grands abbés des ordres généraux, de Saint-Benoît, de Cluny, de Citeaux, de Prémontré, exempts de l'autorité des évêques, ayant le pas sur les autres abbés, portant dans les conciles la mitre et d'autres insignes de la dignité épiscopale, prélats dans leurs églises, donnant au peuple la bénédiction, possèdent des terres sur lesquelles ils exercent une juridiction comparable à celle des gouverneurs de province. Ils ont sur leurs moines un pouvoir universel et complet. D'autres abbés réguliers jouissent de prérogatives analogues en vertu de privilèges ou de la coutume. Ils précèdent les chanoines des églises cathédrales; mais ces derniers ne peuvent former de corps spirituel qu'en union avec leur évêque. Il en est le

---

[1] *Fecit Deus duo luminaria magna; luminare majus est præsset dici, luminare minus ut præsset nocti; scilicet solem, id est ecclesiasticam potestatem, et lunam, hoc est temporalem et imperialem ut regeret universum.* Pars 4, consid. 1 à 16.

[2] Consid. 26 et 27.

chef comme ils en sont les membres. Si l'évêque ne peut rien traiter et conclure dans le gouvernement de son église, sans consulter les chanoines, ceux-ci, en qualité de membres, doivent suivre la tête. Cette question de subordination et d'accord mutuel avait donné lieu à une discussion parmi les docteurs. « Quand j'étudiais, dit Chasseneuz, à l'université, un de mes professeurs expliquant la loi, avait affirmé que là où est la tête, là aussi est censé être le tout. Quelques étudiants trouvant cette explication assez piètre, prirent les chapons du professeur et leur coupèrent la tête ; celui-ci s'en étant plaint, ils vinrent le trouver et lui dirent : Vous avez soutenu, seigneur, que le tout était là où est la tête ; nous avons voulu mettre en pratique votre interprétation. De quoi vous plaignez-vous ? Vos chapons ne sont-ils pas maintenant là où sont leurs têtes ? Ou bien la loi n'affirme pas une pareille proposition, car alors elle ne serait pas juste, ou bien votre interprétation est mauvaise ; donnez-nous donc la véritable. Le professeur, déconcerté, répondit qu'il l'entendait seulement dans le cas de l'ensevelissement d'une homme mort, et non dans le cas de ses chapons, que l'interprétation des étudiants était trop large et qu'elle allait au delà de ce qu'il avait voulu dire [1]. »

Les opinions et les sentiments des hommes subissent l'influence des temps où ils ont vécu, non moins que celle de leur situation et de leur caractère. Saint Thomas recherchant, dans les calmes méditations du cloître, l'origine historique du pouvoir, l'avait fait descendre du droit du père de famille, étendu successivement à la tribu et à la nation. Le cardinal Bertrandi, mêlé à la lutte entre les

[1] *Id.*, consid. 32.

juridictions séculières et les juridictions ecclésiastiques, le cardinal Zabarella, attristé des troubles qui affligèrent l'Église pendant le schisme d'Avignon, lui donnaient la violence pour origine ; le pacifique Bellarmin, cherchant à se tenir en garde contre les exagérations de la controverse, revient à l'autorité des ancêtres et réfute l'opinion de ceux qui prétendent que le pouvoir est issu de la guerre et de la violence. Pour Chasseneuz, frappé des désordres de son siècle, il est né du mal introduit dans le monde par la chute originelle, de l'audace de quelques hommes qui, après le péché d'Adam, poussés par l'orgueil à l'exemple de Lucifer, ont usurpé la domination sur les autres. Caïn, avant le déluge, bâtit la première ville ; plus tard, la puissance passa dans la race maudite de Cham ; Nébroth construisit la tour de Babel ; Bélus, premier roi des Assyriens, Dathan, Abiron, Sennachérib, Antiochus, furent des hommes superbes et tyranniques, punis par Dieu d'une mort terrible. Un bien petit nombre de rois ont été saints, tant est grande leur soif de domination, le désir d'accroître leur puissance au prix des souffrances du peuple entier. Cependant, quoique l'ambition lui soit odieuse, Dieu a permis l'établissement du pouvoir, afin de faire vivre les hommes dans la concorde, de protéger le droit de chacun et de réprimer les méchants. Tout pouvoir vient de Dieu ; il en est l'essence, et les pouvoirs humains ne sont qu'une participation du sien ; il en est le moteur, car, c'est sous son autorité que les rois gouvernent le monde ; il en est la fin, car toute créature raisonnable doit être gouvernée en vue de s'attacher à Dieu, le souverain bien. De là, tout un code de morale chrétienne dans lequel Chasseneuz passe en revue les devoirs dont l'accomplissement est pour le souverain une obligation en même temps qu'un titre de gloire [1].

On agitait dans l'école cette question : L'Empereur n'est-il pas le maître du monde et les autres rois ne lui doivent-ils pas soumission ? Durant les guerres entre les Guelfes et les Gibelins, les jurisconsultes, d'au delà des monts, l'avaient tranchée par cet axiôme : *Italia non habet regem nisi Caesarem*. Frédéric Barberousse s'était donné la mission de rétablir, en sa personne, la dignité impériale dont il voyait le type dans Constantin et dans Justinien. A la diète de Roncaglia, des théologiens et des légistes décidèrent que l'empire du monde lui appartenait, que l'opinion contraire était une hérésie. En 1162, dans une autre diète tenue à Besançon, l'archevêque de Cologne avait appelé les rois de France et d'Angleterre : des rois provinciaux. Dante, dans son *Convito* et dans son livre de la *Monarchie*, avait soutenu la nécessité d'une monarchie universelle pour le maintien de la paix dans le monde chrétien. Barthole, créé comte palatin par Charles IV, attribuait également au roi d'Allemagne l'empire du monde. Les juristes s'étaient attachés à développer sa prééminence dans des termes magnifiques. On pouvait l'appeler très noble, très saint, très chrétien; il doit couronner tous les rois ; il est le maître de toutes les provinces, de l'orient à l'occident, du midi au septentrion ; il est comme Dieu visible sur la terre [2].

Le patriotisme de Chasseneuz se révolte contre cette théorie du césarisme, entretenue par les dissensions du moyen âge, par l'état de guerre permanent entre les

---

[1] Pars 5, consid. 1 et 5.
[2] *Id.*, consid. 27, 28.

républiques italiennes. Nulle part, dit-il, il n'exista d'empire avant l'Empire Romain; Dieu seul était, dans le principe, le maître du monde. Les livres saints ne mentionnent que des rois; l'histoire d'orient et d'occident ne parle que de royautés. Le droit des gens nous montre des royaumes et des législations distinctes, le droit civil des provinces et des cités non soumises à l'Empire.

Quant au droit civil romain, comment ajouter foi sur ce point aux écrits d'un peuple intéressé dans la question ? Une seule abeille n'est pas la reine de toutes les abeilles, chaque ruche à la sienne ; une seule grue n'est pas le chef de toutes les grues, chaque bande en possède une qui la précède et la conduit ; il est de même pour chaque royaume.

Mieux que personne, le roi de France pourrait prendre le titre d'empereur en qualité de successeur de Charlemagne à qui avait été donné l'Empire d'Occident. Quand il accompagne l'Empereur, il ne le suit pas, il marche à sa droite. A l'exemple de Justinien, il porte le nom de roi très chrétien ; il reçoit l'onction royale avec une ampoule apportée du ciel ; il accomplit des miracles en guérissant les écrouelles [1].

Dans l'exposé de la hiérarchie judiciaire, tableau des magistratures et des juridictions de son temps, depuis le chancelier jusqu'aux officiers de bailliage, Chasseneuz n'a garde d'oublier la profession d'avocat et se plaît à en tracer un portrait idéal. Nécessaire, afin de persuader aux hommes le bien, la justice, l'équité, son institution est de droit divin. Jésus-Christ, lui-même, a rempli sur la terre l'office d'avocat, quand il parla en faveur de Marie-

[1] *Id.*, consid. 27, 28, 29.

Madeleine entre sa sœur Marthe, quand il pardonna à une femme de mauvaise vie chez Simon le pharisien, quand il défendit ses disciples ; enfin, il est notre avocat auprès de son Père dans le ciel. Visiter les malades, secourir les indigents, racheter les captifs, ensevelir les morts, consoler les affligés, convertir les pécheurs, sont assurément de grandes œuvres de charité ; mais l'avocat, en aidant de ses conseils un malheureux dépourvu de tout appui, n'acquiert pas, aux yeux de Dieu, un moindre mérite. On a même pu dire, avec raison, que la vie d'un bon avocat était préférable à celle d'un frère prêcheur ou d'un autre religieux [1].

« La forme propre et seule et essentielle de noblesse en France, a dit Montaigne, c'est la vacation militaire. » Mais les jurisconsultes, sortis pour la plupart de la bourgeoisie, ennemis d'une féodalité souvent ignorante et hautaine, ne la reconnaissaient, ni dans le hasard de la naissance, ni dans la possession de la terre, ni dans le métier des armes. La noblesse, avait dit Barthole, a été inventée par les hommes à l'image de la noblesse qui existe en Dieu. Il y a la noblesse spirituelle, c'est celle de l'homme qui se maintient en grâce aux yeux de Dieu, la noblesse naturelle qui consiste en des qualités propres à assurer à quelqu'un une supériorité, une puissance sur ses semblables. Toute vertu engendre la noblesse, et celle qui est conférée par le prince ne vient que dans un rang secondaire. Quoique la noblesse de race soit au nombre des choses dignes de louange, il n'y a pas lieu de s'en enorgueillir ; elle n'est, pour celui qui la possède, qu'un encouragement à ne pas dégénérer de la vertu de ses ancêtres

---

[1] Pars 7, consid. 29 à 32.

Disputer d'une pareille noblesse, avait dit un célèbre canoniste, Henri de Suze, cardinal d'Ostie, c'est disputer de la noblesse du fumier[1].

Parmi les discussions soulevées par l'esprit ergoteur et subtil des légistes touchant la prééminence des diverses professions, on s'était demandé si l'ordre militaire devait passer avant celui des lettrés. La question avait été traitée, en 1340, dans une séance publique, à Verceil, par Signorolo Homodei, jurisconsulte milanais, chevalier et comte palatin. Sur la fin du quinzième siècle, un duel juridique avait eu lieu, à ce sujet, entre François Accolts d'Arezzo, avocat des docteurs, et Frédéric II, duc d'Urbin, avocat des gens de guerre. Alexandre Tartagni trancha la discussion par une sentence à laquelle les deux parties donnèrent leur assentiment et qui obtient celui de Chasseneuz. D'après les lois impériales et l'opinion des jurisconsultes, les militaires doivent avoir la prééminence. Sans doute, dans les actes de jurisprudence, les docteurs passent avant les militaires; dans les actes militaires, les militaire passent avant les docteurs; dans les actes mixtes, on donne le premier aux docteurs attachés à la maison du prince, le second, aux militaires combattant sous ses ordres, le troisième aux docteurs éminents, le quatrième, aux simples militaires, le cinquième, aux docteurs de peu d'importance; mais, dans les actes de nature indifférente, étant donnée la parité des uns et des autres, par exemple, du connétable et du chancelier, le premier est toujours préféré au second, et ainsi de suite en descendant les degrés de la hiérarchie[2].

Plus une profession est sujette à entraîner l'homme dans certaines fautes, plus il est du devoir du moraliste de re-

[1] Pars 8, consid. 1 à 7.
[2] Pars 9, consid. 1.

commander la garde des vertus contraires. Il ne suffit pas, au soldat, de posséder certaines qualités physiques et morales : la force, les proportions et la beauté du corps, la science militaire, la bravoure, la clémence, la sobriété, la patience dans les fatigues et les privations, la charité mutuelle ; Chasseneuz lui demande encore la piété, car la prière contribue à entretenir le courage ; la chasteté, car la luxure énerve les forces. Aussi, les femmes doivent-elles être éloignées des camps. Mais la réalité était loin de répondre à ces austères conseils. La vie du soldat présentait l'image du désordre et de la débauche. « Il n'est pas étonnant que, de nos jours, les gens de guerre se conduisent si mal dans les camps, dans les marches et en face de l'ennemi ; pour une armée de vingt mille hommes, il y a un tiers de courtisanes et de prostituées, menées à sa suite par des écuyers. » Mais ce qui est le plus honorable pour le soldat, c'est de pouvoir montrer les blessures reçues dans les batailles. Les cicatrices qui figurent dans les images de Notre-Seigneur Jésus-Christ, sont les signes de sa victoire sur la mort et de sa résurrection glorieuse. Celles du corps des martyrs resplendiront, durant l'éternité, d'une beauté incomparable [1].

Entre les causes qui assurent à l'homme le commandement sur ses semblables, telles que, l'autorité paternelle, la noblesse, la puissance, la vieillesse, la sagesse, la fortune, il faut placer la science, perfectionnement de l'âme venue au monde à l'état de table rase, besoin irrésistible pour l'intelligence, flambeau qui dissipe les ténèbres de l'esprit, éloigne les erreurs, les passions, repousse les em-

---

[1] Pars 9, consid. 22 à 48. *Dicuntur castra a castrando quasi castrata vel casta, quod ibi debet castrari libido.* Voy. dans la Popelinière, *Hist. de Fr.* liv. 9. p 360, la manière dont ces femmes étaient enrégimentées à la suite de l'armée du duc d'Albe, dans les Pays-Bas.

bûches du démon, rend l'homme honnête et vertueux, l'anoblit, le rend propre à gouverner les autres, constitue le seul bien qu'on ne peut lui ravir. Elle est le plus précieux héritage que des parents puissent transmettre à leurs enfants. Parmi les sept arts libéraux, la théologie, la jurisprudence, la philosophie occupent la première place. La théologie est la plus noble et la plus digne de toutes les sciences, à raison de son sujet qui est le plus élevé, de sa certitude qui repose sur la parole divine, de sa fin qui est de conduire l'homme à la vie éternelle. Le droit canon, nécessaire à la défense de l'Église contre les erreurs et les hérésies provenant d'une fausse interprétation des Écritures, renfermant des préceptes pour la sanctification des fidèles, réglant les ordres de la hiérarchie ecclésiastique, posant les principes du droit et du juste, servant à terminer les procès, traitant aussi de la foi catholique, vient après la théologie. Le docteur en droit canon, à moins qu'il ne soit un ignorant, doit être préféré au docteur en droit civil. Mais, il en coûterait trop à Chasseneuz de faire passer en troisième ligne cette dernière science, sans essayer de la relever au niveau des deux premières. Aussi, remarque-t-il, que la théologie elle-même, est comprise dans la jurisprudence et qu'elle se trouve enseignée dans le Corps du droit, dont les préceptes concordent avec les préceptes divins. Il est donc permis d'appeler très sainte la science du droit civil et, prêtres, ceux qui la professent ou qui l'expliquent. D'ailleurs, si toutes les sciences tirent de Dieu leur origine, celle du droit civil en vient plus particulièrement encore. Dieu imposa lui-même la loi à Adam, quand il lui défendit de toucher à l'arbre de la science. Accusé de désobéissance, le coupable opposa à son juge cette exception : le serpent m'a trompé ; la femme que vous m'avez donnée m'a trompé ; la procédure et la plaidoirie semblent, ainsi, avoir pris naissance dans le paradis terrestre. Les païens, eux-mêmes, croyant à l'origine divine des lois, l'attribuaient à Jupiter, à Apollon, à Minerve, représentant: l'un, la puissance ; l'autre, la clémence ; le troisième, la sagesse, qui sont les trois principaux éléments des lois. De même qu'il existe trois hiérarchies angéliques divisées en neuf ordres, de même dans le Code, les Institutes et les Collations, se trouvent neuf livres, reproduction du nombre ternaire. La théologie, bien qu'étant la science par excellence, serait réduite à une pure spéculation et sa pratique serait dépourvue d'efficacité, si le droit civil, sans lequel aucune réunion d'hommes, royaume ou cité, ne peut subsister, ne lui prêtait son appui, en faisant passer dans la conduite de la vie le respect du bien et du juste [1].

On s'était souvent demandé, à propos du rang que doivent observer entre eux les docteurs, si les médecins devaient précéder les légistes ou les légistes passer avant les médecins. Un jurisconsulte de Bologne, André Barbatia, qui vivait au quinzième siècle, ayant entrepris d'exposer les raisons des uns et des autres, disait, en commençant, qu'en pareille matière, il ne voulait prendre parti pour personne, mais se tenir comme l'agneau devant celui qui le tond. De leur côté, les théologiens s'étaient abstenus de donner leur avis et, ajoute Chasseneuz : *Adhuc sub judice lis est*. La question de supériorité se posait non seulement entre les docteurs, mais entre les deux sciences. La philosophie morale, dont dépend la jurisprudence, disait Barbatia, n'est pas une science, mais une règle de conduite ayant pour but de porter les hommes au bien, tandis que la phi-

[1] Pars 10, consid. 10 à 24.

losophie naturelle, dans laquelle rentre la médecine, s'occupe de tous les corps; planètes, étoiles, éléments, hommes et animaux. Ce sont là des sujets plus élevés et plus nobles que ceux dont s'occupe la justice civile. La puissance légale est d'ailleurs sujette à des variations selon les temps et les lieux. L'homme, en lui-même, est plus noble que la justice légale dont il est la cause efficiente et la fin. Donc, la médecine qui a pour objet la conservation de l'homme, est plus noble que la science légale. « Ce raisonnement, répond Chasseneuz, repose sur une erreur et sur une confusion d'idées. Tous les êtres ont été créés à cause de l'homme et lui sont soumis; lui-même est soumis à la raison qui est le premier de ses attributs; or, la loi étant l'expression de la raison, la règle du bien et du juste qui, toutes deux, sont de l'essence de la divinité, la science légale est supérieure à la médecine qui ne s'occupe que de la santé du corps. La seconde ne concerne que l'individu, la première s'applique à la société tout entière. » « La médecine, disait Barbatia, a pour but la conservation de la substance même de l'homme, la science légale, d'une qualité ou d'un accident. Mais, réplique Chasseneuz, cet auteur n'a pas compris le but de la science légale. Son but est la conservation, non de l'homme en particulier, mais de tous et de la chose publique en général. Si l'une conserve le corps, l'autre conserve l'âme et la conscience. La médecine a pris naissance sur la terre, la justice est descendue du ciel, etc. » Après avoir exposé, d'après Barbatia, les raisons en faveur des légistes, Chasseneuz termine cette thèse scolastique en concluant, au sujet de la prééminence entre les docteurs en médecine et les docteurs en droit, qu'il faut respecter l'usage établi, mais que le plus ancien juriste doit avoir le pas sur tous les autres, sans s'occuper de la différence des professions [1].

S'il a des éloges pour toutes les sciences : médecine, art oratoire, poésie, histoire, mathématiques, musique, astronomie, il réprouve, presque à l'égal d'une hérésie, l'astrologie judiciaire, l'influence des astres agissant d'une manière fatale sur les dispositions morales de l'homme et tendant par là à la négation du libre arbitre. Tout en admettant leur action sur les phénomènes terrestres, tels que la succession des saisons, les variations de la température, la fertilité, la salubrité de certains pays, les tempêtes, les marées, les maladies, les jours critiques observés par les médecins, il n'ajoute pas foi, à l'hypothèse qui faisait dépendre de l'influence de l'astre ou du signe du zodiaque sous lequel un homme était né, ses affections, ses passions, ses penchants et ses aptitudes. Encore moins, est-il permis de prédire, d'après leur cours, les événements futurs et de tirer des horoscopes. Avec Pic de la Mirandole qui avait réfuté ces erreurs, il restreint l'application de l'étude de l'astronomie à la prévision des éclipses, à l'observation des temps où il convient de semer, de prendre médecine, à conjecturer l'abondance ou la stérilité de la terre. Dans de pareilles limites, cette étude est licite et utile ; au delà, elle est un péché. C'est un mérite dont il faut lui tenir compte à une époque où l'astrologie judiciaire comptait de nombreux prosélytes, était enseignée dans les universités, où les princes entretenaient, à leur cour, des astrologues et ne prenaient pas de détermination sans les consulter [2].

« J'ai entendu raconter, lorsque j'étais capitaine de jus-

[1] Pars 10, consid. 25, 52.
[2] Pars 10, consid. 52.

tice de Milan, qu'un astrologue avait prédit, au duc Marie Galéaz, qu'il mourrait de la main d'un de ses vassaux. — Et toi, répondit le duc, de quelle mort mourras-tu toi-même ? — Je serai tué en public par la chute d'une poutre. — Eh bien, l'événement va montrer combien ta science est vaine, car tu vas mourir aujourd'hui et mourir par le glaive ; et il le fit remettre entre les mains du bourreau pour être décapité. Au moment où il sortait, avec l'exécuteur et les sbires, par la porte du palais qui fait face à l'église du Dôme, et tandis que le son de la cloche, selon la coutume, prévenait le peuple de cette exécution, la toiture de cette porte, en s'écroulant, tua l'astrologue, l'exécuteur et les sbires. La même année, le duc fut assassiné par un de ses sujets, sous les yeux du peuple et des gens de sa cour, dans l'église de Saint-Étienne, le jour de la fête de ce saint. Le meurtre du duc est l'exacte vérité ; quant à l'histoire de l'astrologue, je n'ai rien lu de pareil ; je l'ai seulement entendue raconter par quelques personnes ; mais je n'y crus pas alors et je n'y crois pas encore aujourd'hui [1]. »

De nos jours où l'industrie, occupant dans la société une des premières places, est l'objet de tant d'encouragements et de distinctions, on n'a pas insisté davantage sur la dignité du travail, sur ses résultats moralisateurs, on n'a pas prodigué plus d'éloges aux ouvriers et aux artisans que le fait Chasseneuz. Quoique Budé, homme d'une grande autorité dans les lettres, ait prétendu qu'ils étaient la plaie des villes, il est beau néanmoins d'exceller dans un art quelconque et de se rendre par là utile à l'État. Un des principaux devoirs des magistrats est de donner au travail

---

[1] *Ibid.* Voy. le récit de ce meurtre dans Cantu, *Hist. des Italiens*, t. VII, p. 217.

des encouragements, de sévir contre une jeunesse puisant dans l'oisiveté, des sentiments d'envie et des inspirations de révolte. Quand une industrie fait défaut dans une ville, on peut contraindre, ceux qui sont capables, à l'apprendre et à l'exercer. Tous les arts manuels ont une noblesse qui leur est propre. A côté des ouvriers occupés des arts nécessaires à la vie, comme les agriculteurs, les tisseurs d'étoffes, les forgerons, les architectes, les hôteliers, etc., on ne peut méconnaître l'utilité ou l'agrément que procurent ceux qui s'occupent des arts somptuaires, depuis la peinture jusqu'aux jeux du théâtre, du gymnase et du cirque. Il n'en est aucun qui ne puisse contribuer au perfectionnement moral, au développement des forces intellectuelles ou physiques de l'homme. Parmi les ouvriers en métaux, ceux qui travaillent l'or et l'argent, parmi les ouvriers en étoffes, ceux qui tissent la soie, sont réputés les plus nobles et doivent être préférés aux autres. L'alchimie seule, qui comptait de son temps de nombreux adeptes, ne trouve pas grâce à ses yeux. Il n'appartient qu'à Dieu de changer une espèce en une autre. Ces tentatives de transmutation des métaux, à l'aide de l'action des astres, des herbes et des plantes, ne produisent que des apparences et des sophistications. Cette science illusoire ne renferme que des déceptions, et le pape Jean XXII l'a condamnée, dans les *Décrétales*, comme contraire à la religion [1].

Il ne suffit pas, à Chasseneuz, d'avoir parcouru tous les échelons de la société céleste et humaine, d'avoir décrit les attributions, le rang, les insignes de chaque profession, assigné la place que chacun doit garder, exposé les discussions auxquelles avaient donné lieu les questions de

[1] Pars 11, *passim*.

préséance entre les différents états et les différentes dignités, d'avoir tracé le tableau des institutions, des sciences et des arts ; il pénètre encore dans le monde de la nature, dans celui des corps célestes, des animaux, des plantes et des pierres. L'astronomie, la cosmographie de Ptolémée et des écrivains du moyen âge, lui fournissent, sur l'excellence de certaines planètes, des quatre éléments, des quatre parties de la terre, des vents, des zones, des climats, sur le caractère des différents peuples, des données qui se ressentent d'une science souvent conjecturale En prenant pour guide l'histoire naturelle d'Aristote, de Pline et d'Élien, il établit entre les animaux, les plantes et les minéraux, des degrés de supériorité, de beauté et d'utilité. Il mêle, à la description de leurs mœurs, de leur instinct, de leurs habitudes, de leur composition, de leurs propriétés, de l'emploi que l'homme en peut tirer, des croyances singulières et fabuleuses, et ce symbolisme religieux qui cherchait, dans des signes physiques, l'expression des vérités morales [1].

L'aigle, le premier des oiseaux, le seul que la foudre ne puisse atteindre, qui fixe son regard sur le disque du soleil sans être ébloui, qui s'élève dans le ciel et en descend par un vol perpendiculaire, qui abreuve ses petits avec du sang et non de l'eau, était, chez les Romains, le symbole de la force et de la victoire. D'après les livres sacrés, il signifie l'intelligence subtile des saints et les âmes des justes. De même, qu'à l'âge de cent ans, il se rajeunit en aiguisant contre une pierre son bec qui a atteint une croissance trop grande et qu'il renouvelle son plumage, de même, les saints renouvellent leur vie par la pénitence, et seront renouvelés au jour de la résurrection. On cite de

[1] Pars 12, *passim*.

curieux exemples de l'intelligence de quelques animaux. La poule semble éprouver une sorte de sentiment religieux. Quand elle a pondu un œuf, elle ressent une impression d'horreur, s'agite et secoue ses ailes comme pour se purifier. Dans les campagnes arlésiennes, le bouvreuil imite le mugissement du bœuf, et, enfonçant son bec dans la terre humide, reproduit la voix du taureau. Le hochequeue simule le hennissement du cheval. Quand cet animal, qu'il déteste, arrive dans la prairie, il s'enfuit en se moquant de lui par cette imitation. Le perroquet répète les accents de la parole humaine. Le cardinal Ascagne en possédait un qui récitait, en entier, le symbole des Apôtres. Britannicus et Néron avaient un étourneau et des rossignols qui parlaient grec et latin. Un corbeau saluait par son nom chaque Romain se rendant au Forum. Baptiste Fulgose dans son livre *Des dits et faits mémorables*, parle d'oiseaux de l'île de Chypre qui vivent dans les fournaises où l'on fond les métaux, traversent les flammes sans se brûler, et meurent quand on les éloigne ; d'arbres, en Irlande et dans les Orcades, qui produisent de petites boules donnant naissance à des oiseaux de la forme d'un canard, suspendus aux branches par le bec, et s'en détachant pour prendre leur vol vers la mer, quand ils ont atteint leur développement. Ne provenant pas d'une génération animale, on les mange en carême. Près d'Arles, des pêcheurs ont ramené du fond d'un lac, dans leurs filets, quantité de cigognes qui se tenaient en chapelet, embrochées par le bec, et qui paraissaient mortes, mais qui revinrent à la vie, quand on les approcha du feu [1].

---

[1] Pars 12, consid. 80. Pline, liv. II, c. 56 ; liv. X, c. 57, 59, 60, etc. ; Baptiste Fulgose ou Frégose, doge de Venise, déposé en 1483, chercha la paix dans la culture des lettres. Son livre *De dictis factisque memorabilibus*, eut plusieurs éditions, en Italie, en France, en Allemagne, dans les Pays-Bas.

L'œuf est un animal en puissance. On trouve, dans cette chose si petite, d'après les anciens médecins, comme une réunion des quatre éléments. La coque représente l'élément terrestre, le blanc est l'image de l'eau et de l'air, le jaune est l'image du feu. Il faut manger les œufs, frais, et ne pas oublier de boire ensuite un coup de vin. Les auteurs ont parlé avec éloge de la qualité des vins des différents pays; mais il est manifeste, il est d'une notoriété évidente, incontestable, que, par le goût, la générosité, la beauté, par son excellence, le vin de Beaune est supérieur à tous les autres. Il n'y a que des ignorants ou des gens sans mémoire qui puissent en douter. Chercher à établir, quand on le boit, une comparaison avec d'autres vins, c'est vouloir comparer Christ à Bélial [1].

Le frêne possède la propriété d'éloigner les serpents. Entourez de tous côtés un feu, avec des branches de frêne, le serpent préférera se jeter dans le feu, plutôt que de traverser ces branches pour s'échapper. C'est de bois de frêne qu'était faite la lance d'Achille. Le laurier est le seul arbre qui ne soit pas frappé de la foudre. Le mélèze est incombustible comme la pierre. Mais le roi des arbres, celui auquel appartient la primauté, c'est le Rhamnus dont il est parlé dans la parabole adressée par Jonathan aux Sichémites, dans le chapitre neuvième du livre *des Juges*. On ne peut oublier, cependant, comme supérieur à tous les autres, l'arbre de la croix du Sauveur sur lequel s'est accomplie la rédemption du monde, et les quatre sortes de bois dont elle était composée : le cèdre à la base, le palmier dans la tige, le cyprès dans les deux bras, l'olivier dans l'inscription placée au sommet [2].

[1] *Id.*, consid. 82, 84.
[2] Consid. 89.

Fulgose raconte, qu'en Judée, près de la ville de Machéronte, croît une plante dont les racines sont couleur de sang et qui projette, pendant la nuit, une lumière autour d'elle. Il est impossible de l'arracher si elle n'a été touchée auparavant avec de l'urine ; autrement, elle se retire devant la main. On appelle un chien qui, en grattant la terre et mettant sa racine à découvert, attire sur lui tout le danger. Cette racine passe pour guérir les gens possédés par les esprits immondes [1].

Le diamant, l'émeraude, les perles, l'agathe, sont les pierres les plus précieuses. Le roi Pyrrhus possédait une agathe sur laquelle, par un effet de la nature, étaient sculptés Apollon et les Muses. On connaît les propriétés de l'anneau de Gygès. Au sommet de la pyramide de Couhard, près d'Autun, une escarboucle éclairait, pendant la nuit, la ville entière. Arnauld de Villeneuve assure que l'améthyste empêche l'ivresse, rend l'homme vigilant et d'une intelligence droite. Le saphir, dont la couleur est celle de l'azur du ciel, désigne, d'après saint Grégoire, l'ardeur d'une âme qui languit dans l'attente des biens célestes ; il faut le porter chastement, c'est une gemme sainte. Il rend l'homme chaste, doux, humble, et le dispose à la sainteté. Dans les Écritures, il symbolise la gloire éternelle [2].

Les religions et leurs sectes, les langues, les préceptes divins, les sept béatitudes, les sept dons du Saint-Esprit, les sept sacrements, la vie active et la vie comtemplative, les lois, les prophéties, les nombres, les saisons, les mois, les jours, etc., possèdent également des caractères particuliers qui permettent de rechercher lesquels d'entre eux

[1] Consid. 90.
[2] Consid. 92.

sont supérieurs aux autres. Enfin, dans les œuvres du génie de l'homme, dans les villes, les temples, les chapelles, les clochers, les châteaux, les théâtres, les tours, les murs, les pyramides, les labyrinthes, les thermes, les monuments funèbres, les bibliothèques, les maisons, etc. on en connaît une foule qui sont dignes d'admiration et de mémoire [1].

C'est ainsi, qu'à travers les cent chapitres qui composent la dernière partie de son livre, Chasseneuz passe en revue dans une succession incohérente et subordonne à un ordre hiérarchique, depuis les êtres les plus élevés jusqu'aux êtres les plus vulgaires, et que, débutant par des considérations sur la nature de Dieu, de l'âme humaine, des différents modes de la connaissance, il finit par d'autres sur les fruits, les fleurs, les vêtements, les aliments, par des dissertations sur le point de savoir, quand deux personnes se rencontrent dans la rue, laquelle doit céder le pas à l'autre, sur la priorité des hypothèques, la valeur des dérogations apportées par des actes postérieurs dans les testaments, les promesses de mariage, les pièces de procédure, etc.

Si, de ce dédale d'érudition, de ce chaos de détails empruntés à toutes les connaissances humaines, nous cherchons à dégager la pensée de Chasseneuz sur les mœurs, les institutions, les tendances de son époque, nous trouvons un homme partagé entre un présent dont il déplore les calamités, tout en admirant ses bienfaits, et un passé dont il garde avec respect les anciennes croyances, auxquelles il s'attache de toute la force de ses convictions religieuses.

[1] *Ibid., passim.*

Il participe au grand mouvement de la Renaissance, par l'étendue et la variété de son savoir, par sa familiarité avec les écrivains anciens et modernes. Il n'ignore rien de ce qu'ont laissé le génie de la Grèce et de Rome, les temps de décadence, le moyen âge. Il est théologien, philosophe, jurisconsulte, historien, naturaliste; mais il manque de discernement et de critique. Il enregistre les hypothèses les plus hasardées, les opinions les plus singulières, les faits les plus improbables. En présence de son bon sens de légiste, d'une humeur parfois mordante et railleuse, d'une plaisanterie assaisonnée d'un sel qui n'a rien d'attique, on est tenté de se demander s'il prend tout ce qu'il dit au sérieux, s'il n'a pas uniquement pour but de combler son lecteur jusqu'à la satiété, lui laissant le soin de faire un choix selon sa convenance, ne posant lui-même, à sa crédulité réelle ou simulée, d'autres bornes que les décisions de l'orthodoxie et les opinions des théologiens.

Quoique au courant de l'antiquité païenne, il n'éprouve pas pour elle cette vive admiration qui contribua, dans une large mesure, à renouveler les lettres et les arts; le goût de la beauté paraît leur manquer. Les chefs-d'œuvre de l'architecture, de la sculpture, de la peinture, ont droit sous sa plume, à des éloges; mais, c'est en érudit et d'après le témoignage d'autrui qu'il en parle, se bornant à fournir de leurs auteurs de sèches nomenclatures, préférant aux monuments qui impriment aux villes d'Italie un cachet de grandeur, les restes plus ruineux de sa ville adoptive.

Il ne faut pas attendre de lui un jugement plus éclairé dans l'histoire. Séduit, comme un grand nombre de ses contemporains, par les fictions qui remplissent les chroniques du moyen âge, par les prétendues découvertes d'Annius de Viterbe, il se plaît à chercher dans ces récits imaginaires, dans les fragments apocryphes de Bérose et de Manéthon, les origines de la Gaule et de la nation éduenne. Les questions les plus obscures ne présentent, à ses yeux, ni incertitudes ni ténèbres; elles se dissipent aux fausses lueurs de la fable. Une foule de villes autrefois florissantes, maintenant disparues, ont trouvé, dit-il, des historiens jaloux de conserver à la postérité le souvenir de leur gloire passée; Autun, seul, attend le sien et, afin de réparer cet oubli, il essaye d'être lui-même cet historien, mais, au fond, il n'est qu'un romancier. C'est sur le ton du dithyrambe qu'il parle des expéditions des Gaulois, des états et des villes fondées par eux dans le monde entier, de leur civilisation antérieure à celle des autres peuples, de ce pays des Éduens d'où la philosophie et les lettres se sont répandues sur toute la terre. La Grèce, il est vrai, en revendique l'invention; mais c'est à la nation éduenne qu'appartient la priorité. On peut l'appeler, à juste titre, la mère des sciences divines et humaines. Elle était de cette race celtique qui avait pour père Samothès un des fils de Japhet, et Samothès a, le premier, inventé dans la Gaule les caractères de l'alphabet qui, transportés plus tard en Grèce, ont été attribués à Cadmus; la forme en est Gauloise, et non Phénicienne. Autun fut fondé en l'an 58, après le déluge, par Apollon et Augé sa femme qui est ensevelie sous la pyramide de Couhard, au midi de la ville; de là, son nom *d'Augustodunum*. Celui *d'Hedua*, employé par César, vient d'un augure fourni par deux boucs (*hœdi*) que ses habitants virent combattre dans les airs, au moment où ils discutaient entre eux sur la nouvelle dénomination qu'il convenait de donner à la ville, après sa ruine première. Son histoire primitive, l'origine et la destination de ses anciens monuments, la religion de ses druides, l'étymologie de plusieurs noms topiques, questions qui déjouent encore aujourd'hui la sagacité des archéologues, n'ont rien d'obscur à ses yeux. Ces rêveries érudites, ces généalogies remontant à l'arche de Noé, qui, sous diverses formes, avaient infecté un grand nombre d'histoires nationales et municipales dans presque toute l'Europe, passèrent jusqu'à la fin du siècle, en flattant un patriotisme crédule, pour l'expression de la vérité [1].

Mais s'il appartient à la Renaissance par ce désir de tout connaître, par le soin avec lequel il se tient au courant des livres que l'imprimerie multipliait de tous côtés, il reste l'homme des temps anciens par l'ardeur d'une foi complète, absolue, n'excluant rien de tout ce qui se présente au nom de la religion. Cette foi, il la proclame avec courage, avec insistance, comme pour protester contre l'esprit d'insoumission qui commence à agiter le monde, contre les dissensions religieuses qui trouvaient un écho jusque dans la ville qu'il habitait. Je crois, dit-il, à tout ce qu'enseigne notre sainte mère l'Église catholique; ceux-là sont infâmes qui méprisent son autorité et ses commandements. Fidèle à toutes ses prescriptions, attachant à toutes ses pratiques une vertu de sanctification, il signale le mérite des indulgences pour la remise des peines dues au péché dans la vie future, cherchant ainsi à les justifier contre les attaques des novateurs. Il va même bien au delà des croyances qui forment le fonds commun de ses enseignements. Il accueille, avec un égal respect, toutes sortes de légendes, de récits de miracles et de visions; il se plaît à rappeler toutes les reliques dont la renommée attirait le concours et les dons

---

[1] Pars 12, consid. 60, *Consuet. proemium*, p. 25 et suiv. Voy. sur ces fausses origines historiques, Buckle, *Hist. de la civil.* tr. par. Baillot, t. I, p. 327 et suiv.

des fidèles: celles des Trois Mages, des onze mille vierges, la Robe sans couture, et cette membrane sacrée dont la conservation, en plusieurs églises, avait donné naissance aux confréries de la circoncision. S'il est un lieu dans le monde consacré, en quelque sorte, par le nombre et la réputation de ses reliques, c'est assurément la France; ne possède-t-elle pas, à côté de celles d'une foule de bienheureux, tous les vêtements portés par le Christ durant son passage sur la terre? [1]

Il insère, dans son livre, des fragments de psaumes, de sermons, d'hymnes, de prières. Entendu, comme la plupart des lettrés de son temps, à la versification latine, au lieu de chanter, par un retour aux idées païennes, les Muses et les Grâces, c'est à la Vierge Marie, avocate de tous les chrétiens, espoir des pécheurs, qu'il adresse ses vœux et ses hommages. A toute heure du jour, nous devons recommander à notre ange gardien, nos personnes, nos œuvres, nos actions, les champs, les récoltes, la maison, la famille entière. Matin et soir, les nourrices quand elles lèvent l'enfant, quand elles le déposent dans son berceau, doivent tracer sur lui le signe de la croix, le confier à la protection de Dieu, de la sainte Vierge, de l'ange gardien, de tous les saints. Ce pouvoir de l'ange gardien, l'Église ne le recommande-t-elle pas elle-même quand elle chante : « Sous sa garde, ô Christ pieux, éloigne de nous les attaques de l'ennemi; que ta clémence nous place un jour, de corps et d'âme, dans ton paradis! [2] »

Malgré son respect pour l'état ecclésiastique, il ne se

---

[1] Pars 12, consid. 17. Sur les reliques que l'on croyait provenir de la personne du Christ, voy. Hurter, *Institutions de l'Église au moyen âge*, in-8°, t. I, p. 338.
[1] *Catalog.* pars 5, consid. 4, 16.

dissimule pas les abus, qui, d'un côté, provoquaient les attaques de ses ennemis, et de l'autre, les plaintes des partisans d'un retour à une meilleure discipline; il y revient en maints passages de ses livres. La réserve des évêchés à des fils de familles puissantes, quelquefois à des enfants de quinze ans, leur achat à prix d'argent, leur transmission moyennant une somme avec retenue d'usufruit et de collation des bénéfices, leur cumul avec d'autres évêchés, avec des abbayes, des prébendes dans plusieurs églises, avec des offices de judicatures, des charges civiles et militaires, l'abandon de la résidence, attestaient, hautement, que le mérite et l'utilité ne déterminaient plus le choix des pasteurs, que l'entrée dans l'Église, au lieu d'être le résultat d'une vocation réfléchie, n'était trop souvent que le désir de posséder des honneurs et des richesses. S'il est défendu à l'homme, dit-il, de rechercher, par une avide ambition, des honneurs auxquels seuls donnent droit une longue préparation, le travail et la vertu, que dire de ces clercs qui ne craignent pas d'acheter la dignité épiscopale ou de s'y faire élever par des promesses? De pareils achats sont qualifiés de simonie par les canonistes et de brigue par les légistes. Mais, aujourd'hui, spirituel et temporel, tout est soumis à l'argent. A quoi bon insister sur un pareil sujet; il est connu de tout le monde, et mieux vaudrait que les pontifes, les rois, les princes s'occupassent d'y pourvoir que d'en parler dans les livres. Il rappelle le blâme infligé par les juristes à l'orgueil de ces chapitres qui, d'après leurs statuts, n'admettaient dans leurs rangs que des personnes possédant la noblesse du côté paternel et du côté maternel; il déplore la complaisance de ces prêtres dont la pauvreté s'abaissait vis-à-vis des seigneurs et des bourgeois, jusqu'à devenir leurs hommes d'affaires, leurs sommeliers, leurs cuisiniers, leurs valets d'écurie, appliquant ainsi, aux plus vils offices, des mains qui touchaient le corps très saint du Christ. Plusieurs, ajoute-t-il, les mordent à cause de leurs vices, mais, quoiqu'on en puisse dire, il serait encore plus préjudiciable de n'en point avoir. La prière du prêtre, même pécheur, est utile au peuple, quand il prie comme personne publique. Qu'adviendrait-il, si tant de messes célébrées, même par des prêtres indignes, venaient à cesser, si les sacrements n'étaient plus administrés, si la prédication de la parole de Dieu était abandonnée. Ministres et représentants de Dieu, quelque mauvais qu'ils soient, on doit les honorer. Dans l'envoyé du souverain, ce n'est pas le mérite de la personne qu'il faut considérer mais la dignité de celui qui l'envoie. Le prêtre indigne est comme un rameau épineux qui produit une rose, retranchez l'épine et respirez le parfum de la rose [1].

Tout en reconnaissant que la société religieuse est profondément atteinte, que le mal tend à dominer, il ne la rend pas responsable de cette crise qui déchire le sein de la chrétienté, de cette révolte contre l'Église, prévue, redoutée, comme un futur châtiment, par des hommes pieux, éloquents, zélés, désirant la prévenir au prix d'une réforme, souvent réclamée, toujours éludée, devenue de plus en plus difficile. Les novateurs sont simplement à ses yeux les fils du démon, les précurseurs de l'Antechrist. Il place dans les enfers à côté de Satan, chef des anges rebelles, cet allemand du nom de Luther qui, en semant des doctrines maudites, est devenu la cause de la damnation d'un grand nombre. Il admet, comme légitimes, les dispositions de la loi qui privent l'hérétique de la puissance pater-

[1] Pars 4, consid. 2, 4, 5, 27 ; pars 8, consid. 8, etc.

nelle, du droit d'être institué héritier d'un bien féodal. L'hérésie est un crime de lèse majesté divine, punissable de la peine de mort. Il en attend la disparition des sévérités exercées par les parlements et, ne se rendant pas compte de l'état des esprits, à la cour, dans la noblesse, parmi les lettrés, il pense qu'on en a fini avec elle. Qui oserait désormais en dire un mot; comment de pareilles erreurs pourraient-elles se propager dans le pays de France qui a toujours été exempt de monstres, où le démon est enchaîné par l'archange saint Michel à qui Dieu a confié la garde du royaume ! [1]

En empruntant, à Aristote, la théorie des différentes formes de gouvernement, Chasseneuz cherche à la compléter par des développements puisés dans les écrivains scolastiques, à la mettre en harmonie avec l'idée chrétienne. La monarchie, dont le principe est la vertu, est supérieure à toutes les autres. Elle est l'image du gouvernement d'un Dieu unique sur ses créatures; elle rattache la multiplicité et l'irrégularité au principe d'unité, comme toutes choses mobiles se rattachent à un premier mobile qui est le ciel. Il n'y a qu'un Dieu, qu'une foi, qu'une espérance, qu'un Baptême. Il est préférable, dit saint Jérôme, de n'avoir à redouter qu'une seule personne et d'être, par là, en sûreté contre un plus grand nombre, que d'avoir à en redouter plusieurs et de n'être en sûreté que contre un seul. Le gouvernement aristocratique, à cause de l'ambition qui pousse chacun à devenir le premier dans l'État, est parfois

---

[1] Pars 3, consid. 7, 17 ; pars 12, consid. 17, 21. Sur la crainte d'une violente révolution dans l'Église, voyez le discours du cardinal Julien, au Concile de Bâle, dans Bossuet, *Hist. des Var.*, liv. I ; sur les vices des clercs « cause première des hérésies, » la lettre écrite par le pape saint Pie V à Charles IX, pour l'engager à publier le concile de Trente, dans de Meaux ; *Les luttes religieuses en France au seizième siècle*, p. 97.

sujet à des séditions et à des meurtres. Dans cette forme de gouvernement, la meilleure est celle qui confie l'administration de la chose publique aux plus vertueux, sans avoir égard à la richesse, à la noblesse, à la faveur populaire. La démocratie ou gouvernement de la multitude, quand ce n'est pas la loi qui gouverne, mais le nombre qui domine, offre l'image de la tyrannie, la substitution des décrets populaires à la puissance de la loi, une anarchie dans laquelle des meneurs, en flattant le peuple, le conduisent au but qu'ils veulent atteindre. Ces trois formes de gouvernement semblent d'ailleurs réalisées dans le gouvernement de la France ; la monarchie dans un seul roi pour tout le royaume, l'aristocratie dans les grands préposés par lui à l'administration de la justice, la démocratie dans les magistrats des villes, élus par le peuple et chargés de la défense de ses intérêts [1].

Quel que soit le mode de gouvernement sous lequel vive une nation, le premier devoir de ceux qui le dirigent est de veiller à ce que la jeunesse s'adonne à l'étude des arts utiles. Dans tout état libre, l'instruction doit être le soin principal. Ce qui rend les États heureux, dit Platon, c'est d'être gouvernés par des hommes sages et savants ; et, si tous ne peuvent acquérir la science, tous au moins, peuvent s'adonner au commerce, à la navigation, aux arts utiles. Chacun est tenu de s'imposer un travail profitable à lui-même, à sa famille, à ses concitoyens. Les gouvernants, à leurs sujets, les pères, à leurs enfants, doivent plutôt demander compte de l'oisiveté dans laquelle ils vivent que de la manière dont ils exercent une profession. Une des plus glorieuses prérogatives du prince est

---

[1] Pars 12, consid. 55.

d'établir dans les villes des gymnases littéraires, d'ouvrir à l'enseignement des asiles où une nombreuse jeunesse vienne se former à toutes sortes de connaissances, à l'art de la parole, à la discipline de l'esprit. Un de ses principaux bienfaits est d'honorer les maîtres dans l'art de bien dire, de conférer des dignités et des émoluments aux docteurs de la science [1].

Mais à côté de ces œuvres de civilisation, honneur de son siècle, combien l'état de la société civile n'offrait-il pas de sujets à sa critique qui s'exprime parfois dans un langage d'une énergie singulière. Des princes, abusant de leurs droits, accablent leurs peuples d'impôts iniques, les dépouillent, les écrasent sous une odieuse tyrannie. Ils laissent leurs gens de guerre commettre sur eux des cruautés sans nombre. Le monde est torturé par les excès, restés impunis, de leurs soldats, de leurs troupes d'aventuriers; il est écorché par des tailles, des subsides, des impositions de toute sorte. Assurément, on peut douter qu'eux aussi ne périssent de mort funeste comme ceux qui, autrefois, ont mal gouverné leurs sujets. Parmi les grands de ce siècle, combien n'en est-il pas qui oppriment ceux qu'ils devraient défendre, ne sont-ils pas efféminés, corrompus, n'abusent-ils pas de leurs femmes et de leurs filles, semblables à ce Childéric qui, pour un pareil crime, fut chassé du royaume.

Les malversations des secrétaires des finances, dont huit sur douze, depuis Enguerrand de Marigny jusqu'à Semblançay avaient été pendus ou assassinés, et trois condamnés à l'exil ou à la prison, lui inspirent une profonde aversion contre les agents du fisc, vivant dans l'abondance et l'oisi-

---

[1] Pars 11, consid. 1 ; pars 5, consid. 21.

veté, surnommés par le peuple : les pourceaux du roi. Ventres de l'État, si on ne posait des limites à leur avidité, la ruine du corps entier en serait la conséquence. Il est bon de pratiquer quelquefois des saignées dans ces tempéraments pléthoriques afin de prévenir la paralysie. Aussi, de temps en temps, le fisc devient-il l'héritier de ces gens engraissés du bien d'autrui, qui après avoir rempli leurs filets et vécu au commencement dans l'opulence, finissent tristement par l'exil ou la mort. Guillaume Benedicti, en parlant de la cupidité des collecteurs des tailles, des ports et des péages, les traite d'écorcheurs et de bourreaux. Les procureurs du roi ou du fisc, chargés d'opérer dans certains cas les confiscations, quoique appartenant à la magistrature, n'obtiennent pas grâce aux yeux de Chasseneuz. « Trois d'entre eux, dit-il, dans ses commentaires sur la coutume, m'ayant demandé une définition de leur office, je leur répondis : le procureur du roi est un homme peu accommodant, détesté de tous, désagréable à Dieu, ayant peu ou point d'équité; je leur donnai également la définition de l'avocat du roi, mais, aujourd'hui, que j'en exerce les fonctions, je ne me rappelle plus ce que je leur dis [1]. »

Il se montre, pour les désordres de la famille, un censeur non moins sévère. Dans ces mêmes commentaires sur la coutume, voulant donner une idée de la dignité du mariage, il l'établit, sur son institution qui vient de Dieu même, sur sa généralité, car il existe chez tous les peuples, sur son but qui consiste dans la conservation de l'espèce humaine, procure à l'homme un aide dans la personne de la femme,

---

[1] Pars 3, consid. 9 ; pars 5, consid. 1, 51 ; pars 16, consid. 17. *Consuet. proemium, rubr.* 2, p. 341. Voy. sur les administrateurs des finances, l'édit de Châteaubriant, du 8 juin 1532 ; Isambert, t. XII, p. 361.

lui permet d'éviter le péché ou d'en commettre, de moins graves. Tout ce qui est mépris d'une institution aussi sainte, aussi nécessaire, attire sa réprobation et, principalement, l'existence des enfants naturels [1].

A l'exception des Germains, dont Tacite nous fait connaître les mœurs austères, chez aucun peuple les bâtards n'étaient notés d'infamie. En France, sous les rois de la première race, il existait à peine une distinction entre eux et les enfants légitimes. Ils venaient sur le pied d'égalité à la succession de leur père et mère. Jusqu'au onzième siècle, ils n'étaient point frappés d'irrégularité canonique et pouvaient, sans dispense, entrer dans les ordres. Quoique, dans la plupart des coutumes, ils eussent été privés du droit de succéder, de témoigner en justice, et réputés de condition servile, les mœurs protestaient contre la dégradation que la loi cherchait à leur infliger. Aux quatorzième et quinzième siècles, époque de luxe et d'amollissement, les rois, les grands feudataires et, en particulier les ducs de Bourgogne et de Bourbonnais, avaient donné, par le nombre de leurs bâtards, un pernicieux exemple à leur entourage. Même parmi ceux que leur état et leur dignité constituaient les gardiens et les premiers observateurs des lois de l'Église, on avait vu des enfants naturels, avoués, reconnus, d'autres institués héritiers, quelques-uns légitimés. Nombreux, hardis, associés à la famille, doués souvent d'un grand courage et d'une grande intelligence, il avait fallu leur donner une sorte d'état civil. Les bâtards des rois étaient princes ; ceux des princes, gentilshommes ; ceux des gentilshommes, roturiers. Ils prenaient le nom de leur père et portaient ses armes avec la barre transversale.

[1] *Consuet. rubr.* 4, p. 491.

Ils avaient été pourvus, dans l'État, des plus hautes charges; ils obtenaient des dignités dans l'Église, en vertu de dispense ou de légitimation. Ils poussaient l'audace jusqu'à se targuer de leur naissance, préférant descendre par voie illégitime d'un grand seigneur, plutôt que d'appartenir par le mariage à des parents pauvres [1].

Cet orgueil, qui les rendait odieux aux populations, révolte le sens moral de Chasseneuz. A ses yeux, l'infamie de leur origine s'aggrave de l'infamie de leurs prétentions et de leur arrogance. Il pousse, à leur égard, la sévérité jusqu'au mépris, presque jusqu'à l'injustice; il les rend, en quelque sorte, victimes d'une naissance dont ils ne sont pas responsables. Ceux qui proviennent d'un commerce adultère ou incestueux, ceux qui sont le fruit de la débauche, sont abominables, odieux et infâmes, lâches à la guerre, sans foi dans leur parole, sans honneur, dépourvus de toutes qualités aimables. Produit du péché, le bâtard est frappé d'indignité, car il manque à sa mère un titre de noblesse que le mariage seul peut donner. La loi les déclare incapables de succéder aux fiefs, d'être conseillers des princes, greffiers près des parlements et des tribunaux de bailliage, de recevoir le bonnet de docteur. La porte des dignités doit rester fermée aux infâmes, et, quand ils se vantent de leur naissance, ils ne font que proclamer le déshonneur de leur mère et s'attirer l'opprobre aux yeux des honnêtes gens. Le fils légitime d'un homme du peuple, peut dire avec raison au bâtard d'un grand seigneur : je

---

[1] Pars 11, consid. 15; *Art de vérifier les dates*; Cantu, *Hist. des Ital.*, t. VII, p. 425; t. VIII, p. 317; Du Clercq, éd. Reiffemberg, t. IV, p. 316; Chasseneuz, *Consuet. rubr.* 8, par. 5, p. 1139; Concordat de 1516, *rubr.* 8; Ducange, au mot *Bâtard*, etc. L'édit sur les tailles, du 9 mars 1600, défendit aux bâtards des gentilshommes de se dire nobles sans lettres d'anoblissement.

suis plus homme de bien que toi. La légitimation, elle-même, ne remédie pas au vice de leur naissance; elle est semblable à l'alchimie qui ne produit que des apparences, à la guérison d'une blessure qui laisse après elle une cicatrice. Plus sévère que ne l'était, en général, l'opinion de son temps, Chasseneuz conclut que la légitimité de la naissance est le plus beau titre que des père et mère puissent transmettre à leurs enfants.

Un autre désordre sur lequel il appelle avec insistance l'attention du législateur, est celui des mariages contractés à l'insu et sans le consentement des parents. Le droit romain déclarait nuls les mariages des enfants de famille, contractés sans le consentement des père et mère sous la puissance desquels ils vivaient. Il était admis, sur ce point, dans toute la France et, jusqu'au douzième siècle, l'Église y avait conformé sa législation. Un canon, attribué au pape saint Sother, ne reconnaissait comme épouse légitime que celle qui, conduite à l'autel par ses parents et accompagnée de ses paranymphes, afin de la préserver des artifices et charmes magiques mis souvent en œuvre par des hommes méchants, avait reçu la bénédiction nuptiale selon les rites de l'Église, puis avait été remise entre les mains de son époux. Un autre canon, attribué par erreur au pape Évariste, attestant néanmoins l'usage existant à cette époque, renfermait des dispositions semblables. Mais, depuis la compilation des fausses décrétales, une discipline contraire avait prévalu. Tout en déclarant illicites de pareils mariages, tout en recommandant d'obtenir le consentement des père et mère, l'Église, plaçant en première ligne la foi du serment et la nécessité de prévenir des liaisons irrégulières, ne regarda plus ce consentement comme indispensable. L'engagement réciproque des deux époux suffisait pour valider leur union [1].

« Cette discipline favorable à la liberté des mariages
« causa de grands maux à l'Église et à l'État. Elle donna
« lieu aux enfants de famille de désobéir à leurs parents,
« en contractant des alliances indignes de leur naissance,
« préjudiciables à l'honneur et au bien des familles ; l'un
« en épousant la servante de son père, l'autre en épousant
« clandestinement, ou même ouvertement, une fille débau-
« chée ; l'un en supposant être le paroissien d'un curé
« étranger, l'autre, en séduisant une fille d'honneur,
« s'exposant par là au danger d'être puni et d'en faire
« tomber l'infamie sur ses parents [2].

Une des formes les plus fréquentes de ces sortes de mariages était celle désignée sous le nom de mariage par paroles de présent. Les deux parties, se présentant à l'église, demandaient au curé de leur donner la bénédiction nuptiale. Sur son refus, ils déclaraient se prendre respectivement pour mari et femme. Ils avaient eu soin d'amener des témoins qu'ils requéraient de leur donner acte de cette déclaration, et se considéraient comme unis par légitime mariage.

Les légistes s'étaient élevés contre ces unions clandestines. D'après les Institutes, expression sur ce point du droit naturel, le premier de tous à raison de son immutabilité, de sa généralité, de son origine, les trois préceptes fondamentaux du droit, dit Chasseneuz, étant : vivre honnêtement, ne nuire à personne, rendre à chacun ce qui lui est dû, comment cette honnê-

---

[1] D'Héricourt, pars 3, p. 90. Voyez sur les maléfices employés à l'égard des gens mariés, Fevret, *Traité de l'abus*, p. 527.
[2] P. Lemerre, cité par Van Espen, t. III, p. 634.

teté, substance même de la loi, nécessaire en toutes choses et principalement dans les contrats, peut-elle se trouver dans une union entachée de désobéissance et de mépris, de la part d'une fille, vis-à-vis de ses parents. Contraires à un principe que le pape lui-même ne peut effacer de la loi, comportant une injure grave à l'égard des père et mère, surtout quand elles ont été accompagnées de séduction, d'accusation contre la jeune fille de s'être abandonnée à son séducteur, de pareilles promesses de mariage ne sauraient être valables. Il en résulte souvent, entre celui qui spolie l'autorité paternelle et celui qui en est spolié, souvent même entre les deux familles, une inimitié capitale qui est, à elle seule, une cause légitime d'annulation. Le prince ne doit pas souffrir que des mariages soient contractés dans des conditions hostiles. Bien plus, si le jeune homme avait abusé de la jeune fille, même de son consentement, il est punissable de la peine de rapt.

L'existence d'un engagement écrit, signé des deux contractants, revêtu de l'attestation de deux témoins, ne peut en couvrir la nullité ; un témoignage, donné sans qu'il soit demandé en justice et qui porte tort à quelqu'un, est suspect de mensonge et ne peut servir de preuve. Aucun texte de droit canon n'affirme d'ailleurs, en termes formels, que la jeune fille puisse être tenue d'observer un engagement dépourvu du consentement de ses père et mère, et que ce consentement ne soit pas nécessaire. Lors même qu'il existerait un texte semblable et contraire aux principes des Institutes, c'est encore à ces dernières qu'il faudrait s'en tenir, car, de l'aveu des canonistes eux-mêmes, l'honnêteté n'est pas moins indispensable dans la loi canonique que dans la loi civile. Une loi qui ne lui serait pas conforme ne serait pas une loi. Quand on affirme que les mariages, par paroles de présent, constituent des mariages véritables et indissolubles, il faut restreindre cette opinion au cas où ils ne présentent rien de contraire à l'honnêteté, au droit naturel et au droit civil. Autrement, et s'il y a eu flatteries, persuasions, intrigues, ils restent sujets à annulation, soit sur la demande de la jeune fille, soit sur la demande de ses parents, à moins qu'ils n'aient été consommés par la cohabitation. Mais, alors, si le père ne peut les faire annuler, on ne peut l'obliger à doter sa fille[1]. Ces discussions sur le texte du droit canon faisant pulluler de nos jours, ajoute Chasseneuz, ces sortes de mariages dans la noblesse et dans la bourgeoisie, donnant lieu à des rapts, à des séductions auxquelles succombent fréquemment les jeunes filles, déshonorant et ruinant les familles les plus considérables, il serait nécessaire de rendre un édit punissant, d'exil perpétuel et de confiscation des biens, les jeunes gens qui engagent les filles âgées de moins de vingt-cinq ans à se lier envers eux à l'insu ou contre la volonté de leurs parents et qui condamnerait les filles coupables à la privation de leur dot et de leurs droits d'hérédité. Cette privation est prononcée, par la coutume, dans le royaume de

---

[1] Pasquier a touché le même sujet, mais d'une manière moins sérieuse. « Bien sçay je que, depuis quelques centaines d'ans, quelques moines, rapetasseurs de vieilles gloses, ont insinué cette barbare et brute opinion que, de droit canon, le consentement des père et mère n'était requis au mariage de leurs enfants que par honneur et non de nécessité. Ceux-ci font profession perpétuelle de célibat, la règle les dispense d'être pères. C'est vraiment l'avis de gens nourris dans l'obscurité du cloître. Il ne me peut entrer dans la tête que le droit canon ait rien en cecy innové au droit des Romains..... Quand ce grand Justinien établit ses trois théorèmes généraux de tout le droit : l'honnêteté, ne méfaire à autrui, rendre à chacun ce qui est sien, mettait-il pour première pointe cette honnêteté, pour la tourner seulement en termes de curialité et que les deux autres préceptes fussent de nécessité prime ? Œuvres, t. II, p. 52.

Castille et dans le duché de Bourbonnais. Les *Siete Partidas* d'Alphonse X punissent le crime de subornation, de peines sévères.

La législation donna plus tard satisfaction à ces vœux. Henri II, par un édit de février 1556, permit aux pères et mères dont les enfants s'étaient mariés sans leur consentement, de les exclure de leur succession ; il les déclara déchus des avantages attachés par la loi ou par la coutume aux contrats de mariage. L'ordonnance de Blois (1579) défendit aux curés de procéder aux mariages si les deux parties ne justifiaient de ce consentement. Elle édicta la peine de mort dans le cas de subornation de fils ou de filles âgés de moins de vingt-cinq ans. Un édit de 1608 déclara ces mariages nuls quant à leurs effets civils. Un autre édit de 1629, renouvelant ces dispositions, enjoignit aux juges ecclésiastiques de les regarder comme nuls ; mais l'assemblée du clergé ayant demandé que ces juges ne fussent liés que par les lois de l'Église, les commissaires royaux durent expliquer que cette nullité ne s'appliquait qu'au contrat civil. Le mariage religieux continua d'être exclusivement régi par le droit canon. Le concile de Trente, ne voulant pas déroger à une antique discipline, admettre l'ingérence du pouvoir laïque dans une question de sacrements, s'était borné à déclarer ces mariages illicites, à condamner l'erreur de Luther et de Calvin prétendant qu'ils étaient nuls de droit naturel et de droit divin, ou que, tout au moins leur validité dépendait de la volonté des parents. Il déclara anathème quiconque soutiendrait qu'ils n'étaient pas valables, avant que l'Église se fût elle-même prononcée [1].

[1] Néron, *Ordonnances*, p. 427 à 443 ; d'Héricourt, p. 91. Van Espen, t. I, p. 664 ; t. IV, p. 636 : *Mémoires du clergé*, t. V, p. 692, in-4°.

En résumé, le respect des parents, des vieillards, des hommes préposés aux fonctions du gouvernement et à l'administration de la justice, des membres du clergé, c'est-à-dire de la hiérarchie, dans la famille, dans l'État et dans l'Église ; l'honneur dû aux lettres, aux sciences, à ceux qui les cultivent, puis, à un degré inférieur, à tout homme qui excelle dans une profession ; le travail, sous toutes ses formes, sont, aux yeux de Chasseneuz, les bases sur lesquelles repose la société. Comme chez les Romains, auprès de qui il faut chercher des exemples de vertu, la jeunesse doit être élevée dans des habitudes viriles, dans les exercices du corps et le maniement des armes. Les mendiants qui trompent la charité publique par des infirmités ou des maladies simulées, seront examinés avec soin par les gouverneurs de provinces et renvoyés aux travaux de l'agriculture ou à ceux auxquels ils sont aptes. Charles VIII et Louis XII, renouvelant des mesures déjà prises par leurs prédécesseurs, avaient essayé de purger le royaume d'une partie de ces truands et vagabonds, en bannissant les uns, en envoyant les autres aux galères ; mais, ni ces peines, ni celles de la fustigation, de l'essorillement, de la torture, de la prison, et de la mort, en cas de récidive, n'avaient empêché les voleurs et coupeurs de bourses, d'intelligence entre eux, de courir le pays et de troubler la sécurité publique. Ce sont des membres pourris qu'il est nécessaire de retrancher de temps en temps de la cité [1].

Mais, s'il admire les préceptes du droit et du juste ins-

---

[1] Pars 11, consid. 16, 21 ; pars 11, consid. 48. Articles 90 et 94 de l'ordonnance de Blois de 1498 ; Isambert, t. XI, p. 359 ; et ordonnances de François Ier, t. XII, p. 269, 400, 531, 883.

crits dans les lois romaines, la mâle éducation du peuple souverain, les exemples de vertu qu'il nous a laissés, sa morale ne saurait être celle du stoïcisme ou d'une philosophie indépendante de la révélation chrétienne. Sa morale est celle de l'Évangile, appuyée sur le dogme immuable auquel on doit une foi absolue, seul gage de salut pour les hommes et qui, au besoin, peut être défendu par la force. Quand il donne des conseils pour la conduite de la vie, c'est la vie tout entière, naturelle et surnaturelle, qu'il embrasse. Alors, les textes sacrés se pressent sous sa plume, avec une abondance souvent confuse, avec l'ardeur d'un apôtre. Comme un prédicateur, du haut de la chaire, il cherche, quelquefois, à donner à ses paroles les allures de l'éloquence ; il emploie tour à tour le précepte et l'exemple et, à côté des exhortations au bien, la menace des châtiments divins.

L'histoire sacrée, celle des peuples païens, lui présentent le tableau des talents, des vertus, des grandeurs dignes de l'admiration et de l'imitation des hommes, des vices qui ont trouvé leur châtiment, des dépravations qui ont perdu les individus et les peuples. Partout, elles attestent l'action providentielle d'un Dieu qui, après avoir donné à l'homme une règle morale, n'a pas voulu rester étranger à l'usage qu'il fait de sa liberté, confiant l'exécution de ses desseins à des élus de son choix, punissant le crime, marquant certaines races et certaines individualités de réprobation. Cicéron, en signalant comme belle et utile la connaissance des événements et des exemples dignes de mémoire, a fait sans doute de l'histoire un magnifique éloge ; mais elle est encore plus que cela, elle est un enseignement presque divin, un autre Évangile de la vérité [1].

---

[1] Pars 10, consid. 46, *et passim*.

Si nous nous demandons d'où viennent cette tendance profondément religieuse, ce ton parfois dogmatique chez un homme nourri dès sa jeunesse des enseignements du droit romain, nous l'attribuerons, sans doute, à l'éducation toute chrétienne de Chasseneuz, mais surtout au spectacle des désordres de son siècle. Les austères vérités et les observances de l'Église perdant chaque jour leur empire, la liberté des mœurs frayant la voie à l'indifférence religieuse, au libre examen, au paganisme dans les arts, les abus existant dans l'administration et dans la justice, les troubles intérieurs causés par les gens de guerre, lui semblent autant de symptômes d'une décadence inquiétante pour la religion et pour l'État. Voyant, dans l'orgueil, le principe de toutes les révoltes, la cause de tous les maux, c'est au respect et à la soumission qu'il cherche à ramener les esprits. La science, assurément, est excellente par elle-même, mais la foi lui est encore supérieure. Il lui vient en aide avec toute les ressources de l'érudition, sans trop s'inquiéter de leur valeur, plus préoccupé d'accumuler les exemples et les préceptes que d'en faire un choix judicieux ; voulant avant tout édifier, il se montre peu difficile sur le choix des moyens ; il prend encore moins souci de l'élégance du style [1].

Écrit, selon le caprice du moment, tantôt avec une aridité scolastique, tantôt avec une prolixité confuse, tantôt avec une emphase qui ne ressemble en rien à la langue littéraire, manquant de proportion et de mesure, hérissé de citations à l'infini, il semble que le *Catalogus* eût dû tomber promptement dans l'oubli; toutefois, il n'en fut rien. Nous ignorons s'il valut à son auteur les mêmes

[1] *Passim.*

éloges que ses commentaires sur la coutume ; mais la renommée du jurisconsulte contribua au succès du polygraphe. Ce livre renfermant, à côté du tableau de la création, des croyances et des institutions, des traités de blason et d'astronomie, de cosmographie et d'histoire naturelle, des conseils de religion et de morale, d'agriculture, d'hygiène, de médecine et d'économie domestique ; travail de vulgarisation encyclopédique, vaste magasin où se trouvent des produits de toutes sortes et de toutes provenances, obtint, pendant plus d'un siècle, une sorte de popularité et servit d'aliment à la curiosité d'un grand nombre de lecteurs. On en fit, en France et à l'étranger, plusieurs éditions, quelques-unes illustrées par de célèbres graveurs, de belles planches sur bois représentant la plupart des êtres passés en revue dans chacune de ses parties [1].

Cependant Chasseneuz approchait de l'âge où il s'était promis de faire une tentative pour entrer dans la haute magistrature. Il avait vu plus d'un jurisconsulte, exerçant comme lui des fonctions subalternes, parvenir à des charges dans les parlements. Malgré l'accueil fait à ses commentaires, il restait oublié. Il se décida à rappeler lui-même les titres qui le recommandaient à l'attention du pouvoir, et il dédia son *Catalogus* au chancelier Duprat. Tout imparfait qu'il était, traitant d'ailleurs de plusieurs choses qui pouvaient paraître futiles, il venait néanmoins disait-il, l'abriter, contre les attaques des envieux, sous la protection du magnifique chancelier dont il énumérait

---

[1] La plus belle édition du *Catalogus* est celle de Francfort,-sur-le-Mein, donnée par le célèbre imprimeur, Sigismond Feyerabend, avec douze planches en tête du volume et une épître dédicatoire aux chapitres des églises cathédrales de Cologne, Strasbourg, Mayence et Liège, etc.

toutes les vertus : la sagesse, la prudence, la fermeté, la pénétration dans les replis obscurs du droit; il espérait trouver en lui un Mécène.

Il employa un autre moyen afin de se rappeler au souvenir du roi lui-même. Il lui fit demander la permission d'imprimer par un de ses compatriotes avec qui il était lié d'amitié, et qui possédait toute l'estime de François Ier. C'était Denis Poillot, élevé comme lui par un oncle chanoine de la cathédrale d'Autun, comme lui docteur de l'université de Pavie. Mais, plus pressé de parvenir ou mieux favorisé de la fortune, après avoir exercé les fonctions d'avocat au Grand conseil, puis celles de procureur général à Dijon, il avait été pourvu par le roi, au moment de son avènement à la couronne, d'un office dans cette compagnie. Adjoint à différentes ambassades, notamment à celle envoyée en 1521, en Angleterre, afin de ménager la médiation d'Henri VIII entre Charles-Quint et François Ier, ambassade qui aboutit à la trêve de Calais, le roi, en reconnaissance de ses services, avait créé pour lui une charge de maître des requêtes de l'Hôtel et fait dire au Parlement qui refusait d'enregistrer son édit, qu'il méritait non seulement d'être récompensé de cet office, mais d'un plus grand encore s'il se présentait, le reconnaissant comme un personnage capable et savant. Nommé Président, en 1526, et député aux États de Cognac, il s'opposa avec fermeté à l'exécution de la promesse faite par François Ier à Charles-Quint, dans le traité de Madrid, de renoncer, en sa faveur, à sa suzeraineté sur les Flandres et de lui céder la Bourgogne. « Si votre majesté à l'intention de céder la Bourgogne, elle en appelle aux États, et si les États l'abandonnent, elle saura se défendre elle-même et restera toujours française. » Il portait une grande affection à sa ville natale. Ses fonctions au Grand conseil ne le retenant à Paris que six mois de l'année, il passait le reste à Autun auprès de sa famille. Personne ne pouvait rendre un témoignage plus autorisé du mérite de Chasseneuz auprès du chancelier et du monarque ; mais, malgré ses recommandations, malgré la dédicace du *Catalogus*, malgré des éloges dans le cours de l'ouvrage, soit qu'il eût à pourvoir d'autres candidats, soit qu'il eût été blessé de certains passages sur la vénalité des charges, l'augmentation des impôts, l'improbité des agents du fisc, Duprat, peu bienveillant d'ailleurs pour les gens de lettres, fit sourde oreille, et Chasseneuz se vit obligé de continuer l'exercice de ses fonctions d'avocat du roi [1].

Quoique le *Catalogus* pût fournir ample matière à la critique, un seul écrivain l'attaqua avec violence et souleva une polémique à laquelle la réputation des deux adversaires donna, pendant quelques années, un certain retentissement. Cette attaque, Chasseneuz semble se l'être attirée lui-même, en blessant l'amour-propre d'un homme qui occupait, comme lui, une magistrature secondaire, et jouissait, comme lui, d'une grande renommée parmi les jurisconsultes. Nous voulons parler d'André Tiraqueau. Plus laborieux encore que Chasseneuz, surnommé pour son vaste savoir, le Varron français, il fut surtout plus heureux dans sa vie privée et dans sa carrière de magistrat. Il prolongea jusqu'à l'âge de quatre-vingts ans une existence respectée, et laissa une mémoire, célèbre encore aujourd'hui, par le nombre de ses ouvrages et par le nombre de ses enfants [2].

[1] Pars 7, consid. 11 ; pars 10, consid. 7, 30 ; *Mémoires sur Denis Poillot*, Bibl. nat., fonds Fontette, portef. 35, n° 11, p. 45. Poillot a laissé quelques lettres sur son ambassade en Angleterre. Il avait été en relation avec Wolsey dont il parle en ces termes : « Monseigneur le cardinal, s'il n'avait vouloir faire service au roi vu les serments et promesses, serait l'homme le plus déloyal de la terre. »

[2] On prétend qu'il ne buvait jamais de vin, qu'il eut quatorze

Il exerçait, à Fontenay-le-Comte, les fonctions de sénéchal, lorsque, peu de temps après la publication des commentaires de Chasseneuz, il fit paraître un *Traité des lois nuptiales*, le premier et le meilleur, dit-on, de ses ouvrages. Ce traité n'était qu'un fragment d'un travail plus considérable qu'il avait préparé sur les coutumes du Poitou. Il s'était décidé à le donner séparément d'après les instances de ses amis, tout en avouant qu'il n'y avait pas mis la dernière main, qu'il était encore inculte, vert et fermentant comme le vin nouveau dans la cuve. L'imprimeur avait commis, d'ailleurs, un si grand nombre de fautes qu'il se repentait presque de l'avoir mis au jour. On y trouva cependant une si forte érudition, que le Parlement de Bordeaux désigna spontanément son auteur pour une place de conseiller. Mais cette proposition n'eut pas de suite, et ce fut seulement, en 1545, que François Ier l'appela au parlement de Paris [1].

Indépendamment d'une multitude de questions se rapportant au droit et à la coutume, Tiraqueau avait inséré dans ce traité tout ce qu'on avait écrit sur la nature physique et morale de la femme, tout ce que les religions, les mœurs, les usages, les préjugés, les législations des différents peuples, avaient dit, statué, défendu, permis ou toléré à son égard. C'était une véritable encyclopédie de la

---

enfants et peut-être davantage. On fit sur lui cette épigramme *Hic jacet, qui aquam bibento, viginti liberos suscepit, viginti liberos edidit; si merum bibisset, totum orbem implesset*, Dreux du Radier, *Bibl. hist. du Poitou*, t. II, p. 172.

[1] *Commentarii in legem si unquam*. Lyon, 1584, *præfatio*. Dreux du Radier, Bourgnon de Layre et *la Biogr. univ.* disent que ce traité parut en 1515; Bouhier, ordinairement bien informé, dit que sa publication fut postérieure à celle des commentaires de Chasseneuz, et que Tiraqueau en critiqua, le premier, certains passages. Nous n'avons pas trouvé la première édition du livre de Tiraqueau.

femme. » Mais, à côté de ces données historiques et juridiques, il s'était complu à reproduire, sur les rapports des deux sexes, une foule de détails et d'anecdotes libres, obscènes, et qui furent généralement blâmés. Il avait critiqué deux ou trois passages des commentaires sur la coutume de Bourgogne et, quoiqu'il l'eut fait avec modération, Chasseneux en parut blessé. Il lui reprocha, dans son *Catalogus* d'avoir dit du mal des femmes presque d'un bout à l'autre de son livre. A propos de leur beauté, dont Tiraqueau consentait à faire l'éloge pourvu qu'elle ne fut pas trop éclatante, mais moyenne, afin de ne pas leur inspirer de vanité et un penchant immodéré pour les plaisirs, Chasseneuz remarquait qu'il s'était approprié plusieurs passages de Coelius Rhodiginus, sans le citer. Il avait encore affirmé témérairement, d'après Pline, qu'il convenait de donner à toutes les femmes le nom de dame, tandis que cet auteur n'attribue une qualification semblable qu'à celles qui appartiennent à une classe élevée. A propos de l'amour chez les femmes, il était entré dans des détails licencieux; à propos de certaines ligatures, dans des explications ridicules; à propos des lieux publics, dans des considérations que l'honnêteté ne permettait pas de reproduire. Plusieurs passages de son livre étaient entachés d'obscénité. Il n'en fallait pas tant pour irriter « le bon, le docte, le sage, le tant humain, tant débonnaire et équitable Tiraqueau [1]. »

En 1534, ayant publié un nouveau *Traité sur la loi, Si unquam, au titre de la Révocation des donations*, il n'oublia pas, dans la préface, de réclamer à Chasseneuz œil pour

---

[1] Bourgnon de Layre, *André Tiraqueau*, Poitiers, 1840, in-8° p. 14, 33. Bouhier, *Vie de Chasseneuz; Catalog.* pars 2, consid. 10, 22, 31, 35, 39 ; pars 12, consid. 77 ; Rabelais, *Nouveau prologue du quatrième livre de Pantagruel*.

œil et dent pour dent. Il y a quelqu'un, dit-il, qui a copié dans mon traité des lois nuptiales, tout imparfait qu'il est, des pages entières, non pas une fois, mais six cents fois, et cela, en toute simplicité, avec les fautes, sans changer une syllabe, faisant comprendre, à première vue, qu'il n'avait pas compris ce qu'il avait lu; je tairai volontiers son nom et me contenterai de le montrer du doigt. Le titre qu'il a donné à son livre est aussi élégant que le livre est universel; on l'appelle le *Catalogue de la gloire du monde*. Mais le comble de l'iniquité, c'est que, tantôt, il tait mon nom pour faire passer comme lui appartenant ce qui m'appartient entièrement, tantôt, il s'exprime de façon à faire supposer que la plus petite partie, seulement, de ses citations m'appartient, quand elles m'appartiennent en totalité; j'en parlerai plus au long dans une seconde édition de mon ouvrage. Pour le moment, je me contenterai de dire qu'il eût agi plus sagement dans l'intérêt de son honneur, si se bornant à rester dans sa peau, c'est-à-dire au premier livre qu'il avait fait paraître, il eut observé ce précepte : *Ne sutor ultrà crepidam* [1].

Chasseneuz se garda de répondre à ces attaques. D'autres devoirs l'occupaient, en ce moment, auprès du parlement de Provence où il avait à lutter contre les abus et travaillait à une quatrième édition de ses commentaires sur la coutume. Mais il trouva un défenseur dans un jurisconsulte bourguignon qui était presque pour lui un compatriote. Un avocat de Chalon-sur-Saône, Jean Ennellan, s'indigna de cette accusation de plagiat portée contre un comme possédant une autorité incontestée parmi les ju-

---

[1] Andr. *Tiraquelli comment. in leg. si unquam*, Lyon, 1584, in-f°, præf.

ristes, placé à la tête d'une cour souveraine du royaume. Il répondit avec violence à Tiraqueau dans une épître au lecteur en tête de cette nouvelle édition des commentaires (1635). Où étaient les preuves de plagiat dont il accusait Chasseneuz, et pourquoi ne les avait-il pas données? traitera-t-il de plagiaires tous ceux qui ont reproduit les opinions ou rapporté des passages de Bartole, de Balde, et d'autres jurisconsultes, en les appropriant à leur sujet? D'où lui vient cette haute opinion de lui-même d'oser vanter ses propres compilations et de décrier celles des autres; est-ce de son *Traité des lois nuptiales* où il ressasse d'inutiles recherches et enseigne un libertinage digne d'être puni par l'exil d'Ovide? Où est l'improbité de Chasseneux? Au lieu de signaler les fautes, dont Tiraqueau convient lui-même que son ouvrage est rempli, n'a-t-il pas au contraire à le remercier de les avoir dissimulées par politesse ou par bienveillance? où sont les énigmes, les sens profonds et abstraits que, selon lui, Chasseneuz n'aurait pas compris? Il menace de le traiter plus mal encore dans une prochaine édition; il déclare la guerre à l'homme le plus modeste du monde, sans avoir été provoqué par un acte et par un seul mot; il lui plaît d'appeler bavard impudent, celui qui passe, au jugement de tous, pour très savant, qui est son supérieur en dignité aussi bien qu'en érudition, qui a été promu, des modestes fonctions d'avocat du roi, au parlement de Paris par le suffrage unanime de ses membres, puis à celui de Provence par le roi lui-même, en dehors de toute brigue et de toute faveur. La dignité qu'il occupe imposerait silence même à un ennemi; mais il n'a eu de respect, ni pour sa dignité, ni pour son âge vénérable; il a étouffé toute pudeur. Qu'il cesse donc de déchaîner en pure perte la calomnie, qu'il cesse de tenter d'obscurcir la gloire d'un homme aussi illustre ; sinon je le préviens, de nouveau, qu'il a affaire à des vivants et non à des morts, qu'on saura lui appliquer la peine du talion ; et, toi, lecteur, lis et relis les œuvres de Chasseneuz ; tu en tireras plus de profit que des insultes d'un odieux sycophante.

Tiraqueau n'avait pas besoin d'être provoqué par une pareille bravade pour se ressouvenir de sa promesse. Quoique ait dit Rabelais, il portait très haut l'opinion de sa science ; son amour-propre irritable ne supportait pas la contradiction ; il répondait avec mépris à ses adversaires ; il avait le tempérament d'un hypercritique. Il se faisait un malin plaisir de dénicher les plagiats, de rechercher les emprunts faits à d'autres auteurs. Quelques années auparavant, (1532) ayant lu le livre *Genialium dierum* d'Alessandro Alessandri, jurisconsulte napolitain, compilation sur le modèle des nuits d'Aulu-Gelle et des *Saturnales* de Macrobe, où se trouvaient entassées, pêle-mêle, toutes sortes de connaissances sur la philologie, les antiquités romaines, avec quantité de croyances superstitieuses, il avait composé, sur cet ouvrage, des notes dans lesquelles il prenait la peine de vérifier tous les passages, de les rendre à leurs premiers auteurs, d'en rétablir le véritable texte, le tout dans le but de montrer combien peu de choses appartenaient en propre à Alessandri. Ces notes, curieuses par leur érudition, étaient non moins amusantes par leur causticité. Une nouvelle édition des *Lois nuptiales*, précédée d'une épître aux *Poitevins, studieux des lois*, lui fournit l'occasion de satisfaire ses rancunes. Il commençait par décharger sa bile sur un certain Amaury Bouchard, président à Saintes, son ami, disait-il, son hôte, qui, dans un livre intitulé : *Apologie des femmes*, avait diffamé, flétri, foulé aux pieds ce *Traité des lois nuptiales*, dont d'autres avaient fait, cependant, un magnifique éloge. Quant à Chasseneuz devenu sa bête noire, il se réservait de lui répondre dans le cours même de l'ouvrage [1].

C'est là, en effet, qu'il relève tous les passages qu'il l'accusait de lui avoir emprunté textuellement, sans le nommer. Il lui avait volé des chapitres entiers. Malgré ces vols impudents, il s'était permis de le calomnier en lui reprochant d'avoir fait de nombreux emprunts à Coelius Rhodiginus. Ce voleur manifeste avait inséré dans son *Catalogus* un chapitre tout entier des *Lois nuptiales*, composant ainsi un livre avec ceux des autres. Il revenait, en une foule d'endroits, sur ce reproche de plagiat, sur ces qualifications injurieuses; puis, afin de justifier la violence de ses invectives, il ajoutait : je ne puis trop m'étonner que, pour avoir réfuté l'opinion par laquelle il prétend que la femme mineure, émancipée par le mariage de la puissance paternelle, y retombe de nouveau quand son mari vient à mourir, il en soit venu à un tel excès de colère ou plutôt de démence, qu'il m'ait suscité des haines mortelles, et qu'il se soit plu à déchirer mon nom, comme s'il était le seul homme qu'il fut défendu de contredire. Quelques personnes qui lui en avaient parlé, m'ont rapporté qu'il était moins blessé de mes observations que du ton, selon lui, inconvenant, avec lequel j'avais signalé la fausseté de son raisonnement, comme si cette expression de fausseté eut signifié un crime de faux. Je leur répondis qu'elle n'avait rien d'inconvenant, rien de contraire à l'usage, puisque les jurisconsultes les plus mo-

---

[1] Baillet, *Jugemens des savans*, t. II, p, 230. Lacroix du Maine et Duverdier, t. III, p. 76. *Biogr. univ.* art. Alessandro Alessandri. Dans son commentaire sur la loi *Si unquam*, Tiraqueau prétend également que Jean d'Andréa avait fait de nombreux emprunts aux écrits d'Oldrade, son maître, comme un disciple ingrat, sans presque jamais le citer, observation qui a été reproduite par Dumoulin; Taisand, *Vie des jurisc.*, p. 27.

dérés se servent souvent, dans leurs critiques, d'expressions semblables. Du reste, j'ai signalé ses vols nombreux afin de donner, à je ne sais quel Eonella, une satisfaction qu'il demandait. Mais si quelqu'un ne craint pas de perdre le temps à lire son livre, il en trouvera assurément beaucoup d'autres [1].

En 1546, après la mort de Chasseneuz, Tiraqueau publia un volumineux *Traité sur la noblesse et le droit de primogéniture*, à propos d'une cause plaidée au parlement de Paris, dans laquelle il avait été rapporteur. Il dissertait longuement sur sa définition, les moyens qui la procurent, la transmettent et la font perdre. Il se demandait si les professions de magistrat, d'avocat, de médecin, de chirurgien, d'agriculteur, d'artiste, étaient compatibles avec elle. Chasseneuz, nous l'avons vu, s'était occupé du même sujet dans son *Catalogus*. En examinant la question à propos des médecins, Tiraqueau rappelle qu'Esculape avait reçu des anciens, en signe d'honneur, le titre d'Archiatre, c'est-à-dire de prince des médecins. Saint Augustin, dans *la Cité de Dieu*, le Code, plusieurs lois romaines, Vindicianus dans une lettre à l'empereur Valentinien, avaient employé cette expression dans le même sens. Chasseneuz qui avait négligé l'étude de la langue grecque, ne la jugeant pas nécessaire à l'étude du droit, était tombé dans une bévue en traduisant ce mot d'Archiatre par celui de portier. « J'ai honte, s'écrie Tiraqueau, j'ai honte de rappeler l'insigne erreur de Barthélemy Chasseneuz qui, dans un livre auquel il a donné le titre infect et grossier de *Catalogus gloriæ mundi*, et le livre ressemble à son titre, a traduit le

---

[1] *Ex commentariis in Pictonum consuetudines, sectio de legibus connubialibus*, edit. postrema, Lyon, 1591, præf. et p. 15, 30, 46, 157, 260, 269, 277, 378, etc.

mot Archiatre par celui de portier du palais du prince. Il eut été mieux inspiré, je l'ai déjà dit, si, se bornant à ses commentaires sur la coutume de Bourgogne où il se trouvait sur son terrain, il se fut abstenu de mettre la main à d'autres sujets, tantôt dérobant les pages d'autrui, tantôt, quand il veut frapper monnaie à son coin, tombant dans des erreurs grossières. Accurse, moins ignorant que lui en pareille matière, ne s'y est pas trompé et a traduit Archiatre par prince des médecins[1].

Ce fut, paraît-il, la dernière vengeance de Tiraqueau. Bouhier assure, qu'en apprenant la mort de Chassencuz, il avait enfin trouvé pour lui cet éloge « qu'il était un homme savant et qu'il laissait la réputation d'un honnête homme. » Il n'y a aucun intérêt pour nous à rechercher ce qui peut être fondé dans ces reproches. Il nous suffit d'avoir raconté cette querelle, chapitre d'un livre qui pourrait s'intituler : *les Haines littéraires*. De pareilles discussions étaient fréquentes entre des hommes également recommandables par leur science, mais également susceptibles et jaloux les uns des autres. On se prodiguait sans scrupule les insultes, les épithètes les plus outrageantes; on se traitait « d'odieux zoïle, de vil sycophante, de chien livide se jetant sur un livre pour le salir de bave et le déchirer à belles dents. » La probité littéraire de Tiraqueau fut attaquée, à son tour, par quelqu'un d'aussi infatué de sa science, mais plus grand jurisconsulte que lui ; Dumoulin, tout en l'appelant, un homme très savant, l'honneur éternel du Poitou, lui reprocha de s'être servi pour la composition de son traité *de utroque retractu*, du manuscrit d'une seconde édition de son commentaire sur la coutume de Paris qui se trouvait entre les mains de l'imprimeur.

[1] *Commentarii de nobilitate*, Lyon, 1584, in-f°, p. 172.

CHAPITRE IV

Conseils.

En 1531, parut à Lyon le recueil des principaux conseils donnés par Chasseneuz durant sa carrière d'avocat. Ils sont au nombre de soixante-dix-neuf, et portent sur toutes sortes de matières de droit civil et criminel, féodal et canonique : promesses et contrats de mariage, donations, testaments, fidéi commis, substitutions, prescriptions, hypothèques, viol, homicide par imprudence, priviléges de noblesse, mainmorte, censives, droit de patronage, pouvoir d'un légat *a latere*, dîmes, capacité pour posséder un bénéfice, dilapidation des biens ecclésiastiques, etc. Plusieurs se réfèrent à des questions traitées déjà dans ses commentaires sur la coutume de Bourgogne. Sa réputation répandue dans les provinces voisines lui avait acquis, dans la noblesse, le clergé, la bourgeoisie, des clients venant solliciter son avis afin de s'en autoriser devant les tribunaux. L'éditeur remarque qu'aucun conseil n'avait été inséré dans ce recueil qui n'eut été donné à propos de procès jugés dans les bailliages d'Autun, de Chalon, d'Auxois, devant le parlement de Bourgogne, devant l'officialité diocésaine et la cour de l'église métropolitaine de Lyon.

Ils furent publiés par Hugues d'Arlay en qui il avait trouvé, comme dédommagement à ses contrariétés de famille, un gendre dévoué partageant ses goûts et ses habitudes. D'Arlay en réunit les feuilles éparses dans la poussière, négligées à tel point que plusieurs avaient été dérobées ; il compléta leur rédaction restée sur plusieurs points imparfaite, et Chasseneuz fit demander, comme il l'avait fait pour son *Catalogus*, la permission d'imprimer par Denis Poillot [1].

Le premier de ces conseils forme, à lui seul, un traité particulier dans lequel il examine s'il est permis de frapper d'excommunication les animaux nuisibles. Cette question, agitée parmi les jurisconsultes, avait de bonne heure attiré son attention et il s'en était occupé, nous l'avons déjà dit, au cours de ses études. On l'a rappelée fréquemment à propos de sa conduite dans l'affaire des Vaudois, mais avec des travestissements qui montrent combien on en a parlé à la légère, sans recourir à la lecture de ce traité, sans se rendre compte des motifs qui avaient engagé Chasseneuz à le placer dans son recueil [2].

D'après le Rituel romain, lorsque des champs étaient dévastés par des sauterelles, des hannetons, des mulots, des chenilles, d'autres animaux nuisibles, on avait recours

---

[1] *Consilia*, Lyon, Simon Vincent, 1531, in-f°, lettres goth., avec une épître préliminaire par un jurisconsulte, nommé Syagre Remmon, qui ne se trouve pas dans des éditions postérieures. L'éditeur, Hugues d'Arlay, mourut quelques mois après. *Consuet. rubr.* 6, par. 7, p. 641. Parmi ces conseils, il en est trois qui n'appartiennent pas à Chasseneuz et qui sont reproduits a côté des siens, comme traitant la même question.

[2] Voy. la note à la fin de ce volume.

à l'exorcisme. De même que, par des processions et des prières on appelait la bénédiction de Dieu sur les fruits de la terre, de même par d'autres prières on cherchait à éloigner les fléaux qui les détruisaient. Le prêtre revêtu d'un surplis, d'une chape de couleur violette en signe de pénitence, se rendait dans le champ infesté, l'aspergeait d'eau bénite, récitait plusieurs oraisons par lesquelles il suppliait Dieu Tout-Puissant, auteur et conservateur de tous biens, de disperser, d'éloigner ces vers, ces rats, ces hannetons, ces oiseaux, ces sauterelles abattus sur les champs en signe de châtiment des péchés des hommes. Il faisait une seconde aspersion, lisait le passage de l'Évangile de saint Marc où Jésus-Christ, ordonnant à ses disciples de prêcher l'Évangile à toute créature, leur donne en même temps le pouvoir de chasser les démons, de parler des langues nouvelles, de manier les serpents, de guérir les malades par l'imposition des mains. Après une dernière oraison, il aspergeait encore par trois fois les champs et les vignes, en prononçant cette formule : Que la bénédiction de Dieu tout-puissant, Père, Fils et Saint Esprit, descende et repose sur ces champs, ces vignes, ces jardins et leurs fruits.

Quand une invasion d'animaux nuisibles faisait redouter la perte des biens de la terre, les habitants de la paroisse ravagée présentaient une requête à l'official de l'évêque, afin qu'il leur fut enjoint, par voie d'exorcisme, de déguerpir du lieu où ils causaient du dommage. C'est ce qui était arrivé dans le Beaunois et ailleurs, à propos de grosses mouches désignées par Chasseneuz sous le nom de hurebers, nom paraissant dériver du mot hébreu Arbeth appliqué, dans le chapitre V de l'Exode, à ces sauterelles dévorantes dont Dieu frappa l'Égypte pour punir le pharaon de retenir les Israélites captifs dans la vallée du Nil [1].

Ces demandes portées devant le tribunal ecclésiastique avaient amené les juristes à s'en occuper. Tout ce qui était du domaine de la justice leur paraissait relever de leur compétence. Là où se trouvait un point de fait à examiner, une peine à prononcer, ils cherchaient à mettre en relief la supériorité de leur science. Des animaux, des insectes étaient accusés de causer du dommage ; comment les condamner sans une enquête, sans que leur crime fut prouvé, sans leur avoir fourni des moyens de défense? C'est ainsi qu'on avait vu dans les siècles précédents et que l'on vit jusqu'au dix-septième siècle, des procès en forme, dressés devant les cours d'église, contre des insectes nuisibles, contre des porcs ou d'autres animaux qui avaient tué des hommes et des enfants. On cite d'assez nombreux exemples de ces étranges procédures [2].

Dans cet état de jurisprudence, Chasseneuz entreprend d'examiner, d'après les règles du droit, si l'on peut, en pareil cas, prononcer la peine d'excommunication et pose, à ce sujet, les cinq questions suivantes : Quel nom faut-il donner aux animaux qui ravagent les vignes du Beaunois ; peut-on leur envoyer une assignation ; assignés personnellement, ont-ils la faculté de comparaître par procureur ;

---

[1] On écrivait quelquefois et on prononçait : *hurebets*.
[2] Courtépée, t. I, p. 192. Legendre, *Traité de l'opinion*, t. VI, p. 112, cite un fragment de sentence rendue, en 1516, par l'official de Troyes : *Adversus bruchas seu crucas, vel alia non dissimilia animalia gallice hurebets nuncupata, fructus vincarum depopulantes.* Tissot, *Droit pénal*, t. I, p. 24, à la note. Desmaze ; *Supplices, prisons*, etc., p. 81, 89, 385, 394 ; Arth. Mangin, *l'Homme et la bête*, 1872, p. 339 et suiv. Parmi les ouvrages singuliers qui se rapprochent du *Traité de Chasseneuz*, nous nous bornerons à rappeler le *Procès de Satan contre la Vierge*, imaginé par Barthole, et celui de *Bélial contre le Christ*, par Jacques de Téramo. Voy. Vidalin, *Études sur Barthole*, p. 25, et Cantu, *la Réforme en Italie*, t. I, p. 410.

quel est le juge compétent du juge laïque ou du juge d'Église, la procédure à suivre, la sentence à prononcer ; enfin, peut-on porter contre eux l'excommunication ? A la manière des scholastiques, il discute alternativement et avec une grande profusion d'arguments et de citations, les deux côtés de la question, le pour et le contre, la thèse et l'antithèse.

1° Si l'on compare ces animaux à d'autres également nuisibles aux fruits de la terre, comme les chenilles, les hannetons, les scarabées, les vercoquins, les cigales, on voit que leur véritable nom est celui de sauterelles dévorantes. Il en est question dans les livres de l'Exode, des Proverbes, de Malachie. Pline a décrit comment leurs femelles, au moment de la ponte, cachent dans la terre leurs œufs qui éclosent au printemps. Il raconte que, dans les Indes, elles ont trois pieds de long ; leurs jambes sont pourvues de dents dont on fait des scies. Souvent, on les voit combattre entre elles avec les cornes dont elles sont armées. Le meilleur moyen de se délivrer de ce fléau c'est de payer les dîmes. Tout ce premier chapitre est un traité d'histoire naturelle empirique sur les insectes dont il vient de donner l'énumération et sur les remèdes propres à les éloigner, parmi lesquels il en est de très singuliers [1].

2° Peut-on assigner ces sauterelles devant l'official d'Autun ou devant un autre juge compétent ? Afin d'éclaircir cette question, il faut d'abord distinguer deux sortes d'assignation : l'une réelle ou personnelle et l'autre verbale. Il n'est pas douteux qu'on ne puisse les assigner par la première, car elles ne possèdent ni meubles ni immeubles, et il y a grandement lieu de soupçonner qu'elles prendront

---

[1] Accessu mulieris menstruosæ omnia animalia insecta fructibus terræ officientia flavescunt, etc.

la fuite. En matière criminelle, cette citation est non seulement permise, mais elle est encore nécessaire, même en cas de contumace. — Le contraire paraît cependant plus conforme à la vérité, car ces animaux forment une universalité, une personne fictive, à laquelle une pareille citation ne peut être appliquée. On assigne ainsi les criminels, or, on ne peut considérer ces animaux comme coupables de crimes puisqu'ils sont dépourvus de raison. Les mêmes motifs s'appliquent la citation verbale. Cependant, afin de se conformer à l'usage des Autunois, et comme les êtres, même privés de raison, restent soumis aux règles du droit commun, sinon à celles du droit civil, si le juge ne peut les assigner pour les punir du mal commis, il peut le faire pour empêcher le mal futur et pour leur enjoindre de cesser à l'avenir leurs dommages [1].

3° Assignés en personne, les hurebers peuvent-ils comparaître par procureur et en trouveront-ils un ? Étant obligés de comparaître personnellement puisqu'il s'agit d'une cause criminelle, le droit n'admet pas en pareil cas, pour le coupable, la faculté de se faire représenter. N'ont-ils pas commis, en effet, un crime de nature grave, un dommage à la suite duquel le peuple entier est resté troublé et scandalisé; n'ont-ils pas dévasté les vignes dont le jus réjouit les hommes et Dieu lui-même, selon les paroles du *Livre des Juges* ? (c. IX). S'ils sont incapables de constituer eux-mêmes procureur, à plus forte raison le juge ne peut leur en donner un d'office. — Toutefois, l'officialité d'Autun, afin de tempérer la rigueur du droit et

---

[1] La citation réelle ou personnelle avait lieu dans les causes criminelles, quand l'accusé était appréhendé et amené devant la justice ; la citation verbale était donnée, dans les causes civiles, par exploit d'assignation à comparaître ; Chasseneuz, *Consuet. rubr.* 6, p. 266.

de ne pas condamner des absents, ayant l'habitude de leur nommer un défenseur, je conclus qu'il faut se conformer à cet usage et admettre qu'un avocat vienne présenter pour eux des moyens de défense, plaider leur innocence, proposer les exceptions déclinatoires, discuter même la compétence du juge.

4° Mais, quel est ce juge de la compétence duquel dépend la validité de la citation et, par suite, celle du procès tout entier ; est-ce le juge laïque ou le juge ecclésiastique ? Plusieurs raisons militent en faveur du premier. Il ne s'agit pas, dans la cause, d'un intérêt spirituel ou d'un intérêt temporel concernant l'Église, mais d'un intérêt purement temporel concernant les laïques. Bien que le juge ecclésiastique possède, à certains égards, une juridiction temporelle, il n'est pas compétent dans les cas qui peuvent entraîner la peine de mort, et, quoiqu'à proprement parler il ne s'agisse pas de cette peine dans l'espèce, mais d'une cause criminelle en général, il est plus convenable qu'il en laisse la solution au juge laïque. Ces animaux ne sont, d'ailleurs, ni prêtres ni clercs ; il faut plutôt les considérer comme des laïques On peut les assimiler aux voleurs de grands chemins que l'on attache à la potence. Or, en thèse générale, les laïques doivent être jugés par les laïques. Ou ces animaux endommagent les biens particuliers des clercs, et, alors, le juge laïque est seul encore compétent, ou ils endommagent des biens appartenant aux églises, et, alors, le juge ecclésiastique ne peut, pour la défense de ces propriétés, ni les exposer à la mort, ni les faire mourir. Qu'il agisse par voie civile ou par voie criminelle, son incompétence est la même. — On peut cependant soutenir l'opinion contraire par plusieurs raisons. En effet, les hurebers ne peuvent être condamnés à aucune peine civile, à aucune restitution, à aucuns dommages-intérêts. Donc, il est inutile de les traduire devant le tribunal civil. Mais, la raison majeure, celle qui répond à toutes les objections et qui prouve, que le juge ecclésiastique est leur véritable juge, c'est qu'on ne peut leur infliger que des peines spirituelles, comme des anathèmes, des malédictions, des excommunications. C'est donc, en définitive, au juge d'Église qu'appartient la connaissance du procès ; c'est par l'official d'Autun ou par l'archidiacre de Beaune, tenant de lui ses pouvoirs, que doit être lancé contre eux l'anathème, ce glaive épiscopal.

5° Mais, cette excommunication solennelle peut-elle être prononcée contre les hurebers ? Voici les preuves que l'on peut alléguer pour la négative. On n'excommunie que les contumaces ou bien à raison d'un délit; or, les hurebers ne sont pas contumaces et n'ont pas commis de délit. L'excommunication n'a lieu qu'à l'égard de gens convaincus de péché mortel; or, les hurebers ne sont pas moins exempts de l'empire du péché que de la soumission aux lois de l'Église. L'excommunication n'étant autre chose que la séparation de la communion des fidèles, ils ne font point partie de cette communion, et, par conséquent, ils n'en peuvent être séparés. D'un autre côté, comment punir des animaux qui n'ont pas conscience de leur faute ? Punit-on le fou qui, dans un accès de démence, a commis un homicide ? L'excommunication frappe l'âme et non le corps; or, les hurebers n'ont point d'âme. D'ailleurs, ils n'ont fait, après tout, qu'user de leurs droits en mangeant les raisins. Le droit divin lui-même le leur permet, car c'est là un acte conforme à leur nature; la ruse, dit saint Thomas, n'est pas un vice chez le renard, parce qu'elle est dans sa nature. Saint Michel, dans la dispute qu'il eut avec Satan à propos du corps de Moïse, n'osa pas le maudire, parce que Satan faisait là son métier, comme les hurebers font ici le leur. Puis, on ne peut excommunier une universalité, une race entière d'animaux, car le droit ecclésiastique ne permet que l'excommunication individuelle. Aucune loi n'ayant prévu le crime commis par les hurebers, leur excommunication serait une injustice, presque une hérésie, puisqu'on les considérerait comme ayant une âme humaine, comme doués d'intelligence, comme pourvus du Baptême et faisant partie de l'Église militante. Ce serait un scandale pour les fidèles; pour tous, une source d'erreurs[1].

C'est donc aux prières et à la pénitence, non aux jugements et aux malédictions qu'il faut recourir afin d'être délivré de cette peste descendue du ciel à cause de la négligence à payer les dîmes, envoyée par Dieu en punition des péchés des hommes. A ce propos, Chasseneuz, par une de ces digressions qui lui sont habituelles, s'élève avec amertume contre les vices de son temps en empruntant les paroles des prophètes.

Que dire d'abord des pasteurs ? « Ils ont été des insensés, dit Jérémie, ils n'ont point cherché le Seigneur; c'est pourquoi ils n'ont pas compris, et leur troupeau a été dispersé. Malheur aux pasteurs qui perdent et qui déchirent le troupeau de mon pâturage ! » Que dire des juges ? « Voyez et cherchez sur les places publiques, si vous en trouverez un, accomplissant la justice et recherchant la vérité. Ils n'ont pas jugé la cause de la veuve, ils n'ont pas appelé celle de l'orphelin. Le pauvre qui n'a rien à

---

[1] Plusieurs canonistes, réprouvant ces procédures contre les animaux, étaient d'avis qu'il fallait seulement adjurer et maudire Satan qui se servait d'eux pour causer du dommage à l'homme et une insulte au Créateur; Fevret, *Traité de l'abus*, p. 595.

offrir, non seulement n'est pas écouté, mais repoussé. L'or s'est rendu le maître de la justice ; il n'est pas de crime que l'on ne rachète avec de l'argent. » Malheur à ceux, dit Isaïe, qui établissent des lois iniques, malheur à ceux qui écrivent l'injustice, pour opprimer le faible dans le jugement, pour faire violence au pauvre, pour dépouiller la veuve et l'orphelin ! » Que dire des avocats ? N'en trouve-t-on pas, aujourd'hui, qui instruisent de misérables clients à nier la vérité, engagent les parties à demander des ajournements inutiles, qui façonnent leur langue au mensonge, se montrent diserts contre la justice, érudits pour la fausseté, habiles pour faire le mal, éloquents pour attaquer la vérité. Juges et avocats vivent de façon à s'ouvrir, au large, les portes de l'enfer. On lit, dans les Chroniques de saint François, qu'un avocat juge d'une ville de Castille, se trouvant à la fenêtre de sa maison, vit dans la rue un homme qui, ne pouvant faire entrer ses pourceaux dans dans leur étable, s'écria avec colère : O porcs maudits, entrez dans votre étable comme les juges et les avocats entrent dans l'enfer ! A ces mots, les porcs se poussant les uns les autres, mais sans tumulte, se mirent à entrer. Frappé de frayeur, ce juge, renonça au monde, entra dans l'ordre des Frères mineurs, devint un saint homme et fut nommé général de l'ordre.

Que peut-on dire des clercs et des religieux, sinon encore avec Jérémie : « Depuis le prophète jusqu'au prêtre, tous pratiquent le mensonge. » Mais je ne veux pas insister sur ce point, car rien ne ternit autant l'honneur de l'Église que de voir les laïques meilleurs que les clercs. Que dire des parents? Ne commettent-ils pas la fraude contre leurs parents? « Que chacun se garde de son prochain, a dit encore Jérémie, et que nul ne se fie à son frère, parce que le frère songe à perdre le frère et que l'ami marche dans des sentiers tortueux. » Que dire de nos femmes? Au lieu de se vêtir selon le conseil de l'apôtre, comme l'honnêteté le demande, de se parer de modestie et de chasteté, et non avec des cheveux frisés, des ornements d'or, des perles, des habits somptueux, elles affichent un front de courtisane qui ne sait pas rougir. Les jeunes gens ne sont-ils pas plongés dans la corruption, ayant perdu toute honte; la plupart des vieillards, légers, insensés et vicieux? Le monde est devenu la proie du mal; plus de fidélité dans le mariage, de vérité parmi les notaires et les avocats, d'équité chez les juges, d'honnêteté dans la jeunesse, d'obéissance chez les enfants, de pudeur chez les femmes, de piété chez les clercs et les religieux.

Où, règne, autant qu'en Bourgogne, cet abominable péché de blasphème, plus affreux encore que l'homicide, car il s'adresse à Dieu lui-même; péché puni de mort chez les israélites et les mahométans, pour lequel un homme du diocèse de Reims fut frappé de mal caduc, avec tant de violence, qu'il se déchirait de ses propres mains et qu'il expira en recommandant son âme au diable. Un Milanais qui venait de perdre une grande somme au jeu, ayant enfoncé son poignard dans la terre, en s'écriant : O Christ maudit, puissé-je te transpercer ainsi dans le sein de ta mère, le retira tout ensanglanté et, à peine rentré chez lui, fut écrasé par la chute de sa maison et emporté par les démons dans les enfers. Pierre Damien raconte, qu'à Bologne, deux convives étant à table, l'un d'eux dépeça un poulet et l'arrosa de poivrade, ce que l'autre voyant, dit : assurément mon ami, vous l'avez divisé en tant de morceaux que saint Pierre ne pourrait le rétablir en son entier. Non seulement saint Pierre, mais le Christ lui-même, répondit son compagnon. A ces mots, le poulet revint à la vie, couvert de ses plumes, se mit à chanter, et, battant des ailes, aspergea de poivrade les deux blasphémateurs qui devinrent à l'instant lépreux et transmirent cette maladie à leur postérité. D'après le même Pierre Damien, un clerc de Bourgogne, pourvu de bonnes prébendes, en entendant lire dans l'évangile de la messe, ces paroles du Christ : « Celui qui s'exalte sera humilié, » s'en moqua en disant : si je m'étais humilié devant mes ennemis, je n'aurais pas aujourd'hui de si bonnes prébendes ; et, aussitôt, une flèche lancée du ciel entra dans sa bouche et le tua.

Je ne pense donc pas qu'il soit permis de maudire les animaux ; ce serait attribuer à l'homme le pouvoir de s'opposer aux châtiments que Dieu lui envoie ; il serait juge dans sa propre cause. Maudire des créatures dépourvues de raison, les maudire, en tant que créatures de Dieu, est un péché de blasphème d'après saint Thomas ; c'est tout au moins une chose vaine, inutile et défendue.—Cependant, on peut soutenir l'opinion contraire par l'autorité, la raison et l'exemple. Ici Chasseneuz entreprend de prouver l'affirmative à l'aide de douze arguments empruntés, comme dans les pages précédentes, aux auteurs de toutes les époques. Saint Marc ayant dit : « que tout arbre qui ne rapporte pas de bons fruits soit coupé et jeté au feu, » à plus forte raison peut-on détruire les animaux qui causent du dommage. Dieu ayant promis de conserver à l'homme le fruit de son travail, s'est engagé en quelque sorte à empêcher que les animaux viennent le dévaster, bien que, parfois, il déroge à cette promesse en punition des péchés des hommes. Toute créature, étant soumise au fondateur du droit canon, est également soumise aux règles de ce droit dont l'anathème fait partie. L'homme, étant l'être le plus parfait de la création, celui auquel Dieu a soumis tous les autres êtres de la terre, il serait contraire à la raison et au droit divin qu'il pût être privé du produit de son travail par de vils animaux. La raison naturelle enseigne qu'il faut conserver ce qui est utile à son existence et écarter ce qui est nuisible. Malgré l'opinion de saint Thomas, dans le cas particulier, cette malédiction est permise, car, de deux maux, il faut choisir le moindre. C'est ainsi, que pour éviter un plus grand crime, Loth n'hésita pas à sacrifier aux habitants de Sodome l'honneur de ses filles. Souffrir ces animaux, au lieu de les maudire et de les anathématiser, c'est commettre un homicide en exposant un grand nombre de gens à périr de faim par suite de leurs ravages. En présence d'un pareil danger, le juge lui-même se rendrait coupable d'homicide. Lorsqu'il existe une réclamation du peuple, il faut éviter le scandale public qui résulterait du refus du juge, car on a vu, il y a peu d'années, dans la province, ces animaux cesser leurs ravages, abandonner le pays ou périr après le prononcé de l'anathème. Si saint Thomas et d'autres théologiens défendent de maudire les créatures dépourvues de raison pour le mal commis, ils ne le défendent pas pour le mal à commettre. C'est un principe de droit que, qui peut le plus, peut le moins. Le Lévitique, au chapitre XX, l'Exode, au chapitre XXI, parlent d'animaux mis à mort pour avoir frappé de la corne un homme ou une femme ; d'un autre avec lequel un Israélite s'était souillé. Guy Pape raconte avoir vu, en Bourgogne, pendre un porc qui avait tué un enfant. La gravité du crime des hurebers qui menacent de la famine une province entière est une cause suffisante pour se placer au dessus des lois canoniques. La religion permet de dresser des embûches aux oiseaux, aux bêtes qui détruisent les fruits de la terre. La coutume d'excommunier les hurebers existe; il faut la maintenir afin de confirmer les pauvres habitants des campagnes dans leur foi qui s'affaiblirait, s'ils voyaient qu'on ne fait plus aujourd'hui ce qu'on faisait autrefois, etc.

Voilà une foule de raisons qui prouvent en faveur de l'affirmative. Elles ne dérivent pas, il est vrai, du droit écrit, mais plutôt du raisonnement. Quant aux exemples, on en peut citer de nombreux. Dieu a maudit le serpent, maudit Babylone; le Christ a maudit le figuier ; Job a maudit le jour de sa naissance ; Sodome et Gomorrhe ont été maudites. Charlemagne ayant maudit, sur les côtes d'Espagne, un fanal dont la lumière trompeuse attirait les hommes et les animaux dans la mer, ce fanal s'abîma à l'instant sous les flots. Une duchesse de Bourgogne avait acheté d'un prêtre un verger planté de beaux arbres dans une terre fertile. Étonnée de ce qu'ils ne rapportaient pas de fruits, elle en demanda la cause aux habitants du voisinage. On lui répondit que des enfants ayant eu l'habitude de quitter la messe du dimanche pour aller voler les fruits, en brisant les clôtures, le prêtre avait maudit ce verger qui, depuis cette époque, était resté stérile. La duchesse fit lever cette malédiction, et les arbres rapportèrent des fruits comme auparavant. Des anguilles qui causaient du dommage dans le lac Léman, des moineaux qui salissaient de leurs ordures et troublaient le service divin dans l'église Saint-Vincent de Mâcon, disparurent après une excommunication semblable. Un comte de Toulouse s'étant moqué de celle qu'il avait encourue, *ipso facto*, en protégeant les hérétiques, reçut la visite d'un saint abbé qui lui dit : Afin de te prouver combien noire est ton âme, enchaînée qu'elle est dans les liens de l'excommunication, je veux faire apporter un pain blanc. O pain, dit-il, en le prenant dans ses mains, quoique tu ne l'aies pas mérité, mais seulement afin de prouver la vérité de notre foi, je t'excommunie. Au même instant le pain devint noir. On le rompit en deux parties, et l'intérieur se trouva également noir et moisi ; l'abbé ayant levé l'excommunication, le pain reprit aussitôt sa forme et sa blancheur premières[1].

J'ai vu dans cette ville d'Autun, ajoute Chasseneuz, des sentences de malédiction et d'anathème contre des hurebers, des rats, des limaces, etc., prononcées par les officiaux d'Autun, de Lyon et de Mâcon ; on procédait de la manière suivante : Les habitants des paroisses présentaient à l'official une supplique où ils exposaient les dommages causés, en le priant d'y apporter remède. On donnait aux accusés un avocat qui soutenait que l'anathème ne pouvait être prononcé contre eux par les raisons alléguées plus haut en faveur de la négative. Le tribunal de l'officialité n'en avait pas moins l'habitude de leur adresser l'adjuration suivante : je vous adjure, vous limaces et vers, et tous animaux qui détruisez les aliments des hommes et les rongez jusqu'au cœur, de vous éloigner de cette paroisse, de vous retirer dans des lieux où vous ne puissiez nuire à personne ; au nom du Père, du Fils et du Saint-Esprit. *Amen.* Les officiaux rendaient ensuite une sentence d'excommunication, *in ampliorem formam.* Elle renfermait, après une invocation à Dieu, créateur et conservateur de toutes choses, l'invitation au peuple de confesser et d'expier par la pénitence ses péchés, cause du fléau qui l'affligeait ; des encouragements à prendre confiance dans

---

[1] On trouve ces anecdotes dans le *Recueil d'Étienne de Bourbon*, publié par Lecoy de la Marche, p. 262, 256, 255, 259.

la bonté divine ; des exemples de malédiction rapportés dans l'Écriture Sainte. Elle se terminait par une formule d'anathème, avec injonction aux curés de la répéter aux messes et aux processions, jusqu'à ce qu'elle eut produit son effet.

Chasseneuz, à la fin de ce traité, rapporte plusieurs de ces sentences, rendues par Jean Bobilier, suffragant de Jean Rolin, cardinal d'Autun, contre des hannetons dans des paroisses de l'Avallonnais ; par Jacques de Busseuil, par Antoine Bertrand, official de Lyon, contre des vers et des limaces dans différentes paroisses du diocèse ; par les vicaires généraux du cardinal Rolin, par ceux de l'évêque d'Autun, Antoine de Châlon, par Jean Noseret, vicaire du cardinal Hugonet, évêque de Mâcon, contre des hurebers, des vers et des limaces dans le Beaunois (1481-1488). Ces sentences ne diffèrent entre elles que dans le délai accordé pour déguerpir. Les unes condamnent à partir de suite, d'autres dans trois heures ou dans trois jours. A côté d'exemples tirés de l'Écriture Sainte on en trouve d'autres empruntés à des écrivains du moyen âge : tel est celui d'un ennemi de l'empereur Henri IV qui, persistant dans l'impénitence, fut assailli à table et rongé jusqu'aux os par une multitude de rats ; celui de saint Mammert, évêque de Vienne, qui conjura des diables venant, sous la forme de loups et de porcs, dévorer les enfants dans les rues de la ville ; celui du fanal de Charlemagne ; récits merveilleux, sortis pour la plupart de l'imagination des moines et fréquemment employés dans la chaire chrétienne afin de frapper, par l'idée de la toute-puissance divine et par la crainte de ses châtiments, des esprits incultes, grossiers, plus sensibles à l'exemple qu'à la morale.

Tel est ce document de la jurisprudence du seizième

siècle, un des plus bizarres produits de la science du droit. Il présente un mélange de discussions juridiques, de considérations théologiques et morales, de censures et de conseils, de citations multipliées à l'infini, de croyances empruntées aux écrivains sacrés et de légendes superstitieuses. Chasseneuz paraît y avoir attaché une grande importance. Au lieu de lui donner, comme aux autres pièces réunies dans son recueil, le simple nom de conseil, il l'intitule encore : « un véritable traité, à raison de la doctrine abondante, profonde, claire, étudiée avec soin, » sur la question qui en est l'objet [1].

Ce serait, toutefois, se faire une idée inexacte des conseils de Chasseneuz que de les juger d'après ce traité sur s'excommunication des animaux. Si nous trouvons, dans ce dernier, le jurisconsulte fantaisiste, se complaisant à faire étalage de subtilité et d'érudition, les autres nous montrent le jurisconsulte pratique dont les avis jouissaient dans le monde judiciaire d'une autorité méritée. Quoique quelques-uns puissent encourir le reproche de prolixité, on y trouve, en général, plus de concision et de brièveté. A travers les éléments complexes de la question il marche directement à son but, en examinant le fait, les doutes qui peuvent se présenter, en discutant les raisons du pour et du contre, en exposant l'avis des jurisconsultes, en finissant par donner le sien. La sûreté de ses solutions, habilement ménagées, appuyées sur une connaissance approfondie du droit, des opinions de l'école, des décisions de la jurisprudence, avait acquis à

---

[1] Consilium primum, quod tractatus jure dici potest propter multiplicem et reconditam doctrinam ubi luculenter et accuraté tractatur quæstio illa: *De excommunicatione animalium insectorum*.

ces conseils une réputation égale à celle des grands jurisconsultes de l'Italie, et Pancirole a pu, avec raison, faire de leur auteur cet éloge qui n'a pas été démenti par les contemporains : il a laissé de belles réponses qui sont tenues en grande estime [1].

---

[1] *Egregia post se responsa reliquit quæ in pretio habentur;* Pancirole, p. 328. Chasseneuz avait travaillé à d'autres ouvrages qui n'ont jamais été publiés, a un *Monologium* ou répertoire de droit, à un commentaire sur le concordat de 1516, au titre des collations, etc. Voy. sa *Vie*, par Bouhier. On trouve, quelquefois, la première édition de ses *Conseils* réunie à ceux de Ph. Decio, son maître.

CHAPITRE V

I. Chasseneuz dans le parlement de Provence. — II. Réformation de la justice. — III. Invasion de Charles Quint. — IV. Affaire des Vaudois. — Mort de Chasseneuz. — Conclusion.

1532 - 1541

I

La renommée acquise par ses ouvrages avait attiré l'attention sur Chasseneuz dans la retraite où il vivait depuis vingt-cinq ans. Il allait bientôt recueillir le fruit de ses travaux de la manière qui répondait le mieux à ses désirs, sans s'être abaissé à des sollicitations répugnant à la droiture de son caractère, au sentiment légitime de son mérite. En 1531, au moment où il s'occupait à Paris d'une nouvelle édition de ses commentaires sur la coutume, les membres du parlement le désignèrent pour une place de conseiller dans cette compagnie. Il en fut pourvu par lettres patentes du mois d'août de la même année. Il résigna son office d'avocat du roi en faveur de Hugues d'Arlay, son gendre, et retourna dans la capitale prendre possession. Il était revenu passer quelque temps à Autun afin de mettre ordre à ses affaires, lorsqu'au mois d'août de l'année suivante, il reçut sa nomination comme président du parlement de Provence. Il accueillit cette promotion avec une joie nouvelle et, plus tard, rappelant qu'il était né, qu'il avait reçu la tonsure cléricale, le bonnet de docteur, les charges dont nous venons de parler, dans le mois d'août, il le regardait comme le mois le plus heureux de sa vie [1].

Mais une foule de déboires l'attendaient dans cette nouvelle carrière. Il allait y reconnaître, au delà même de ses prévisions, la vérité des craintes exprimées dans la préface de ses commentaires, quand il disait : Ne ferai-je pas mieux de m'occuper de la justice dans ma patrie et de vivre dans l'obscurité au sein de ma famille, plutôt que d'obtenir les plus grandes dignités chez les étrangers, au risque d'y rencontrer le trouble, quand même j'y mènerais une vie très sainte. Il quittait un pays où ses habitudes laborieuses, son érudition lui avaient acquis l'estime de tous, où il était regardé comme un homme faisant honneur à ses concitoyens, pour aller dans une province éloignée, ayant des mœurs différentes, des coutumes particulières, où l'on parlait une langue étrangère, dont les habitants, revendiquant une nationalité indépendante, étaient Aixois, Arlésiens, Marseillais, Provençaux plutôt que français. Il se trouvait placé à la tête d'une compagnie de création nouvelle, imposée en quelque sorte au pays, travaillée par des divisions intestines, mettant en oubli les devoirs essentiels de la magistrature.

Au lieu de la paisible population de sa ville adoptive, attachée aux usages du passé, aimant avant tout sa tranquillité, laissant aller les choses au fil de l'habitude, plu-

[1] Chasseneuz, *Consuet.* rubr. 4, par. 7, p. 641 ; par. 23, p. 787.

tôt portée à la soumission qu'à l'indépendance, sur laquelle les dissensions religieuses passèrent plus tard, sans laisser de traces durables, sans altérer l'union qui régnait d'ordinaire entre les différentes classes, il en trouvait une autre, animée d'une vivacité toute méridionale, ennemie de toute contrainte, portée vers les plaisirs bruyants et les scènes tumultueuses, excessive dans ses sympathies et dans ses haines, contemptrice des nations voisines, religieuse jusqu'au fanatisme, toujours prête aux agitations de la rue et de la place publique, habituée depuis longtemps à faire bon marché des préceptes de la morale et de la justice [1].

D'anciens statuts juridiques, émanés des comtes de Provence et des archevêques d'Arles, attestent que, dès la fin du treizième siècle, de grands désordres existaient dans les relations sociales et dans les mœurs. Les attentats contre la propriété, les usurpations des biens d'Église, les violences contre les personnes du sexe, les attaques à main armée contre les clercs, s'étaient multipliés dans des proportions alarmantes. Des hommes mariés entretenaient des concubines dans la maison ou hors de la maison conjugale. Le scandale était porté au point que le comte Charles II dut édicter contre les coupables la peine de l'emprisonnement. Une multitude de juifs, possédant le monopole du commerce et de l'argent, trompaient les chrétiens ignorants et simples par de gros intérêts, par des demandes frauduleuses tendant au double paiement de la même somme, ruinaient ainsi les familles et, ayant le droit d'em-

---

[1] Voy. *sur le caractère des Provençaux*, Louis Méry, *Hist. de Prov.*, t. I, préf., p. 11; Aug. Fabre, *Hist. de Prov.*, t. III, p. 51; sur l'état de l'Autunois après les guerres de religion, Rapport de G. de Tavannes dans les *Mémoires de l'Académie de Dijon*, 1877, p. 299.

prisonner leurs débiteurs, en usaient sans pitié ni merci. Des habitudes irréligieuses s'étaient introduites dans la population. On violait, par le travail, le respect dû aux jours de dimanches et de fêtes. Des pères de famille s'abstenaient d'assister à l'office divin, d'y envoyer leurs enfants et leurs serviteurs. La mauvaise administration des officiers préposés à la justice avait forcé de prendre des garanties pour assurer leur responsabilité. Les viguiers, baillis, juges et autres officiers furent obligés, d'après les statuts de Pierre de Ferrières, archevêque d'Arles (1304), de rester, en sortant de charge, pendant dix jours dans le lieu de leur résidence si leurs fonctions avaient duré un an, pendant vingt jours si elles avaient duré deux ans, pendant trente jours si elles avaient duré plus longtemps, afin de répondre aux réclamations qu'on pourrait élever contre eux. Quelques années plus tard, le comte Robert décida que le grand sénéchal ou son lieutenant visiterait chaque année toute la Provence, avec plein pouvoir de sévir contre les officiers de justice coupables d'infraction aux statuts. Les petites justices seigneuriales étaient plus nombreuses et plus oppressives que partout ailleurs. Les seigneurs avaient, comme en d'autres provinces, concédé des justices sous les leurs; ceux à qui elles avaient été concédées en avaient accordé d'autres, de sorte qu'il se trouvait quelquefois cinq ou six degrés dont il fallait appeler avant de pouvoir obtenir une sentence définitive. En aucune partie de la France, une autorité supérieure et impartiale n'était devenue plus nécessaire afin de protéger la population contre les violences de la féodalité et la rapacité de ses officiers[1].

---

[1] Giraud, *Hist. du dr. fr. au moyen âge*, t. II, p. 52 à 61, 67, 195, etc. Laferrière, *Hist. du dr. fr.*, t. V, p. 146 et suiv.

Un des premiers actes du roi Charles VIII, après avoir accepté, à l'exemple de son prédécesseur, le testament du comte Charles III portant réunion de la Provence à la France, avait été d'envoyer des commissaires dans le pays afin d'y travailler à la réformation de la justice. Mais son expédition en Italie avait laissé ce projet sans exécution. Après sa mort, les États de la province députèrent à Louis XII le comte de Sault et le baron de Villeneuve Trans pour lui demander d'apporter un remède à un état de choses qui, de tous côtés, soulevait les plaintes les plus vives. Par lettres patentes du mois de juillet 1501, le roi créa à Aix un parlement, le septième en date du royaume. Il était composé d'un président et de onze conseillers, dont quatre clercs et les autres laïques, « tous gens notables, gradués, expérimentés au fait de judicature » d'un avocat et de deux procureurs généraux chargés de la défense des droits de la couronne, d'un avocat et d'un procureur des pauvres, de quatre greffiers, de trois huissiers, formant au terme de l'ordonnance un corps et collège qui sera intitulé : « Notre Cour du parlement de Provence [1]. »

Ce nouveau parlement était appelé à prendre la place d'une ancienne juridiction particulière au pays, connue sous le nom de Conseil éminent et ayant pour chef le grand sénéchal. Officier à l'image des préteurs romains, le grand sénéchal avait reçu des comtes, à l'égal d'un vice-roi, tous les pouvoirs de l'administration et de la justice. Il exerçait la police civile et militaire, il marchait à la tête de la noblesse, il convoquait et présidait les États. L'autorité attachée à sa charge l'avait fait rechercher par les

---

[1] Isambert, t. XII, p. 422; *Ordonnances des rois de France*, t. XXI, p. 280.

plus grands seigneurs du pays. En 1415, le comte Louis II avait érigé la cour du grand sénéchal en un tribunal souverain siégeant à Aix. Il se composait du grand sénéchal et du juge mage, son lieutenant, assistés de six assesseurs ayant voix délibérative et pris parmi les notaires et gens de loi. Sa juridiction universelle, et en dernier ressort, s'étendait à toutes affaires civiles et criminelles, sauf les cas où le recours au prince était autorisé contre ses jugements. Dans chaque ville royale ou chef-lieu de viguerie, il existait un juge connaissant des causes en première instance, puis un autre, désigné sous le nom de juge des premières appellations, parce qu'il réformait les sentences rendues par le premier juge royal et par les juges bannerets ou seigneuriaux. Une chambre, appelée la chambre rigoureuse des soumissions parce que, a vue des obligations notariées qui lui étaient présentées, elle procédait, sans qu'il fut besoin de jugement, à une saisie provisoire sur les biens du débiteur; une chambre des comptes, composée d'un président et de deux maîtres rationaux, possèdant la gestion des droits du domaine, ayant la garde des titres des anciens comtes et des actes relatifs à l'administration de la province, complétaient l'ensemble des anciennes juridictions provençales [1].

Les épices excessives perçues par le juge mage et par les assesseurs qu'il appelait à ses audiences, l'habitude prise par ces officiers de ne point résider à Aix, ainsi qu'ils y étaient obligés, les lenteurs des juridictions infé-

---

[1] Guidi, *Hist. du parl. de Prov.*, t. I, p. 4, mss. 944 de la biblioth. de la ville d'Aix ; *Notice sur le parl. de Prov.*, p. 4, mss. 634 ; Cabasse, *Essai hist. sur le parl. de Prov.*, t. I, p. 1 à 7 ; Aug. Fabre, t. III, p. 115 ; Louvet, *Hist. des troubles de Prov.*, t. I, p. 13 ; C. F. Bouche, *Essai sur l'hist. de Prov.*, t. II, p. 12 et suiv.

rieures qui rendaient les procès interminables, les vexations auxquelles se livraient, vis-à-vis de leurs sujets, les barons, les prélats possédant justice haute, moyenne et basse, afin de les empêcher d'appeler des sentences de leurs officiers devant les juges des premières appellations et devant la cour du sénéchal, malgré les défenses portées en 1366 par un édit de la comtesse Jeanne, avaient rendu odieuses, aux populations, et cette cour souveraine et les juridictions subalternes [1].

Louis XII, lorsqu'il créa le parlement, trouvant l'autorité du grand sénéchal trop considérable, l'avait divisée en établissant un sénéchal particulier dans chaque comté. Il lui permit seulement de conserver son ancien titre, ordonna que le parlement serait tenu par lui, qu'il en serait à jamais le chef; mais, malgré cette concession à l'ancien état de choses, la création d'une juridiction indépendante, substituant la justice du roi à la justice féodale, ayant mission de ramener, par l'esprit de la jurisprudence, aux principes du droit romain les divergences des coutumes locales, fut très mal accueillie par la noblesse. Elle y vit une atteinte portée à ses privilèges, un acte souverain dépassant la mesure des réformes demandées par elle dans l'administration de la justice au nom des États, contraire à la promesse qu'avaient jurée Louis XI et Charles VIII, en acceptant le testament du comte Charles III, de maintenir la Provence dans « ses privilèges, libertés, franchises. statuts, exemptions, usages, rits, mœurs et styles. » Aussitôt après la publication de l'édit elle délibéra de s'opposer à son exécution et envoya le

---

[1] Louvet, *ibid*.

baron de Villeneuve Trans soumettre au roi des remontrances. Il représenta, qu'en appelant aux offices du parlement des personnes étrangères au pays et n'en connaissant ni les coutumes ni les usages, la justice serait plus mal rendue encore que par le passé, que ces nouveaux magistrats, afin de relever l'autorité de leur corps, n'hésiteraient pas à abaisser toutes les autres, même celle des États; il termina en demandant le maintien des anciennes juridictions [1].

Ce que redoutait, en réalité, cette noblesse jalouse, c'était la rivalité d'un corps puissant, appelé à faire prévaloir la force intellectuelle sur le droit de l'épée, l'indépendance d'une justice rendue au nom du roi, par ses conseillers, la formation d'une aristocratie nouvelle, sortie de la petite noblesse et de la bourgeoisie, aspirant à marcher de pair avec la noblesse de race et, telle fut la durée de ses rancunes, qu'au dix-huitième siècle, un magistrat de cette cour souveraine put appeler, avec juste raison, la vieille noblesse provençale « l'éternelle ennemie du parlement. » Le roi, surpris de pareilles remontrances, envoya sur les lieux des délégués qui suspendirent, jusqu'à nouvel ordre, la tenue du parlement dans la capitale de la Provence; puis, ayant reconnu, d'après leur rapport, que cette opposition n'était dictée que par un esprit de domination et d'indépendance, il confirma son premier édit par celui de Grenoble, du 26 juin 1502, dont il confia l'exécution au marquis de Rothelin, grand sénéchal de Provence [2].

---

[1] Gaufridi, *Hist. de Prov.*, t. I, p. 389 ; Coriolis, *Traité de l'adm. du comté de Prov.*, t. I, p. 2 ; Cabasse, t. I, p. 9.

[2] Em. Raybaud, *Études sur le parl. de Prov.*, p. 8, 10 ; *Ord. des rois de Fr.*, t. XXI, p. 298. Pour conjurer les troubles que devait entraîner l'abolition des juridictions du grand sénéchal et du juge mage, plus encore que pour fuir l'épidémie, le parlement siégea d'abord à Brignoles, et ce

Durant la seconde partie du moyen âge, Aix avait été un centre d'études. Les lois romaines, le Livre des fiefs, profondément modifiés par les chartes des villes, les usages locaux, les statuts des comtes, composaient une législation mixte qui était le droit du pays. Les relations avec l'Italie, rendues plus fréquentes depuis l'avénement de la maison d'Anjou (1245), avaient attiré en Provence des légistes d'au delà des monts, engagé des provençaux à aller professer dans la péninsule. C'était un jurisconsulte de Bologne, Jean Alvernatius, qui avait revu et mis en ordre les statuts de la ville d'Arles, promulgués par l'archevêque Pierre de Ferrières, chancelier du comte Charles III dans le royaume de Sicile. Un autre jurisconsulte, originaire d'Aix, Jacques de Bellevue, contemporain de Barthole, avait expliqué le droit civil à Bologne, à Naples, interprété, avec une grande autorité, à Pavie, le Livre des fiefs, écrit un traité de la pratique criminelle. De célèbres docteurs s'étaient occupés, à Aix, d'écrire des commentaires sur différentes parties du droit. La création d'une université, en 1413, avait imprimé un nouvel élan à ces études. L'esprit provençal, doué d'une vive pénétration, d'une admirable aptitude pour les discussions et l'éloquence du barreau, avait donné naissance à des familles de juristes, de professeurs, d'avocats, qui s'étaient fait remarquer dans l'enseignement et dans le Conseil éminent. La carrière du droit y était en si grande faveur, au seizième siècle, que, d'après Nostredame, il était d'usage, dans certaines familles, de laisser par testament aux filles héritières un *Corpus juris* manuscrit qu'elles apportaient en mariage

---

ne fut, que sous la protection des lettres de confirmation du 26 juin 1502, que, le 21 octobre 1503, il fut installé à Aix ; Raybaud, *loc. cit.* Cabasse, t. I, p. 9.

aux gens de robe ou jurisconsultes. Au moment de sa création, le parlement comptait dans son sein plusieurs hommes distingués : Melchior Séguiran, Guillaume Puget, Bertrand Duranti, Guillaume Dupérier, Pons de Forbin [1].

On devait donc espérer de cette création la disparition des abus qui, depuis plusieurs siècles, déshonoraient la justice ; mais les institutions restaient impuissantes contre les mœurs, et la cour avait à lutter, à la fois, contre l'attachement aux habitudes du passé et contre ses propres faiblesses ; elle s'était laissée envahir par la discorde et la corruption. Les prédécesseurs de Chasseneuz avaient éprouvé, dans leur charge, de grandes difficultés. Michel Riccio, ce sénateur de Milan que nous avons vu répondre à l'amende honorable des habitants de cette ville devant le cardinal d'Amboise, nommé président par l'édit de création, n'avait pas pris possession, appelé peu de temps après par le roi à d'autres emplois en Italie. Antoine Mulet, du Dauphiné, son successeur, afin d'assurer le cours régulier de la justice, dressa des *Constitutions et statuts intérieurs de la chambre du conseil*, sur le modèle de ceux qui étaient en usage dans d'autres parlements de France. Ces règlements fixaient les heures d'entrée à la cour, rappelaient aux conseillers l'obligation de ne pas s'absenter de l'audience et de la chambre des délibérations, recommandaient de garder en public la gravité convenant au magistrat, de ne pas courir par la ville, vaguer dans la cour du palais, converser avec les plaideurs, accepter d'eux des repas, de ne pas interrompre les délibérations, d'éviter, en opinant, la prolixité, les citations pédantes, de ne pas révéler, sous

---

[1] Ch. de Ribbe, *L'ancien barreau de Prov.*, p. 31 et suiv. ; Laferrière, *Hist. du dr. fr.*, t. V, p. 125 ; Isambert, t. XI, p. 424.

peine de punition, les secrets de la cour. Accurse Maynier d'Oppède, d'Avignon, nommé président en 1507, malgré son habileté et sa science, se trouva en butte à la haine de ses collègues mécontents de se voir dominés et peut-être traités avec hauteur par un homme du pays. Hostiles à toutes ses tentatives, ils se moquèrent de ses recommandations, cherchèrent à discréditer son autorité en déversant sur sa personne le mépris et la calomnie. Le roi, afin de maîtriser ces conseillers indisciplinés, fut obligé de le remplacer par Gervais de Beaumont, originaire du Vendômois. Mais, Maynier, se disant victime de l'envie, appela de l'installation de ce successeur, protesta de la nullité de ses actes comme accomplis dans une charge usurpée, employa des émissaires pour le décrier, puis, blâmé par une déclaration du roi qui maintenait Beaumont dans la présidence, chercha à rendre sa probité suspecte et provoqua une enquête d'où son adversaire sortit pleinement justifié [1].

Thomas Cusenier, ancien professeur de Chasseneuz à l'université de Poitiers, puis avocat général au parlement de Bordeaux, successeur de Gervais de Beaumont, en 1529, déploya, pendant sa courte carrière, toutes les qualités qui constituent le grand magistrat. Les historiens provençaux ont fait de lui le plus bel éloge. « Il était d'une très-grande
« érudition, d'une incomparable intégrité, d'une hardiesse
« et d'un courage admirables à reprendre les manque-
« ments de la justice. Il réforma, dès son entrée, beaucoup
« d'abus qui s'étaient introduits au parlement, abrégea fort
« le train ordinaire des affaires. Il était incroyablement

---

[1] *Contestations et règlements sur le parl. de Prov.*, t. II, p. 601, 605, 611, 625, etc., mss. 957 de la bibl. d'Aix ; Haitze, *Portraits des premiers présidents du parl. de Prov.*, p. 9 à 53.

« honoré, craint et respecté de tous les ordres de la pro-
« vince, et on espérait de lui un siècle de justice sans accep-
« tion de personne; mais la mort, envieuse de tant de biens
« qui devaient par ce magistrat arriver en Provence, le
« ravit huit mois après son arrivée à Aix, regretté à l'égal
« du roi René et principalement par tous les plaideurs qui
« le nommaient : le *Père de la justice*, ayant plus dépêché
« d'affaires, en huit mois de résidence, que le parlement
« n'avait fait de dix ans auparavant. Il réprima, ajoute
« un autre historien, les concussions des officiers et surtout
« des étrangers qui, désirant agrandir leurs maisons,
« prenaient de toutes parts comme on peut prouver par
« les procédures faites par ordre de François Ier. Les
« désordres de la religion prétendue réformée commen-
« çaient à naître et à débaucher les officiers, si bien que
« tournant le dos à Dieu, ils devenaient les tyrans des
« hommes. Il tenait surtout la main à ce qu'on exerçât la
« justice sans violence, et l'on devait espérer un siècle
« d'or sous sa conduite, si la malice des hommes n'eut pré-
« cipité ses jours par le poison. Il cessa d'être le 5 juin
« 1531. » Il laissait à son successeur une tâche devenant
de plus en plus difficile, à mesure que de nouveaux
germes d'insubordination et que des dissentiments religieux tendaient à se développer davantage dans le parlement [1].

---

[1] H. Bouche, *Hist. chron. de Prov.*, t. II, p. 562; Pitton, *Hist. de la ville d'Aix*, p 527; Haitze, *Hist. de la ville d'Aix*, t. I, p. 875, mss. 1001 à la bibl. d'Aix. « Il régla, dit cet auteur, en parlant de Cusenier, le costume des officiers du parlement afin de le rendre plus décent, leur imposa les chaperons, longues cornettes. Il fit porter aux huissiers des bonnets jaunes, ce qui lui attira leur haine; ce fut peut-être, ajoute Moissac, la cause de sa mort. Bouche, moins affirmatif, dit que son foie, ayant été trouvé gâté, donna quelques soupçons que sa mort ait été avancée par le poison.

Rien n'est plus propre à nous faire connaître la vérité souvent dissimulée ou altérée, afin d'imposer le respect à l'opinion, que les documents secrets de certaines corporations obligées par leurs statuts à maintenir, dans leur sein, une discipline nécessaire à l'accomplissement de leurs devoirs et à leur considération, mais néanmoins mise assez fréquemment en oubli. Il existe, à la bibliothèque de la ville d'Aix, un recueil manuscrit des mercuriales du parlement resté jusqu'à la Révolution dans ses archives. On y trouve le tableau des nombreux abus dont était entachée la compagnie. Bien que l'usage des mercuriales paraisse avoir été observé avec plus ou moins d'exactitude, dès les premiers temps de sa création, nous n'en rencontrons qu'une seule du temps de Chasseneuz, datée de deux ans après cette réformation de la justice dont nous parlerons tout à l'heure [1].

« Monseigneur Barthélemy Chassanée dit : qu'ayant été question ces jours passés de faire aujourd'hui la mercuriale, il est marri que tous les conseillers ne soient pas en la chambre, mais, qu'en attendant leur venue, il propose trois articles : 1° savoir, les rapporteurs sont trop prolixes

---

[1] M. A. Jolly, en faisant le premier, croyons-nous, connaître ces mercuriales, les a présentées comme une thèse contre la moralité des juges des Vaudois. On ne peut contester un pareil point de vue ; mais la vérité oblige à dire, qu'au seizième siècle et même plus tard, à part de nobles caractères, le monde judiciaire, en général, était loin de mériter les éloges que lui ont prodigué des écrivains timides, flatteurs ou intéressés. La corruption avait presque partout envahi les corps de justice. « C'est de cet ancien monde judiciaire que l'on « peut dire avec un auteur moderne : l'histoire depuis trois siècles « est une conspiration contre la vérité. » Ch. Bataillard, *Mœurs judiciaires de la Fr.*, ch. I et II. Voy. dans l'ouvrage de M. Dupré Lasale, p. 78 et suiv., l'opinion du chancelier de l'Hopital sur la magistrature de son temps; les *Ordonnances de Blois*, 1498, *de Bretagne*, 1536, etc., dans Isambert, t. XI, p. 393, 565 ; t. XII, p. 513.

dans leurs rapports des procès; il les requiert d'être plus brefs, de recueillir les points principaux des enquêtes et leur dit comment ils doivent procéder; 2° a fait défense aux conseillers d'adresser des interruptions et demandes à celui qui fait le rapport d'un procès, ce qui le trouble et met hors de propos, de sorte que sont cinq ou six parlants qui semblent vouloir l'interrompre et divertir d'avis, ce qui est fort étrange et de mauvaise conséquence; 3° et, néanmoins, a fait remontrance sur ce que ne se fait ni dit aucune chose en la dite chambre du conseil qui ne soit incontinent rapportée aux parties, qui est une très mauvaise et dangereuse chose contre leur propre serment et honneur, et a prié les sieurs conseillers de vouloir adviser à ce que dessus et que, à l'advenir, ils soient brefs et n'interrompent le relateur et se gardent de révéler les secrets de la chambre du conseil. » Sept conseillers, les seuls, peut-être, qui fussent présents à la mercuriale, remercient le président, disent chacun qu'ils n'ont rien révélé et s'excusent d'avoir interrompu (28 novembre 1537)[1].

Mais si on n'a pas conservé un plus grand nombre de ces documents du temps de Chasseneuz et de ses prédécesseurs, et, en particulier du temps de Cusenier qui n'avait pas laissé tomber en désuétude l'usage des mercuriales, on en rencontre une série plus complète dans les années suivantes, et toutes attestent un état de désordre que vinrent bientôt aggraver la peste, l'invasion, les guerres religieuses. Un des reproches habituels adressés aux membres de la cour est de manquer d'exactitude. Ils arrivaient parfois aux audiences en retard de quatre heures, d'autrefois ils

---

[1] Chasseneuz prend, en tête de ses livres, le nom latin de *Chassaneus* que plusieurs historiens ont traduit par Chassanée.

n'y paraissaient pas du tout ; c'est une observation qui se reproduit presque chaque année. Le procureur général, Thomas de Piolenc, se plaint, que devant la crainte de la peste, plusieurs avaient déserté la ville et que la justice était restée suspendue. On les accusait de n'avoir pas la gravité inhérente à leurs fonctions, une plus grande sévérité d'habitudes et d'allures. Au lieu de mener une vie chrétienne et édifiante, des magistrats et leurs enfants étaient assidus aux banquets, aux mascarades, à d'autres divertissements mondains, et menaient une vie dissipée. Il existait entre eux de grandes inimitiés. On les vit en venir quelquefois à des querelles, s'outrager, se battre, dans le palais et hors du palais. La cour était livrée à toutes les intrigues. Il s'y formait des partis animés les uns contre les autres d'une haine violente. Cette haine était portée jusqu'à livrer le secret des délibérations, dans le but de signaler certains conseillers à la rancune des plaideurs [1].

Tel était le milieu turbulent, agité, corrompu, dans lequel se trouvait tout d'un coup transporté un homme dont l'érudition, la probité, la réputation, devaient, ce semble, attirer le respect, mais à qui il était difficile, malgré ces qualités jointes à un vif sentiment du devoir et à une grande force de caractère, de lutter contre des désordres passés dans les habitudes et dans les mœurs, enracinés à tel point qu'ils nécessitèrent l'intervention de l'autorité royale.

« La justice du parlement, dit un historien qui fut plus
« tard président dans cette compagnie, souillée par l'ava-

---

[1] *Mercuriales pour la cour du parl. de Prov.* depuis l'année 1535, mss. 900 de la bibl. d'Aix ; A. Jolly, *Les juges des Vaudois*, dans le *Bull. hist. de la soc. de l'hist. du protestantisme fr.*, 15 oct. 1875, p. 464 à 470 ; nov., p. 508 à 523.

« rice et l'ambition de quelques-uns de ses officiers, com-
« mençait à soulever partout des murmures. » On en porta
des plaintes au roi durant un de ses voyages en Provence.
On se plaignait des longueurs et des formalités qui entravaient l'expédition des procès. Au lieu d'administrer la justice selon les formes nouvelles dérivant de l'institution du parlement, on continuait de l'administrer selon les formes anciennes du pays. Le grand sénéchal, ne tenant aucun compte de l'autorité de la cour, jugeait des causes en dernier ressort comme par le passé. Les seigneurs, les évêques, au nom de leurs privilèges, continuaient d'empêcher, même par la violence, leurs justiciables, de porter devant les juges des premières appellations et devant la cour, les appels des sentences rendues par leurs officiers. Bien que les frais de voyage fussent compris dans les taxes, les juges se faisaient défrayer, eux et leurs gens, par les plaideurs. D'autres excès étaient commis dans d'autres branches de l'administration. Les officiers de la chambre des comptes malversaient dans la gestion des finances; les États s'assemblaient quand ils jugeaient convenable, rendaient des ordonnances sur des matières d'administration et de justice. Les souvenirs de la nationalité provençale, entretenus par des libertés municipales fortement organisées, par un esprit d'indépendance poussé à l'extrême, résistaient à l'œuvre d'unification tentée par le pouvoir royal. Ne regardait-on pas, comme un principe de droit public, cette maxime invoquée par les États jusqu'à la fin du dix-septième siècle: « La Provence, il est vrai, est unie à la couronne, mais elle n'est aucunement subalternée au royaume ?[1]. »

---

[1] Gaufridi, t. I, p. 433; Coriolis, *Dissert. sur les États de Prov.*, p. 202.

Dès les premiers temps de sa présidence, Chasseneuz, indigné des abus qui déshonoraient la justice du parlement, avait déployé, pour les faire disparaître, une grande sévérité. Il n'était parvenu qu'à se créer des ennemis parmi ses membres qui, presque tous, étaient provençaux. Ils l'accusèrent de malversation, accusation fréquente entre ces magistrats sans probité et dont quelques-uns auraient eu grande peine à se disculper. Ils dressèrent contre lui des procédures dont l'avocat général, Honoré Laugier, homme vindicatif, ne craignit pas de se rendre l'organe. Ils les envoyèrent au roi et le mirent dans la nécessité de se rendre à Paris pour se justifier. Des plaintes semblables s'élevaient, en même temps, contre Pierre Mathéi, seigneur de Revest, doyen de la cour, contre le président et le trésorier de la chambre des comptes, tandis que, de tous côtés, on continuait de réclamer la réformation de la justice dont les longueurs étaient infinies à cause des nombreux degrés de juridiction par lesquels il fallait passer. François Ier, afin d'informer sur ces plaintes, envoya à Aix quatre présidents pris dans les parlements de Paris, de Rouen, de Toulouse et de Grenoble Ils commencèrent par faire rendre compte de leur gestion au président et au trésorier de la chambre des comptes. Ils citèrent Laugier à comparaître devant le Conseil privé. Il y fut condamné à faire publiquement réparation d'honneur à Chasseneuz et en mille écus de dommages-intérêts, à raison de ses accusations calomnieuses. Le procureur général, Donati, qui leur avait donné son adhésion, fut remplacé dans son office (octobre 1535). La cause de Mathéi avait été dévolue à la Chambre des vacations du parlement de Paris. Convaincu, devant ce tribunal, de concussions nombreuses, d'avoir, par des moyens frauduleux, extorqué à son profit des donations et des testaments, il fut déclaré indigne des fonctions judiciaires, banni à perpétuité du ressort du parlement; la cour était chargée de l'exécution de cet arrêt. Ce vieillard, dont la charge datait de l'époque de sa création, qui, depuis plus de trente ans, siégeait aux premiers bancs de la justice, comparut devant ses collègues comme un vulgaire criminel, debout, dans le barreau, la tête découverte, se vit dégrader des insignes de sa dignité, et entendit prononcer la sentence qui lui imprimait une flétrissure ineffaçable [1].

II

Le roi, sur le rapport de ses délégués, s'était décidé à nommer une commission choisie dans le parlement et la Chambre des comptes de la capitale afin de préparer un plan de réformation de la justice. Les bases en furent posées par l'édit de Joinville, de septembre 1535. Il s'appliquait à toutes les juridictions. Les juges, d'annuels qu'ils étaient auparavant, devenaient perpétuels. Indépendamment du siège du grand sénéchal, fixé à Aix, quatre autres sièges particuliers, présidés par des lieutenants, étaient établis à Draguignan, Digne, Arles et Forcalquier. Sous chacun de ses sièges, devaient être placées des vigueries ou tribunaux de justice royale inférieure. Afin de s'informer de la manière dont la justice était rendue, le lieutenant du grand sénéchal était obligé d'aller une fois par an, dans chacun de ces sièges de sénéchaussée, tenir des assises annoncées

---

[1] Moissac, *Hist. du parl. de Prov.*, p. 21, mss. 902 de la bibl. d'Aix; Guidi, t. I, p. 23 ; Gaufridi, t. I, p. 433 ; Cabasse, t. I, p. 46 ; H. Bouche, t. II, p. 571.

d'avance et auxquelles les juges et gens attachés à la justice devaient comparaître. Le grand sénéchal et ses lieutenants, chacun dans leur ressort, connaissaient, en première instance, des causes concernant le domaine royal, les églises fondées par le roi et par les comtes de Provence, les personnes privilégiées ayant obtenu des lettres de *Committimus*. Celles des bourgeois, marchands, artisans, appartenaient aux viguiers et aux juges seigneuriaux. Les appels de ces juges ressortissaient devant le grand sénéchal ou devant ses lieutenants, et les appels des tribunaux de ces derniers devant la cour d'Aix. Déchu de son ancien titre de chef du parlement, le grand sénéchal ne prenait rang, dans cette compagnie, qu'après le premier conseiller; il n'était plus que le chef des tribunaux de second degré, c'est-à-dire des sénéchaussées.

Les seigneurs étaient réduits à un seul degré de juridiction. Il était interdit au grand sénéchal d'évoquer, devant son tribunal, les causes appartenant aux justices inférieures sous peine de nullité des procédures. Les arrêts devaient être rendus au nom du roi. L'édit instituait, près du parlement, un chancelier de Provence à l'instar de ceux existant près des cours de Toulouse, Bordeaux, Rouen, Dijon. Il était chargé d'expédier, revêtus de son sceau, les rescrits, lettres et provisions de justice, les lettres de rémission, de pardon, de rappel de bans, délivrés par le roi, avec défense au grand sénéchal de les expédier lui-même ainsi qu'il l'avait fait jusque-là. Enfin, l'édit supprimait les offices de conseillers donnés aux évêques, afin qu'ils pussent consacrer tout leur temps à l'acquittement de leurs obligations ecclésiastiques et que la cour, elle-même, put juger avec plus de liberté les procès de leurs diocésains. Le roi posait une barrière à l'indépendance des

États en leur défendant de se réunir, si ce n'est en vertu de ses lettres patentes, une fois par an, à l'époque et dans le lieu fixé par lui, sous la présidence des délégués qu'ils désignerait lui-même. Ils ne devaient s'occuper d'autres affaires que de celles indiquées dans ces lettres. Il était interdit au grand sénéchal de les assembler, « si ce n'est pour cause urgente, nécessaire, ou péril éminent » et aux gens des États de faire des statuts, des ordonnances, des actes concernant l'administration de la justice [1].

Les attributions des différentes juridictions étaient définies, l'indépendance du Parlement était assurée ; il restait à introduire, dans cette compagnie et dans les autres tribunaux, le bon ordre et la discipline. Personne ne pouvait fournir pour une pareille tâche un concours plus utile que le président de la cour, placé au sommet d'une hiérarchie judiciaire dont il connaissait toutes les imperfections. François Ier invita Chasseneuz à venir y travailler devant le Conseil privé. Il signa, avec les cardinaux de Lorraine et de Tournon, avec le chancelier Antoine Dubourg et l'amiral de Brion Chabot, la célèbre ordonnance rendue à Is-sur-Tille, au mois d'octobre de la même année, connue sous le nom d'ordonnance de réformation ou d'ordonnance de Provence.

Beaucoup plus étendue que l'édit de Joinville, elle avait pour but, dit le préambule, de donner satisfaction aux plaintes des Provençaux, « lesquels avaient, par cy-devant, « soutenu grands travaux, peines, dépenses et frais inu- « tiles, sans encore pouvoir avoir justice à cause du dé-

---

[1] Isambert, t. XII, p. 416 ; Moissac, p. 24 ; Guidi, p. 23 ; d'Agut Abrégé de l'hist. du parl. de Prov., p. 77, mss. A, a, 2, de la bibl. de la ville de Marseille ; l'abbé R. de B., l'État de la Prov., in-12, 1696, t. I, p. 112 à 117.

« sordre y étant, tant à cause des officiers que aussi par la
« prolixité des procès qui étaient si très mal conduits que
« justice y était immortelle, en quoi, ils étaient molestés,
« traversés par innumérables peines, frais et mises
« qu'ils supportaient par la longueur des dits procès. »
Elle formait une sorte de code judiciaire contenant les
prescriptions les plus minutieuses sur les devoirs des
magistrats, des avocats, des procureurs, des greffiers, des
notaires ; elle nous fait connaître, dans tous leurs détails,
les abus auxquels il était devenu urgent d'aviser.

La cour est autorisée à refuser les conseillers nommés
par le roi si, après leur avoir fait subir un examen, elle ne
les trouve pas capables ; ils affirmeront par serment qu'ils
n'ont pas acheté leur office. Le père et le fils, les deux
frères ne pourront être reçus comme membres de la cour.
Ils sont obligés de résider dans la ville d'Aix et ne s'absenteront pas sans congé. Ils se trouveront tous présents
à la rentrée de la cour, fixée au 1er octobre, à l'heure où l'on
doit, le matin, se réunir dans la chambre du conseil. Ceux
qui, dans le courant de l'année, n'arriveront pas à cette
heure seront privés de leurs gages pour la journée. Une
fois entrés dans la chambre, ils n'en sortiront pas pour aller
ailleurs parler d'autre chose ou pour vaguer dans la salle
du palais. Ils ne remettront pas à un collègue l'examen
des procès qui leur sont confiés par le président. On ne devra les distribuer aux conseillers que quand ils seront prêts
à juger, et ne pas les donner à ceux qui auraient fait des
démarches pour les obtenir. Les matières dont la cour aura
connaissance, sont : les appels des juges inférieurs, et, en
première instance, les régales, les droits des évêques, chapitres, abbayes, comtés, baronnies, villes, communautés, et
autres dont elle avait habitude de connaître en vertu d'an-

ciennes coutumes ou que le roi lui commettrait par lettres patentes.

Les membres de la cour ne révèleront directement, ni indirectement, aucune des affaires, aux parties, aux avocats, aux procureurs et solliciteurs, sous peine de privation de leur office. Leurs clercs feront serment de ne pas divulguer le secret des enquêtes. Les conseillers garderont le respect qu'ils se doivent mutuellement, et principalement celui qu'ils doivent au président. Les rapports et les délibérations auront lieu avec modération, sans longueurs, devront être écoutés sans interruptions. Il ne sera inséré, dans les jugements, aucune expression de louange et de blâme vis-à-vis des parties, mais seulement les faits proposés. Il est défendu de communiquer avec elles, d'accepter des invitations de leurs avocats et procureurs, afin d'éviter toute suspicion et présomption de mal, d'en recevoir des deniers et des cadeaux. Les parties qui, par dons, promesses, conversations, « fréquentations désordonnées » avec les juges, ou par l'entremise de leurs avocats et procureurs, chercheraient à pervertir ces juges, seront sévèrement punies, et ces avocats et procureurs déclarés inhabiles à tout office concernant la justice. On tiendra, tous les mois, une mercuriale, afin de signaler les fautes, les négligences, et de prononcer, s'il y a lieu, la suspension des membres de la cour qui auront enfreint les ordonnances.

Les greffiers n'inséreront plus, dans les grosses des procès, les écritures des parties, les procurations, titres, renseignements, raisons de fait et de droit alléguées devant les juges, ce qui produisait des frais considérables, à moins que les parties elles-mêmes le demandent et, dans ce cas, la taxe sera mise à la charge de celle qui succombera.

Afin de réformer « la subtilité et invention des avocats, la longueur de leurs plaidoyers, fuites, délais et prolixité de leurs écritures », il leur est enjoint, sous peines sévères, de plaider gravement, modestement, intelligiblement, venant le plus brièvement à déclarer les faits et points principaux. Ils seront condamnés à une amende et privés du droit de postuler, quand ils se permettront des citations fausses, quand ils adresseront des injures à la partie adverse ou à son avocat.

Les procureurs, à peine d'amende, ne retarderont pas le plaidé des causes au jour indiqué, sous prétexte qu'ils n'ont pas entre mains les mémoires et instructions suffisants. Ils ne confieront pas les lettres et les procédures à leurs familiers et domestiques qui ne les rendaient aux parties que moyennant salaire. Ceux qui sont parents ou qui habitent la même maison ne pourront recevoir, dans une même cause, les procurations des deux parties. Il leur est défendu de communiquer le secret des affaires, au préjudice de ces dernières, d'intercepter entre les mains des messagers les lettres et pièces adressées à l'un d'eux afin d'en faire leur profit et d'en frustrer le destinataire, d'apporter des retards ou de la mauvaise volonté dans la communication des pièces à la partie adverse, de différer de comparaître à la taxe des dépens. Le nombre de ces procureurs « étant effréné » et plusieurs ne pouvant vivre, ce nombre sera réduit ainsi que le parlement avisera. Aucun d'eux, sous peine de prison et d'amende, ne se permettra de plaider, de parler à l'avocat, au procureur de l'autre partie, de contredire et contester devant la cour. Afin de modérer, autant que possible, les dépens, ils seront tenus de déposer l'état des salaires et frais reçus par eux et par les avocats, état devant faire foi vis-à-vis des parties et des juges taxateurs.

Les huissiers ne seront admis à leur office qu'après avoir prouvé qu'ils savent écrire d'une manière lisible et dresser promptement les exploits. Ils n'entreront pas dans la chambre du conseil, ne vendront pas l'entrée du parlement, laisseront entrer librement tous ceux qui ont affaire. Ils seront privés de leur office et mis en prison s'ils exigent pour leurs journées un salaire supérieur à celui fixé par la cour.

Les juges inférieurs résideront personnellement dans le lieu de leur office. S'ils errent manifestement en fait et en droit, la cour pourra leur infliger une amende « arbitraire, à sa discrétion. » Leurs sentences seront prononcées en audience publique, au jour indiqué, à peine de nullité et de condamnation du juge à l'amende et aux dépens, en dommages-intérêts envers les parties.

Nul ne pourra être notaire qu'après une enquête sur ses vie et mœurs et un examen devant le parlement. Il est interdit à ces officiers, sous peine d'amende, d'insérer dans leurs actes autre chose que ce qui aura été déclaré par les parties en présence de témoins, d'y mettre des choses superflues « et grande multiplicité de termes synonymes. » Ils ne passeront aucuns contrats qu'entre personnes à eux connues et en présence de témoins également connus. Lecture de l'acte sera donnée avant de demander leurs signatures. Tout acte contenant des stipulations usuraires entraînera la privation de leur office. Afin de remédier à ces faits d'usure, les juges et officiers sont invités à s'en enquérir et à procéder contre les coupables. Les dénonciateurs auront le tiers des amendes prononcées ; si leur dénonciation est calomnieuse il seront punis selon les ordonnances. Les notaires tiendront registre et protocole de leurs actes par ordre de date. Les peines et amendes ne pourront être remises et seront exécutées sans dissimulation [1].

Telles étaient les dispositions principales de cette grande ordonnance qui forme tout un volume et qui fut, croyons-nous, en grande partie, l'œuvre de Chasseneuz. On en fit jurer observation aux membres de la cour, aux juges des tribunaux secondaires, à tous les gens attachés au service de la justice. Quoique rédigée seulement en vue de la Provence, elle contenait une réglementation si précise et si complète sur tous les devoirs des tribunaux, qu'elle fut bientôt invoquée dans les autres cours du royaume; elle fit autorité comme raison écrite.

Jean Feu, ancien professeur de droit à Orléans, second président au parlement de Rouen, jurisconsulte célèbre à cette époque, un des commissaires qui avaient préparé l'édit de Joinville, fut chargé d'assurer son exécution. Le 13 décembre 1535, il entra au parlement, et, prenant place au-dessus du président, il en fit donner lecture en présence de la cour, des consuls des villes et d'une assistance nombreuse. Puis, il en requit l'inscription sur les registres. Les députés d'Apt, et de Manosque se levèrent pour demander le maintien de l'ancien état de choses ; mais Claude Gérente, doyen de la cour, prenant la parole, répondit, au nom de la compagnie, que ses membres avaient toujours été bons et loyaux serviteurs et officiers du roi, qu'ils avaient toujours gardé ses ordres, qu'ils espéraient en user de même à l'égard de cet édit, que le roi serait satisfait de leur conduite. Le lendemain, Feu s'étant rendu à l'assemblée des États réunie dans le réfectoire des Frères Prêcheurs, leur communiqua éga-

---

[1] Isambert, t. XII, p. 424 à 491.

lement l'édit et engagea les députés à le faire observer, à raison des avantages qu'il procurait à la province. Le coadjuteur, Antoine Filholi, président de l'assemblée, le remercia de grâce que le roi faisait au pays et de ce que cette grâce leur arrivait par son entremise.

Feu se transporta ensuite à Marseille, fit réunir le conseil de ville, les principaux habitants, et leur exposa l'objet de sa mission en les engageant à émettre leur avis. La majorité se prononça contre ces réformes et demanda le maintien des anciennes juridictions. Mais, Jean de Véga, jurisconsulte et Jean Huc manifestèrent une opinion contraire. L'avis de chacun fut inséré au procès-verbal, et Feu retourna rendre compte au roi qui, l'année suivante, supprima dans cette ville les offices de juges des premières et des secondes appellations et les remplaça, afin de connaître des appels des justices inférieures, par un tribunal de sénéchaussée à l'instar de ceux existant déjà dans d'autres villes de la province.

L'établissement des Grands jours suivit de près. Chaque année, un président assisté de six conseillers allait, aux frais de la cour et sans que la ville et les particuliers fussent obligés d'y contribuer, tenir pendant vingt jours des assises, afin de juger en dernier ressort des appels de la sénéchaussée, assurer l'observation de l'édit de Joinville et de l'ordonnance de réforme, s'enquérir de la conduite des gens attachés à l'administration de la justice. La ville ne trouvant pas, dans cette institution, une atteinte à son privilège portant qu'aucun habitant ne pouvait être justiciable d'un tribunal étranger à la ville même, s'y soumit sans objection. Chasseneuz fut chargé de veiller au maintien de ces réformes [1].

---

[1] Moissac, p. 24, 26 ; Cabasse, t. I, p. 50 ; Ruffi, *Hist. de Marseille*, t. II, p. 212 ; Aug. Fabre, *Hist. de Marseille*, t. I, p. 72 ; Pitton, *Hist. d'Aix*, p. 261.

Cependant l'édit de Joinville blessait trop profondément les habitudes du pays pour ne pas amener de réclamations. Il en amena de la part des États, de la part du grand sénéchal qui demanda d'être réintégré dans son ancienne autorité, de la part des membres de la chambre des comptes qui refusèrent de se rendre au parlement lorsqu'ils y étaient mandés pour conférer des affaires du roi, de la part des membres de la chambre rigoureuse, des consuls d'Aix, des députés des villes chargés, en qualité de procureurs du pays, de veiller à l'exécution des délibérations des États concernant la répartition et l'ordonnancement de l'impôt, tant deniers du roi que deniers de la province, Nous les passerons sous silence pour nous borner à une contestation qui regarde Chasseneuz [1].

Quoique l'édit eut supprimé les offices de conseillers, possédés par les évêques, l'archevêque d'Aix, Pierre Filholi, avait obtenu du roi une déclaration qui conservait le sien. Cet office avait été créé en sa faveur par Louis XII et lui donnait le pas après le président. A l'âge de quatre-vingt-dix ans, atteint d'ambition sénile, il s'était fait nommer, par le chancelier Duprat, gouverneur de l'Ile-de-France, et avait pris pour coadjuteur son neveu adoptif, Antoine Imberti, dit Filholi, en ayant soin de se réserver l'usufruit des biens de l'archevêché. En 1540, ce dernier étant entré en possession définitive du siège métropolitain après la mort de son protecteur, se présenta devant la cour pour se faire recevoir. Son président n'éleva d'abord aucune objection. « Elle avait, dit M. Ca-
« basse, par amour pour la paix, laissé l'ancien archevêque

---

[1] Guidi, p. 25 ; d'Agut, p. 88; *Contestations et règlements*, etc., p. **271**; Haitze, *Hist. de la ville d'Aix*, p. 895.

« dans son ancienne possession ; mais elle ne voulait pas la
« légitimer dans son successeur. Toutefois, l'édit de sup-
« pression, dont il avait été excepté, ne pouvant lui servir
« de motif, elle imagina un autre empêchement. » Le
procureur général, Thomas de Piolenc, s'opposa à sa réception en disant que sa qualité d'archevêque d'Aix, le
rendant premier procureur du pays, cette fonction était
incompatible avec celle de juge. Filholi se pourvut auprès du chancelier de France. « Le but de l'édit, disait-il,
est que les prélats ne quittent pas leurs diocèses ; or, je ne
quitterai pas le mien pour cela. Bien plus, je suis dans la
ville principale et dans le chef-lieu du diocèse. » Il obtint
des lettres de jussion ordonnant de le recevoir sans que
cette décision put tirer à conséquence pour les autres
évêques de la province. La cour ordonna la communication
de ces lettres au procureur général et aux consuls d'Aix.
Ceux-ci adressèrent au roi des remontrances auxquelles le
procureur général joignit les siennes. Elles eurent pour
résultat de faire supprimer cet office, afin, dit un historien
du parlement, que la cour put délibérer plus librement sur
les entreprises que les gens d'église font continuellement
sur la juridiction temporelle et l'autorité royale. Quoiqu'il
en soit de la vérité de cette explication, l'archevêque se
sentit piqué au vif et fit retomber sa rancune sur Chasseneuz. Il obligea l'archidiacre du chapitre métropolitain, qui
occupait la première place dans le chœur, à lui disputer le
pas quand il viendrait assister au service divin dans
l'église Saint-Sauveur, bien que l'usage contraire eut existé
jusque-là. Cette tentative lui réussit d'abord. Il obtint
des lettres par lesquelles le roi défendait à toutes personnes, quelle que fût leur qualité, de troubler l'archidiacre dans la possession de cette première place ; mais ce

triomphe ne fut pas de longue durée. Le roi, sur les remontrances du parlement, révoqua ces lettres par d'autres, en date du 25 novembre 1540. Elles ordonnaient que, quand la cour se présenterait en corps à l'église, son président et ses membres auraient le pas sur l'archidiacre, que, quand ceux-ci assisteraient au service divin comme particuliers, le président seul aurait ce privilège [1].

Quels furent les résultats de l'ordonnance de réforme et des efforts de Chasseneuz pour en assurer l'observation ? Les détails que nous avons donné plus haut, l'ont fait déjà pressentir ; ils furent presque nuls. Les audiences continuèrent, comme par le passé, d'être souvent omises ou mal tenues, ou tenues à d'autres heures qu'aux heures indiquées. Les juges se contentaient d'écouter les parties sur le passage de la salle du palais, et ne prenaient pas la peine de les écouter à la barre. Il fallait leur recommander fréquemment de garder le silence, d'obéir au président, de ne pas se donner de démentis, d'opiner par ordre, sans crier les uns sur les autres, de ne pas conclure aussitôt le fait posé sans attendre la lecture des pièces, de ne pas faire de rapports sans être suffisamment prêts, de ne pas proclamer une opinion avant que le rapport fut achevé ; tout cela par hâte de quitter l'audience. La justice se rendait à la légère et avec partialité. Dans une mercuriale de 1545, le procureur général Piolenc, remontre, « comme on « a déjà remontré plusieurs fois, qu'en vain les rois « avaient fait de beaux statuts et ordonnances, si elles

---

[1] Haitze, *Hist. d'Aix*, t. I, p. 886 ; Moissac, p. 30 ; *Contestations et règlements*, t. I, p. 134 ; Archevêques d'Aix depuis 1505, n° 4, dans le *Recueil sur la Prov. et sur Aix*, mss. 1015 de la bibl. d'Aix ; Pitton, *Annales de l'église d'Aix*, p. 259 ; Cabasse, t. I, p. 62 ; Sobolis, prêtre bénéficier de l'église St-Sauveur, *Catalog. historial des archevêques d'Aix*, mss. 1046, 1047 de la bibl. d'Aix, t. II, p. 711.

« n'étaient tenues et observées, singulièrement par la cour
« de céans, laquelle a accoutumé de punir ceux qui font le
« contraire. Quant aux bonnes mœurs, ils doivent porter
« honneur et révérence les uns aux autres, et n'user point
« de paroles arrogantes dedans ni dehors le palais, ne pas
« garder de rancune dans l'estomach, venant bien souvent
« de faux rapports et calomniateurs, pour mettre le
« schisme entre les ministres de la justice. » Une mercuriale de 1546 les montre souvent disposés à les mal prendre. Elles étaient une occasion de récriminations et de disputes. Piolenc, qui veillait à leur tenue, se trouva, comme l'avait été Chasseneuz, en butte à la haine de quelques conseillers. Ils lui reprochèrent de manquer de politesse, de les traiter avec hauteur. Ils portèrent contre lui des accusations calomnieuses, et parvinrent à le faire suspendre de son office dans lequel il ne tarda pas d'être rétabli [1].

Le lieutenant civil, Jacques Aubery, qui porta la parole, en 1550, devant le parlement de Paris, dans le procès du président d'Oppède, nous montre la cour très irritée d'apprendre qu'un maître des requêtes allait venir informer de la part du roi, de leur vie, de leurs exactions, de leur empiétement du bien des pauvres. « Pour dire la vérité, selon
« le bruit commun, il y avait dans cette cour un très mau-
« vais ordre de justice, et on ne pouvait obtenir justice
« contre les conseillers et leurs parents, tellement qu'il
« n'y avait maison, ayant bien, qui ne tendit par tous

---

[1] *Mercuriales*, etc., *passim* ; Jolly, *passim* ; *Notice sur le parl. de Prov.*, p. 486, mss. 624 d'Aix ; H. Bouche, t. II, p. 645. On lit dans une mercuriale de 1546 : « un conseiller dit : M. le président s'avance un peu trop de dire son opinion ; M. de Chassanée ne faisait pas ainsi ; » hommage rendu à la prudence de ce dernier ou mauvais vouloir contre le président d'alors, qui était Maynier d'Oppède.

« moyens à faire un conseiller de leur famille, estimant
« par là être en franchise contre droit et raison. » Ils se
montraient d'une grande âpreté au gain, se disputaient les
causes fructueuses. La même corruption régnait dans les
juridictions subalternes. « La réforme de 1535 n'avait pu
tenir et était en grande partie dissolue [1]. »

Dans les premiers troubles religieux, alors que catholiques et protestants se menaçaient de mort et de pillage, on vit des conseillers encourager le fanatisme populaire, mettre des armes aux mains « d'une infinité de mauvais garnements, vagabonds et mutins, rués sous l'appétit d'un sac général contre les prétendus réformés. » En vain, le roi envoya à Aix le maréchal de Vieilleville et le premier président du parlement de Grenoble afin de faire un règlement pour assurer l'observation des édits de pacification de Saint-Germain et d'Amboise; ce règlement, approuvé et enregistré, la cour fut la première à l'enfreindre et, lorsque les magistrats, attachés à la nouvelle religion, voulurent reprendre leurs charges, on leur demanda une profession de foi catholique dont ces édits ces dispensaient. Le roi, pour mettre fin à ces discordes, prit le parti de suspendre le parlement et de le remplacer par une commission composée d'un président et de douze conseillers tirés du parlement de Paris et du Grand conseil. L'ordonnance royale portait, que la cause de cette suspension était dans la négligence des membres de la cour à faire observer les édits et dans leurs malversations (novembre 1563). « Le public était d'accord avec l'autorité royale, la comédie et la poésie populaire s'attaquaient, à l'envi, à la vénalité des juges et à leurs négligences de toutes sortes [2]. »

---

[1] Aubery, *Hist. de l'exécution de Cabrières et de Mérindol*, p. 15.
[2] Nostredame, *Chronique de Prov.*, p. 1077 ; Gaufridi, t. II, p. 524 ;

III.

Dans l'année qui suivit la publication de l'édit de Joinville et de l'ordonnance de réforme, la Provence fut livrée à toutes les horreurs de l'invasion. François Ier, cherchant l'occasion de rompre le traité de Cambrai, profita des préparatifs faits par Charles-Quint contre Tunis pour revendiquer le Milanais. Comme base de ses opérations, il fit occuper la Savoie. La plupart des villes du Piémont lui ouvrirent leurs portes. De retour de son expédition contre Tunis, l'empereur, irrité de ce manque à la foi des traités, après des négociations infructueuses, se décida à la guerre. Au lieu de chercher à chasser les Français de l'Italie comme ses généraux l'y engageaient, il répondit que Paris et la couronne de Paris devaient être le prix de sa victoire et non Turin et le Piémont. Deux corps d'armée réunis, l'un dans les Pays-Bas, l'autre en Allemagne, devaient attaquer la Picardie et la Champagne ; un troisième était dirigé contre la Provence.

Charles-Quint élevait sur elle ses prétentions, comme ayant fait partie de l'Empire, du temps du royaume des Deux-Bourgognes, et comme descendant lui-même des comtes de Barcelone, anciens comtes héréditaires de Provence. Tandis qu'il franchissait le Var avec son armée, celle du roi, s'enfermant dans un camp retranché près d'Avignon, abandonnait le pays entre le Rhône, la Durance et les Alpes, c'est-à-dire la plus grande partie de la Provence.

H. Bouche, t. II, p. 645 ; Papon, *Hist. de Prov.*, t. IV, p. 187 ; Jolly, *Bull. hist.*, 15 oct. 1875, p. 470.

Laisser l'ennemi entrer librement, la trouver déserte, s'y consumer, y mourir de faim, tel était le plan arrêté dans un conseil tenu par le chef de l'armée, le grand maître de Montmorency. Des corps de troupes, parcourant la contrée, signifièrent aux habitants de retirer leurs meubles, vivres et bestiaux, dans les bois, les montagnes, les pays au delà de la Durance. Les campagnes furent livrées à la dévastation, les fours et les moulins détruits, les blés et les fourrages brûlés, les puits gâtés, les vins répandus. Aix même, la capitale du pays, la ville du parlement, après qu'on eut délibéré de la fortifier, fut abandonnée et vidée de tous biens à mesure que l'ennemi approchait. Les populations du voisinage s'étaient réfugiées dans cette ville que personne ne s'imaginait devoir être désertée par les gens du roi ; l'ordre de déloger arriva si promptement qu'il fut presque impossible de rien sauver. Les portes furent démolies, les fortifications rasées, chacun emporta le plus nécessaire en toute hâte. Le surplus fut brûlé et jeté dans les rues « avec des plaintes, des cris, des hurlements confus, spectacle triste et piteux, lamentable désolation et ruine entière d'une grande cité. » La sortie du parlement entraîna celle des consuls, des gentilshommes, des meilleurs bourgeois, du coadjuteur, de la plus grande partie du clergé et des ordres religieux. « Il ne restait qu'une populace plus propre à exciter la pitié qu'à flatter la vanité du vainqueur. » Le président de la chambre des comptes, le président Chasseneuz, avec l'aide de Montmorency, firent transporter les papiers de cette chambre dans la forteresse des Baux. La cour se retira à Tarascon, puis à Avignon ; mais le légat, s'opposant à ce qu'elle rendît la justice sur les terres du pape, elle fut contrainte de se fixer au Pont-Saint-Esprit, d'où elle allait tenir ses audiences, en deçà du Rhône, dans une église faisant partie du territoire de la Provence [1].

Lorsqu'après avoir traversé un pays désert, sans éprouver de résistance, harcelé seulement par des bandes réfugiées dans les bois et les montagnes, Charles-Quint arriva à Aix, comptant y faire reconnaître sa souveraineté impériale par le parlement et les États, il trouva une ville dépeuplée, « fort peu ou peut être point de personnes de condition. » Au dire d'un contemporain qui a raconté ces événements en vers provençaux, il demanda où étaient les officiers de justice et Messieurs du parlement. Il les désigna tous par leur nom en commençant par le président Chasseneuz, et, ne les trouvant point, il fit sommer, par une proclamation publiée deux jours de suite, les principaux habitants de rentrer dans la ville. Le lendemain, il cassa les magistrats municipaux et tint dans le palais une séance où il supprima les compagnies de justice. Il remplaça le parlement par un sénat composé de cinq sénateurs et de cinq avocats qu'il avait amenés de Nice, puis se fit proclamer roi d'Arles et de Provence. Ce tribunal déclara confisqués au profit de l'empire les biens des habitants que la terreur avait dispersés. Charles prit ensuite possession de son nouveau royaume en faisant poser sur sa tête, dans l'église Saint-Sauveur, par Jérôme Arsago, évêque de Nice, la couronne de roi d'Arles et de comte de Provence. Il eut la sagesse de maintenir l'ordre dans la ville, de protéger les religieuses contre les excès de ses soldats; il dé-

---

[1] *Mémoires de G. du Bellay*, dans Michaud et Poujoulat, p. 385 ; Nostredame, p. 751, 753 ; Belcarius, p. 781 ; H. Bouche, t. II, p. 584 ; Moissac, p. 27 ; Guesnay, *Provinciæ massiliensis annales*, p. 503 ; Cabasse, t. I, p. 57 ; Aug. Fabre, t. III, p. 148 ; H. Martin, t. VIII, p. 237.

fendit de brûler le palais. Mais le duc de Savoie y fit mettre le feu, pensant anéantir par là les titres constatant les hommages que la noblesse et les villes du Piémont avaient autrefois rendus aux comtes de Provence ; il ne détruisit, en réalité, que des pièces de procédure concernant des particuliers [1] (août 1536).

La retraite de Charles-Quint, deux mois après son entrée dans le pays où s'était perdue par la famine et les attaques des bandes de montagnards, la moitié de son armée, laissait à guérir des maux innombrables. Plusieurs semaines s'écoulèrent avant que la cour pût reprendre ses audiences à cause de l'incendie du palais et de l'infection provenant du nombre de cadavres laissés gisant dans les rues. Du Bellay Langey, nommé commissaire par le roi, manda le président Chasseneuz, plusieurs conseillers, les principaux habitants, et fit faire, sur les dommages causés, un rapport à la vue duquel le roi ordonna de délivrer des deniers entre les mains de ces commissaires afin de réparer les ruines de l'Hôtel de ville et du palais. On y plaça, en différents endroits, des salamandres dans le feu et des F couronnés en souvenir de l'incendie et de la munificence du monarque. Les États s'assemblèrent à Marseille au mois de janvier 1537 ; les députés des communautés, le grand sénéchal, le président Chasseneuz s'y trouvaient. Ils présentèrent une supplique afin d'obtenir que le pays fut exempté d'une partie de ses impositions, à raison des dégâts occasionnés par la guerre. Le roi, avant de répondre à ces doléances, jugea à propos de convoquer une seconde fois les États, dans le mois de février, et d'ordonner une

---

[1] Haitze, *Hist. de la ville d'Aix*, t. I, p. 920, 923, 933 ; H. Bouche, t. II, p. 584 ; Pitton, *Hist. d'Aix*, p. 265 ; Papon, t. IV, p. 76 ; Cabasse, t. I, p. 57, 60 ; Nostredame, p. 765 ; Gaufridi, t. II, p. 455.

enquête. Il désigna pour y procéder, en qualité de commissaires royaux, le comte de Tende, grand sénéchal, Balthazar Jarente, évêque de Vence, président de la chambre des comptes, Louis Adhémar de Monteil de Grignan, gouverneur de Marseille, Charles Duplessis Savonnières, général des finances, et le président Chasseneuz. Il leur donna mission de recevoir les plaintes, d'examiner les demandes, d'indiquer les moyens propres à soulager les populations. Mais, quand il fallut en venir à des mesures réparatrices, le roi, par une lettre du mois d'octobre de la même année, répondit que malgré son bon vouloir, « à à raison des grandes et urgentes affaires qu'il avait pour la défense et conservation de son royaume, » il n'était pas possible, à cette heure, d'y satisfaire [1].

IV.

Tandis que la Provence se relevait de ses ruines, une autre cause de discordes dans laquelle Chasseneuz joua un rôle considérable, vint fournir un nouvel aliment aux passions qui s'agitaient dans le parlement. Nous voulons parler du procès des Vaudois auquel son nom est resté attaché, et qui a plus contribué peut-être à sa réputation que ses ouvrages et sa carrière de magistrat.

Lorsque de Suze on se dirige vers Saluces à travers les Alpes Cottiennes qui séparent le Piémont du Dauphiné en s'inclinant vers la mer, on voit se développer en avant de Pignerol, parmi des montagnes plus ou moins sauvages,

---

[1] Moissac, p. 29 ; Haitze, *Hist. d'Aix*, t. 1, p. 933 ; Nostredame, p. 765 ; H. Bouche, t. II, p. 590 ; Cabasse, *ibid*.

quatre vallées ; au nord, celle de Pragela ou de Cluson, plus loin, celle de Pérosa ou saint Martin, au midi, celle de Luzerne donnant accès par le col de la Croix dans le Dauphiné, enfin, celle de Rora la plus petite de toutes ; ce sont les vallées vaudoises. Elles occupent un espace d'environ vingt-quatre lieues carrées. « Le long des torrents Angro-
« gna et Pellice qui les arrosent et souvent les dévastent,
« s'étendent des terrains fertiles, d'où s'élèvent en gradins
« des plaines soigneusement cultivées. Les habitants
« exercent leur vigueur naturelle dans la vie pastorale,
« la chasse, la pêche, la culture des céréales, du mûrier,
« de la vigne, des bois, et dans l'excavation des ar-
« doises. Aux scènes champêtres en succèdent d'im-
« posantes, plus haut et plus avant dans l'intérieur, avec
« des neiges perpétuelles et de terribles avalanches. Dans
« ces vallées, on parle le piémontais avec un grand mélange
« de français. C'est là, entre la plaine subalpine et les
« Alpes gigantesques qui la protègent, que s'étaient
« réfugiés les débris de ces Vaudois qui, dans le treizième
« siècle, se mirent à raisonner sur les croyances sous la
« direction de leurs barbes ou pasteurs [1].

Ils devaient leur origine à un riche marchand de Lyon, nommé Valdo qui, vers la fin du douzième siècle (1180), s'étant fait traduire en langue vulgaire des livres de la Bible, des extraits des Pères en forme de sentences, et voulant conformer sa vie à la perfection évangélique, vendit tous ses biens, en distribua le prix aux pauvres,

---

[1] Cantu, *Hist. des ital.*, t. VIII, p. 533. La haute Italie était depuis longtemps un repaire de sectes dont le fanatisme était entretenu par l'incontinence et la simonie du clergé lombard qui faisait un usage scandaleux de ses richesses. En 1388, un inquisiteur envoyé dans la Marche de Gênes et à Turin, en compta plus de dix-huit. Le voisinage de ces sectes ne dut pas être sans influence sur les Vaudois. Voy. Haulleville, *Hist. des comm. lomb.*, t. I, p. 277; Cibrario, *Econ. polit. du moyen âge*, t. I, p. 245, et à la table, au mot : Hérétiques.

et exigea de ses disciples le même sacrifice. Ils menaient une vie austère, mortifiée, s'appelaient eux-mêmes : Les pauvres de Lyon, le pauvre peuple de Dieu, les pauvres d'esprit, *pauperes de spiritu*. Se considérant comme les véritables continuateurs des apôtres, titre auquel ne pouvaient plus prétendre la plupart des prêtres de l'Église romaine à cause de leur corruption et de leur ignorance des Écritures, se croyant appelés à éclairer et à sanctifier le peuple sur lequel l'Église déchue de ses traditions primitives avait perdu ses droits, ils s'érigèrent bientôt en prédicateurs, se mirent à interpréter à leur façon les Écritures, à prêcher dans les villes et les campagnes, dans les maisons et les rues, dans les églises et sur les places publiques. Ils ne reconnaissaient d'autre règle de conduite que l'Ancien et le Nouveau Testament. Tout laïque, pourvu qu'il fut en état de grâce, pouvait annoncer la parole de Dieu, consacrer le corps du Christ en prononçant les paroles sacramentelles, sans avoir reçu l'ordination [1].

L'archevêque de Lyon, Jean de Bellesmains, leur ayant interdit la prédication, ils répondirent qu'il valait mieux obéir à Dieu qu'aux hommes. Excommuniés et chassés du diocèse, ils se présentèrent, en 1179, au concile de Latran pour faire approuver leur apostolat. Condamnés par cette assemblée, puis, en 1184, par Lucius III, après un nouvel

---

[1] Étienne de Bourbon, *Anecdotes hist.*, publié par Lecoy de la Marche, p. 291. Il est peu de sectes sur lesquelles on ait autant écrit que sur celle des Vaudois. Les historiens protestants leur ont attribué différentes origines ; quelques-uns font remonter leur berceau à celui du christianisme. Le récit d'Étienne de Bourbon qui exerçait le ministère à Lyon, au commencement du treizième siècle, en rendant compte de l'apparition de leur secte et des relations qu'il avait eues avec ses premiers adeptes, semble couper court à toutes conjectures.

examen, l'excommunication fut renouvelée, en 1199 et en 1215, au quatrième concile de Latran, « contre ces hommes qui, sous prétexte de piété, s'attribuaient l'autorité de prêcher sans être envoyés [1]. »

Leur doctrine ne s'éloignait pas, en un grand nombre de points, de celle de l'Église catholique. Ils insistaient sur la nécessité de se dépouiller des biens terrestres pour l'amour de Jésus-Christ et sur les périls éternels que courent les riches. Ils prêchaient la pénitence, annonçant la venue prochaine du jugement dont l'attente frappa les esprits d'épouvante durant une partie du moyen âge. Ils disaient que, sans la contrition, il n'y avait pas de pénitence. Leurs pasteurs devaient exiger des fidèles une confession minutieuse, leur imposer des jeûnes, des aumônes, des prières ferventes. Ils professaient, sur la justification, une doctrine conforme à l'orthodoxie romaine, pensant que sans la foi les œuvres n'ont aucun mérite, et que la foi ne peut justifier sans les œuvres. L'amour de Dieu et du prochain, la garde de la chasteté, exigeant que l'on s'abstint de toute familiarité avec les personnes du sexe, étaient leurs premières recommandations. Tout en regardant le mariage comme honorable, ils faisaient une part plus belle à la virginité, la considérant comme le signe du chrétien parfait [2]

Mais, ils rejetaient le purgatoire dans le sens entendu par l'Église et le faisaient consister en une soumission volontaire aux épreuves de la vie terrestre. Leurs prêtres se contentaient, dans la confession, d'appeler sur le pénitent le pardon de Dieu au moyen d'une formule déprécatoire, ne

---

[1] Étienne de Bourbon, p. 293.
[2] Moneta, *Adversus Catharos et Valdenses, libri quinque, dissertatio secunda*, p. 39.

reconnaissant qu'à Dieu seul le pouvoir de retenir ou de remettre les péchés. Ils ne consacraient le corps du Christ que s'ils étaient en état de sainteté, faisant dépendre ainsi la validité du sacrement de la vertu du ministre. Tout en témoignant du respect pour la Vierge et les Saints, ils ne croyaient pas que leur intercession pût être utile auprès de Dieu. Ils n'admettaient ni les absolutions et les indulgences accordées par l'Église, ni les consécrations de temples et d'autels, ni les jeûnes obligatoires à certains jours de l'année, ni l'adoration de la croix et du sacrement de l'autel. Ils refusaient, à l'autorité séculière, le pouvoir d'user du droit du glaive, comme incompatible avec le précepte évangélique de l'amour, et réputaient homicides ceux qui prêchaient la croisade contre les Albigeois et les Sarrasins [1].

Quoique excommuniés par les souverains pontifes, les Vaudois évitèrent, dans le principe, de se mettre en opposition ouverte avec le siège de Rome. Bien que lui refusant soumission, accusant le clergé d'orgueil et de corruption, ils ne cherchaient pas à rompre avec lui. Soit par esprit de conciliation, soit afin de dissimuler leurs doctrines, ils ne craignaient pas d'assister aux cérémonies de l'Église. Ils venaient quelquefois à la messe et recevaient les sacrements. Ils ne voyaient qu'une différence entre eux et la majorité des catholiques, c'est qu'ils étaient fidèles, tandis que les autres étaient mauvais, qu'eux seuls se conservaient purs de la corruption du siècle, tandis que les autres se contentaient de croire sans conformer leur vie aux préceptes. Ils repoussaient avec énergie la qualification d'héré-

---

[1] Ét. de Bourbon, p. 295 et suiv.; D. Martène, *Thes. anecd.*, t. V, p. 1775 et suiv.; Moneta, p. 45.

tiques ; mais ils n'en opposaient pas moins, aux institutions de l'Église, des institutions particulières. Ils avaient leur organisation ecclésiastique, leurs assemblées, leurs rites. Leurs barbes cherchaient, par une propagande clandestine, à recruter des adhérents. Les catholiques trompés par la ressemblance de leurs pratiques avec celle de l'Église, par le costume et le langage des confesseurs Vaudois, les prenaient quelquefois pour de véritables prêtres et s'adressaient à eux [1].

Cette usurpation du ministère de la parole, la prétention d'instituer un nouveau genre de vie apostolique, d'être restés les seuls représentants de la doctrine de Jésus-Christ, le blâme porté contre les mœurs du clergé, comme s'ils possédaient, à ce sujet, un droit qui n'appartenait qu'aux évêques, avaient, de bonne heure, attiré sur eux la répression. Ils furent compris dans la croisade dirigée par ordre d'Innocent III, en 1205, contre les Albigeois. Grégoire IX fulmina une bulle dans laquelle il enjoignait aux inquisiteurs de la foi de les rechercher et de les livrer au bras séculier. A de fréquentes reprises, dans le courant des quatorzième et quinzième siècles et dans les premières années du siècle suivant, les princes et les inquisiteurs envoyèrent contre eux des armées. On les poursuivit dans leurs montagnes, on détruisit leurs temples, on confisqua leurs biens, on les brûla vifs ; puis, sur leur promesse de soumission, les princes accordèrent leur pardon, les papes une absolution générale ; mais ces alternatives de rigueur et de clémence ne produisirent sur leur esprit

---

[1] D. Martène, *Thes. anecd.*, t. V, p. 1782. *Sunt mali*, dit en parlant d'eux, Pierre de Vaulx-Cernay, *sed aliorum hereticorum, nempe Albigensium comparatione, multo minus perfidi ; nam nobis in multis rebus concordant,* Moneta, p. 44.

d'autre impression que celle de l'effroi et de la résistance, et ne purent les arracher à leurs doctrines dans lesquelles ils demeurèrent « vainqueurs ou du tout invincibles. » Quoique la pureté de leurs mœurs, à laquelle d'illustres catholiques ont rendu hommage, fut généralement à l'abri de reproche, le fanatisme populaire les accusait de se livrer, en secret, aux plus honteuses pratiques, aux désordres des Multipliants. L'hérésie et la magie semblant inséparables, d'après les idées du temps, on assimila leurs assemblées religieuses au sabbat ; leur nom devint synonyme de sorcier [1].

Des moyens de persuasion avaient été cependant employés pour les convertir. Des inquisiteurs, des prêtres, des religieux furent envoyés les évangéliser ; mais il n'était pas donné à tous de réussir dans ce difficile apostolat, parmi des populations vivant isolées et défiantes au sein de leurs vallées, dans une liberté semi-républicaine, et plusieurs avaient péri assassinés, les uns victimes de leur zèle, les autres de leur imprudence. En 1403, un des hommes les plus éloquents, les plus érudits, les plus respectés du siècle, saint Vincent Ferrier parcourut, à diférentes reprises, les pays occupés par les Vaudois, dans la Lombardie, le Piémont, le Dauphiné. Il les trouva attentifs à écouter la parole de Dieu; il obtint de nombreuses conversions parmi ces hommes égarés, dont l'erreur provenait, disait-il, du manque d'instruction et de la négligence des supérieurs ecclésiastiques qui, les uns vivant en repos dans leurs riches palais, les autres ne voulant exercer leur ministère que dans les grandes cités, laissaient périr les

---

[1] Voir pour plus de développements, Cantu, *la Réforme en Italie*, t. IV, p. 466 et suiv.

âmes et auraient, un jour, un compte terrible à rendre au Pasteur suprême [1].

En 1501, le parlement de Grenoble ayant informé contre les Vaudois des montagnes du Dauphiné, dépossédés de leurs terres, menacés d'expulsion, mis à mort par les seigneurs du pays, Louis XII obtint, du pape Alexandre VI, la permission de s'enquérir de leurs dogmes. Il envoya sur les lieux son confesseur, Laurent Bureau, évêque de Sisteron, écrivain et prédicateur renommé, non moins recommandable par ses vertus que par ses lumières, né, comme Chasseneuz, au diocèse d'Autun. Le digne évêque les ramena à la croyance de l'Église par ses prédications éloquentes. Il obtint d'eux une adhésion à tous les articles de foi contestés, et rapporta au chancelier de France, Guy de Rochefort, les procédures qui avaient été dressées contre eux. Le roi ordonna de cesser les poursuites, et le pape leur accorda, par une bulle, une absolution générale [2].

En 1517, au commencement de son épiscopat, Claude de Seyssel, archevêque de Turin, sur l'invitation de Charles III, duc de Savoie, mit le pied dans leurs vallées où ses prédécesseurs n'avaient jamais pénétré. Le souvenir des dernières persécutions avait laissé des traces si vives dans leur esprit qu'ils ne pouvaient entendre, sans indignation, des prêtres attaquer leurs doctrines. Quoique les discours que leur adressa l'archevêque eussent tous pour objet de leur en démontrer l'impiété, ils touchèrent, jusqu'aux larmes, ces hommes simples et rustiques qui lui promirent de bientôt abjurer, et l'assurèrent d'une complète soumission. Mais, il n'obtint que deux

---

[1] *Id.*, p. 470.
[2] *Chroniques de Jean d'Auton*, t. I, p. 257 ; Colonia, *Hist. litt. de Lyon*, t. II, p. 377, ; Sismondi, t. XV, p. 365.

conversions et, rebuté par cet insuccès, il se contenta d'écrire contre leur secte un livre, où, les traitant de race lâche et bestiale, ensevelie dans l'ignorance, incapable de soutenir une discussion, refusant avec une obstination diabolique de se rendre à l'évidence, il avoue, néanmoins, que leur vie était meilleure que celle de la plupart des autres chrétiens, qu'ils observaient la pauvreté, ne prenaient point le nom de Dieu en vain, accomplissaient leurs promesses de bonne foi, gardaient la charité envers le prochain, et s'exhortaient mutuellement à vivre dans la crainte de Dieu [1].

A une époque généralement assignée par les historiens provençaux vers la fin du quatorzième siècle, des familles Vaudoises dont un premier essaim avait émigré en Pouille et en Calabre, chassées du Piémont par la persécution ou par le malaise résultant de leur agglomération sur un espace trop restreint, s'étaient tournées du côté de la Provence. Les seigneurs de Bullier Cental et de Rocca Sparviera qui possédaient des terres dans la vallée de Luzerne et avaient acquis, du comte Louis II, un district désert, au nord de la Durance, les y fixèrent par des baux emphytéotiques, contrat féodal qui attribuait au preneur le domaine utile en réservant au seigneur le haut domaine. La contrée, occupée par les nouveaux colons, s'étendait sur une distance de six à sept lieues, le long des pentes méridionales du Lubéron, dans la vallée d'Aigues, là où se trouvent aujourd'hui les villages de Mérindol, Lourmarin, Cadenet,

---

[1] A propos de ces vertus, dont les Vaudois réclamaient le monopole, Seyssel fait observer qu'il existait dans l'Église catholique des ordres religieux, bien plus pauvres, mortifiés, chastes, en un mot véritablement apostoliques; Cl. *Seysselli Adversus errores et sectam Valdensium disputationes*, f° 2, 4, 6, 9, 48 et *passim*.

Villelaure, Cabrières d'Aigues, la Motte-Saint-Martin, Peypin et plusieurs autres. D'autres familles s'établirent sur le versant septentrional du Lubéron, à la Coste, à Cabrières d'Avignon, près de la fontaine de Vaucluse, dans le comtat Venaissin [1].

La plupart de ces villages furent successivement fondés ou agrandis par eux. Ils y recueillirent en abondance le blé, le vin, l'huile, les amandes; ils élevèrent dans les montagnes du Lubéron de nombreux troupeaux; ils établirent quelques grossières manufactures. Mais, vivant à l'écart des populations environnantes, n'ayant avec elles que les relations dont ils ne pouvaient se dispenser, conservant le langage de leur patrie native, restant étrangers à leurs habitudes et à leurs croyances, ils étaient vus de mauvais œil. Ils venaient rarement à la messe, et ne s'y tenaient pas avec le même respect que les catholiques. Ils ne se servaient pas d'eau bénite, ne faisaient pas le signe de la croix, ne témoignaient aucune vénération pour les images des saints. Cependant, comme ils se montraient tranquilles et réservés, qu'ils payaient exactement les impôts, les dîmes, les redevances seigneuriales, que les seigneurs, par motif d'intérêt, prenaient leur défense, on ne pensait point trop à les inquiéter; mais leur attitude changea lorsque leurs pasteurs eurent appris la réformation des églises en Allemagne et en Suisse [2].

---

[1] Gaufridi, t. II, p. 461 ; le Père Justin, *Hist. des guerres civiles dans le comté Venaissin*, t. I, p. 38; C. F. Bouche, *Essai sur l'hist. de Prov.*, t. II, p. 79; Pitton, *Hist. de la ville d'Aix*, p. 271. Les Vaudois formaient, en Provence, une population d'environ dix-huit mille âmes, d'après G. de Félice, *Hist. du prot. en Fr.*, p. 59. Ce chiffre paraît bien élevé.

[2] C. F. Bouche, *ibid*; Gaufridi, t. II, p. 461. Obligé de nous borner aux faits essentiels, nous ne parlerons pas des relations des Vaudois avec les Hussites, de l'analogie existant entre les doctrines de ces deux sectes, de l'antiquité prétendue des livres vaudois en langue

En 1530, dans l'année de la confession d'Augsbourg, le barbe Martin, du val de Luzerne, de retour d'un voyage en ces pays, apporta des livres de la religion réformée, raconta des merveilles « de cette œuvre de Dieu, » et leur inspira le désir de conférer avec quelques-uns de ses chefs. Ils envoyèrent deux de leurs barbes, Georges Morel du Dauphiné et Pierre Masson de Bourgogne, à Oecolempade, ministre de Bâle, à Capiton et à Martin Bucer de Strasbourg, à Berthold-Haller de Berne, à leurs frères de Morat et de Neuchatel, pour leur demander des éclaircissements sur plusieurs points qui laissaient du doute dans leur esprit [1].

Dans l'écrit remis au nom de la communauté vaudoise, par Georges Morel à Oecolempade, ils lui rendaient compte de leur discipline ecclésiastique, de leurs mœurs et de leurs doctrines. « Nos aïeux nous ont rapporté que nous existions depuis le temps des Apôtres ; mais, par suite de notre paresse et de notre ignorance, beaucoup de choses nous sont restées obscures ou cachées. Afin que vous puissiez, par vos conseils, venir au secours de notre faiblesse, écoutez l'usage et l'ordre que nous observons parmi nos ministres. Ceux d'entre nous qui désirent être admis dans le ministère, le demandent à genoux, et leur demande est portée devant tous les frères réunis; s'il est rendu d'eux un bon témoignage, on les reçoit au nombre

---

vulgaire, établissant d'après eux leur filiation apostolique, mais que la critique moderne a démontré appartenir aux XVe et XVIe siècles ; on peut lire, à ce sujet, une série d'articles de M. H. Stevenson dans les *Annales cath. de Genève*, de 1854, et, pour l'opinion contraire, Hudry Ménos, *l'Israël des Alpes* ; *Revue des Deux Mondes*, 1867, t. LXXII, LXXIV, LXXVI.

[1] Monastier, *Hist. de l'Église Vaudoise*, t. I, p. 195 ; Perrin, *Hist. des Vaudois*, p. 210 ; Ruchat, *Hist. de la réformation en Suisse*, éd. de 1737, t. III, p. 252 à 270.

des étudiants. Mais la plupart sont des gardiens de bétail ou des agriculteurs, âgés de vingt-cinq à trente ans, sans aucune connaissance des lettres. Pendant trois ou quatre ans au plus, et seulement durant deux ou trois mois d'hiver, on fait l'épreuve de leurs mœurs, on leur apprend à lire, à retenir de mémoire les évangiles de saint Matthieu et de saint Jean, les épîtres canoniques, la majeure partie de celles de saint Paul. On les conduit ensuite dans un lieu où des sœurs de notre confession gardent la vie de virginité et, après y être restés une année ou deux au plus, occupés principalement à des travaux manuels, le sacerdoce leur est conféré par la réception de l'Eucharistie et par l'imposition des mains, et ils reçoivent ainsi la mission d'aller prêcher l'Évangile. Ils vont toujours deux ensemble, le plus jeune servant de disciple au plus âgé, lui portant respect et obéissance, n'osant traiter la moindre affaire sans sa permission. Personne, parmi nous, ne se marie; mais, pour dire la vérité, il nous arrive quelquefois de manquer à la chasteté. Dans un but d'utilité commune et afin d'éviter l'oisiveté, nous nous livrons à divers ouvrages manuels, peut-être plus qu'il ne conviendrait pour l'étude des Écritures. Nos aliments et nos vêtements nous sont fournis en quantité suffisante, et à titre d'aumône, par le petit peuple auquel nous donnons l'instruction religieuse. Notre coutume est de prier le soir et le matin, avant et après les repas, la nuit, quand nous nous réveillons. Après la prédication que nous adressons au peuple assemblé, nous récitons encore des prières à genoux; nous nous humilions devant Dieu pendant l'espace d'un quart d'heure. Ce qui nous est donné pour notre entretien est commun entre tous les ministres. Une fois par an, nous nous réunissons en assemblée générale afin de traiter de nos affaires et de changer de résidence, car nous ne demeurons jamais plus de deux ou trois ans dans le même lieu, à l'exception des vieillards à qui il est permis quelquefois d'y passer le reste de leur vie. L'argent que nous avons reçu est apporté à ces assemblées et versé entre les mains des anciens. Une portion est distribuée à ceux qui doivent se mettre en route, une autre est destinée à pourvoir aux besoins des pauvres. Avant de nous séparer, chacun de nous demande pardon de ses fautes ; et, si quelqu'un est tombé dans le péché de la chair, il est expulsé de notre société, interdit du ministère de la prédication, condamné à chercher son pain à la sueur de son front.

« Nous croyons à l'unité et à la trinité divine ; nous croyons que les sacrements sont uniquement les signes visibles de la grâce invisible et qu'il est bon pour les fidèles d'en user quand ils le peuvent, mais que, néanmoins, on peut être sauvé en s'en abstenant. Nous avons erré, à ce que nous avons appris, en pensant qu'il existait plus de deux sacrements (le Baptême et la Cène). La Vierge a été sainte, humble et pleine de grâces, mais nous ne reconnaissons d'autre intercesseur que le Christ auprès de Dieu. Nous repoussons le purgatoire comme une invention de l'Antechrist. Les fêtes des saints, l'eau bénite, l'abstention de la chair à certains jours, et surtout les messes, sont des inventions des hommes et des abominations aux yeux de Dieu. Nous visitons, une fois par an, notre petit peuple qui est disséminé en différents lieux, nous entendons ceux qui se présentent, en confession particulière, leur recommandant de s'abstenir de tous péchés, rappelant aux personnes mariées l'honnêteté qu'elles doivent garder entre elles. Nous défendons de jurer pour quelle cause que ce soit. Nous interdisons les danses, les jeux, à l'exception du jeu de l'arc, les chansons vaines et obscènes, les vêtements de couleur ou de forme recherchées. »

« Nous avons besoin d'éclaircissements sur beaucoup de choses. Doit-il exister différents ordres parmi les ministres de Dieu : évêques, prêtres, diacres, car il semble que l'apôtre le prescrit dans ses épîtres à Tite et à Timothée, et le Christ a placé Pierre à la tête des apôtres et, parmi ces derniers, quelques-uns sont désignés sous le nom de colonnes ? Mais nous n'usons pas de ces distinctions parmi nous. Les magistrats ont-ils le droit de punir de mort les homicides, les voleurs, les malfaiteurs, et est-on obligé, en conscience, d'obéir aux lois civiles et criminelles inventées par les hommes, car il est écrit : « Les lois des peuples sont vaines ? » Nous est-il permis de tuer les faux frères, les traîtres qui pullulent souvent parmi nous, et qui vont dire, en secret, aux membres de l'Antechrist, c'est-à-dire aux moines, aux évêques, aux puissances temporelles, combien nous donnerez-vous et nous vous livrerons les docteurs des Vaudois, car nous savons où ils se cachent ? Puis, ils viennent, la nuit, nous surprendre avec une troupe d'hommes armés, ils nous persécutent avec cruauté et, d'habitude, nous brûlent misérablement. Est-il permis, à celui dont le nécessaire est injustement retenu et qui n'a aucun moyen de se le faire restituer, de le reprendre lui-même, quand il peut, sur les biens du détenteur et à son insu ? Pouvons-nous, pour nos procès et notre défense, aller trouver les juges des infidèles, car il semble que l'apôtre saint Paul l'ait défendu ? Tout profit, en sus du capital prêté, est-il une usure, et tout bénéfice dans le commerce, au delà de la valeur du travail, un péché ?... Pouvons-nous admettre en religion les jeunes femmes qui veulent passer leur vie dans la virginité [1] ? »

« Mais ce qui trouble davantage notre ignorance, c'est
« ce que nous avons lu dans Luther sur le libre arbitre et
« la prédestination. Nous pensions que Dieu avait donné, à
« tout homme, plus ou moins de vertu naturelle qui, avec
« l'aide de la grâce, permettait à chacun de pouvoir
« quelque chose pour le bien. Autrement, que signifieraient,
« comme l'a dit Érasme, tant de préceptes de commande-
« ment et de défense. Nous pensions, au sujet de la prédes-
« tination, que Dieu avait prévu, avant la création du
« monde, ceux qui devaient être sauvés et ceux qui
« devaient être réprouvés, qu'il avait appelé tous les
« hommes à la vie éternelle, que les réprouvés l'étaient
« par leur faute en refusant d'obéir aux commande-
« ments. Mais si, comme l'a dit Luther, tout est sou-
« mis à la nécessité, si les prédestinés ne peuvent être
« réprouvés et les réprouvés sauvés, si les desseins de
« Dieu sont immuables, à quoi bon les saintes Écritures,
« la prédication, et même la médecine du corps ? »

A ces questions, montrant combien certaines idées religieuses et morales avaient fini par s'obscurcir chez ces populations vivant à l'écart et aigries par la persécution, Oecolempade répondit par une lettre où la parole de l'apôtre était mise au service d'une pensée violente. Elle était adressée aux communautés vaudoises, renfermait des encouragements et des conseils.

« Notre Dieu est vérité. Il veut être servi en vérité et
« sans dissimulation aucune. Il est jaloux et ne souffre pas
« que les siens portent le joug de l'Antechrist. Il n'a rien

---

[1] Abr. Scultetus, *Annal. Evang. décad.*, p. 395 et suiv.

« de commun avec Bélial et avec les ténèbres. Nous avons
« appris que, dans la crainte des persécutions, vous dissi-
« mulez et tenez cachée votre foi au point de communiquer
« avec les infidèles et d'approcher de leurs messes abo-
« minables, dans lesquelles vous avez appris à blasphémer
« la mort et la passion du Christ ; car, lorsqu'ils se glo-
« rifient de satisfaire à Dieu par de pareils sacrifices
« pour les péchés des vivants et des morts, que s'ensuit-il,
« sinon que le Christ n'a pas satisfait lui-même par son
« propre sacrifice, qu'il n'est point Jésus, c'est-à-dire
« sauveur, et que c'est en vain qu'il a souffert pour nous?
« Que si vous avez communion avec cette table impie,
« nous vous déclarons former un corps avec les impies.
« — Quelle mort, quels supplices ne faut-il pas préférer
« plutôt que d'agir contre sa conscience et de donner,
« par là, aux impies des sujets de blasphèmes? Qui croira
« à la vérité de notre foi si elle faiblit devant la persécu-
« cution ? Nous vous exhortons, frères, a bien examiner la
« chose, car s'il est permis de se cacher sous les dehors de
« l'Antechrist, pourquoi ne le serait-il pas de prendre
« ceux du turc, de Dioclétien, et d'aller aux autels de
« Jupiter et de Vénus !

« Nous aussi, nous ne reconnaissons d'autre intercesseur
« que le Christ. Nous avons en horreur, comme antichré-
« tiennes, les inventions humaines qui enchaînent les cons-
« ciences et qui portent atteinte à la liberté de l'esprit.
« Nous sommes soumis aux magistrats séculiers en ce qui
« n'est pas contraire à la loi de Dieu ; nous leur rendons même
« honneur. Nous croyons que le serment peut être chrétien ;
« si on l'exige, nous ne le refusons pas. Le prêter en justice,
« avec vérité, n'est point contraire à l'esprit de l'Évangile.
« Nous ne poussons pas l'austérité jusqu'à traiter d'usuriers

« ceux qui reçoivent quelque intérêt pour une somme
« prêtée. La loi divine n'interdit pas, aux juges et aux
« magistrats séculiers, de punir les hommes dangereux, de
« défendre par le glaive, la patrie, les veuves, les orphe-
« lins, car, en pareil cas, ils n'agissent pas en leur nom,
« mais au nom de Dieu. Au contraire, ceux qui se vengent
« par le glaive agissent contre le précepte de l'Évangile
« qui ordonne de posséder notre âme dans la patience, de
« présenter la joue droite à celui qui frappe la joue gauche.
« Nous ne tenons pas pour méprisables les lois civiles qui
« ne renferment rien de contraire à la foi et à la charité. »

Touchant la discipline vaudoise, Oecolempade désapprouvait le travail des mains chez les barbes, comme nuisible à la lecture qui devait être leur occupation principale selon ces paroles de saint Paul : « appliquez-vous à la lecture, » leur changement de résidence tous les trois ans, car le pasteur doit demeurer avec ses brebis. Le célibat ecclésiastique ne pouvait trouver grâce aux yeux d'un homme qui, un des premiers parmi les chefs de la réforme, avait préféré le mariage à la vie du cloître. « Les prophètes et les apôtres, pour être mariés, n'en ont pas été moins zélés dans la prédication de la parole de Dieu. Ce n'est pas le mariage qui perd les prêtres, mais la paresse, la gourmandise, la crainte de la souffrance. Au lieu de se consumer dans un cloître et de tomber dans de détestables tentations, il serait préférable, pour les jeunes filles, de se marier, malgré un vœu insensé qui n'oblige pas et que Dieu désapprouve. Nous tenons assurément en grande estime la virginité volontaire ; mais, contrainte, nous savons qu'elle est abominable à Dieu. Quant aux ministres de la parole, il suffit d'éviter, dans leurs titres et dans leurs grades, tout ce qui peut rappeler la pompe et le faste papistique. Que les uns président et s'acquittent du ministère, qu'il y ait des visiteurs, autrement dits des évêques, qu'il y ait des *ecclésiastes* ou prédicateurs, qu'il y ait des disciples ou étudiants [1].

« Nous nous attachons de préférence à la doctrine qui
« exalte la grâce du Christ. Nous n'approuvons pas le libre
« arbitre dans le sens où il lui serait contraire, et nous
« n'en concluons, pour cela, à la nécessité du péché, car
« ceux qui pèchent le font volontairement. Ce n'est pas la
« quantité des préceptes donnés qui accroît notre vertu,
« mais grande est la puissance de l'esprit qui nous fait
« accomplir la volonté de Dieu, et grande notre lâcheté
« qui nous rend indignes. Il y a une raison nécessaire pour
« qu'il existe en Dieu une détermination immuable; mais
« vous ne devez pas chercher à pénétrer les secrets de
« Dieu ; attachez-vous à sa parole par laquelle nous serons
« sauvés ; nous ne pouvons nier la prédestination, il est
« certain qu'elle est infaillible. Eh quoi ! Dieu est-il
« injuste, n'en est-il pas moins vrai dans ses promesses ?
« Humilions-nous sous sa majesté. Elle abaisse la tête des
« superbes, et sa miséricorde vient en aide à ceux qui sont
« humbles de cœur. Que nous importe, d'ailleurs, la
« querelle d'Érasme et de Luther ? Notre perdition est en
« nous-mêmes ; le salut ne peut venir que du Seigneur
« notre Dieu [2] (oct. 1530).

Cette lettre, apportée aux barbes vaudois par Pierre Masson (son compagnon, Georges Morel, avait été arrêté et

---

[1] Dans une lettre qu'il écrivait aux évêques qu'on appelait, disait-il, faussement ainsi, Luther prit le titre d'ecclésiaste ou de prédicateur de Vitemberg, que personne ne lui avait donné. Bossuet, cité par Littré; *Dictionnaire de la langue fr.* au mot ecclésiaste.

[2] Scultet, p. 306 et suiv., Cf. Merle d'Aubigné, *Hist. de la réforme, en Europe au temps de Calvin*, t. III, p. 322 à 342.

pendu à Dijon), les jeta dans une grande perplexité. Elle déconcertait sur plusieurs points leurs croyances ; mais, ce qui leur parut le plus dur, fut le conseil d'affronter, au grand jour, la persécution. Ils en conférèrent entre eux, et se trouvant divisés d'opinion, ils décidèrent d'assembler un concile, dans les montagnes d'Angrogna, au val de Luzerne. Toutes les communautés Vaudoises du Piémont, de la Calabre, du Dauphiné, de la Provence, s'y trouvèrent représentées. Guillaume Farel était accouru du pays de Vaud où il travaillait à gagner à la Réforme les petites principautés de la Suisse française. Sa volonté énergique, sa parole ardente triomphèrent des résistances. Deux barbes dauphinois, refusant de s'associer aux décisions de l'assemblée, se retirèrent en Bohême ; le parti protestant l'emporta et, d'un commun accord, fut arrêtée la confession suivante :

« Tous ceux qui ont été ou qui seront sauvés ont été élus
« par Dieu, avant la création du monde. Quiconque veut
« établir le libre arbitre de l'homme nie, absolument, la
« prédestination et la grâce de Dieu. Nulle œuvre n'est
« bonne si Dieu ne l'a commandée, et nulle n'est
« mauvaise s'il ne l'a défendue. Le chrétien peut jurer
« licitement par le nom de Dieu dans les occasions
« nécessaires, sans contrevenir pour cela à ce qui est
« écrit au chapitre v de saint Matthieu : « et moi je vous
« dis de ne jurer en aucune sorte, » pourvu toutefois qu'il
« ne prenne pas le nom de Dieu en vain. La confession au-
« riculaire n'est point commandée par Dieu. Le chrétien n'a
« point de temps déterminé pour jeûner. Le mariage n'est
« défendu à personne, quelle que soit sa condition, et
« quiconque enseigne le contraire enseigne une doctrine
« diabolique. Jésus-Christ n'a donné à son église que deux

« sacrements : le Baptême et l'Eucharistie. » Ce dogme de la prédestination absolue qui, jusqu'alors, avaient répugné à leur conscience, cette répudiation de la confession et du célibat ecclésiastique, contraire à leurs habitudes, entrèrent définitivement dans leur symbole. Les humbles croyants des Alpes n'osèrent se défendre contre « les grands docteurs du siècle ; » ils cédèrent à leur contrainte morale et, à partir de ce moment, ils furent acquis à la Réforme (septembre 1531 [1]).

Ils commencèrent à exercer leur culte en public, à recruter ouvertement des prosélytes parmi les catholiques. Ils tournèrent en dérision la hiérarchie de l'Église, traitèrent le purgatoire, la prière pour les morts, l'invocation, des saints, le culte des images, d'abus introduits par les prêtres. Ils blâmèrent, avec un redoublement de violence, les mœurs du clergé. « Il faut convenir, dit
« un historien catholique, que la négligence des évêques
« et des autres pasteurs contribua beaucoup à la propaga-
« tion de cette hérésie. En plusieurs lieux, il n'y avait ni
« prêtres ni curés depuis quelque temps. Les curés de
« Mérindol et de Murs avaient apostasié la foi, et on
« n'avait pas pensé à les destituer ; les Vaudois, au con-
« traire, avaient un grand nombre de prédicants, la plu-
« part ecclésiastiques ou moines reniés, qui leur venaient
« de tout le royaume et même des pays étrangers. Le par-
« lement d'Aix, frappé de la négligence des premiers et de
« l'aveuglement des seconds, ordonna aux prélats de
« pourvoir cette vallée, de prêtres capables, de bons pré-
« dicateurs, sous peine de saisie de leur temporel. » Le

Gilles, *Hist. des Églises réformées*, p. 31 ; Léger, *Hist. des Églises vaudoises*, 1ʳᵉ partie, p. 95 ; Perrin, p. 213 ; Ruchat, loc. cit. ; H. Martin, t. VIII, p. 328.

peuple du pays, laborieux en agriculture, grand nourricier de bétail, mais d'un esprit simple et facile à tromper, se laissa prendre aisément à leurs doctrines, et, bientôt, leurs rangs se grossirent de tout ce qu'il y avait de rebut dans le clergé, de moines apostats et de prêtres déréglés [1].

Le clergé et le parlement s'inquiétèrent d'une propagande qui attirait, dans le parti de l'hérésie, les habitants des campagnes et même des gentilshommes, des avocats, des conseillers de justice. Un de ces inquisiteurs ayant mission, dans les diocèses, d'informer contre les attaques portées à la foi catholique, le jacobin, Jean de Roma, prit les devants, et, à la tête d'une bande de pillards, se livra contre les Vaudois à de tels excès que François Ier fut obligé de le faire emprisonner. En 1533, d'après des informations faites par les juges d'Église dans le Comtat d'Avignon et dans la Provence, plusieurs furent envoyés aux galères, et les seigneurs haut justiciers reçurent l'ordre de les expulser, sous peine de confiscation de leurs fiefs; mais le pape, Clément VII, ordonna de suspendre les procédures dans le Comtat et leur promit une indulgence plénière, à condition qu'ils abjureraient dans le délai de deux mois; le roi en fit autant pour la Provence; un petit nombre seulement en profita. L'année suivante, le pape adressa des plaintes au roi qui en référa au parlement d'Aix. Le parlement enjoignit aux seigneurs des terres occupées par les Vaudois d'obliger leurs vassaux à abjurer ou à quitter le pays. Les officiaux d'Apt, de Sisteron, de Cavaillon, les firent rechercher et en remplirent leurs prisons. Alors, leurs frères prirent les armes et coururent délivrer les prisonniers. L'effervescence se propagea dans le pays et une

---

[1] Justin, t. I, p. 40; Aubery, p. 15 et suiv.

guerre civile était près d'éclater. Le roi, en ayant été informé, jugea prudent de suspendre les moyens de rigueur. Peu porté à la sévérité, espérant pacifier les esprits, il recommanda aux évêques de redoubler leurs prédications et, en 1535, il rendit une déclaration qui, exceptant les relaps, accordait un pardon général aux hérétiques, permettait à ceux qui étaient sortis du royaume d'y rentrer, ordonnait de mettre les détenus en liberté, de leur restituer leurs biens, à condition qu'ils abjureraient dans les six mois. Une nouvelle déclaration, rendue l'année suivante, annula les condamnations prononcées pour cause de religion, et permit aux émigrés de rentrer en France, sous la même condition d'abjurer [1].

Le calme se rétablit un instant ; mais les six mois se passèrent, et presqu'aucun d'eux n'était revenu à la foi catholique. Parmi les seigneurs, les uns, attachés à des vassaux qui avaient donné une valeur considérable à leurs terres, faisaient sourde oreille, d'autres, poussés par un motif d'intérêt contraire, arrêtaient les Vaudois et faisaient main basse sur leurs biens. Maynier, baron d'Oppède, conseiller au parlement, se montrait un des plus ardents. Marchant à la tête d'une troupe de gens armés, il s'empara d'eux dans leurs champs, les somma de faire abjuration et, sur leur refus, les jeta dans les caves de son hâteau d'où il ne les laissait sortir qu'au prix d'une forte rançon ; s'ils venaient à y mourir, leurs biens demeuraient confisqués [2].

En 1538, après l'invasion de la Provence qui avait suspendu la continuation des procédures, le procureur géné-

---

[1] Justin, p. 42 ; Aubery, p. 19 ; Isambert, t. XII, p. 403, 504 ; Muston l'*Israël des Alpes*, t. I, p. 87 et suiv. ; Papon, t. IV, p. 90 à 93.
[2] Muston, *loc. cit.*

ral, Piolenc, se plaignit au roi que leur nombre s'accroissait tous les jours. L'erreur se multipliait à la faveur des grâces accordées; il était à craindre que le pays tout entier en fut infesté. Les hérétiques tenaient des assemblées, amassaient des armes, se retiraient dans des places et des châteaux au sein des montagnes, y exerçaient publiquement leur culte. Leur siège principal était Mérindol, bourg situé au-dessous des forêts du Lubéron et de Lauris. Ils y délibéraient sur des points de religion, prenaient la résolution de se défendre en cas d'attaque. Ils avaient fait transporter leurs meubles dans les rochers des environs, construit un fort dans le bois de Saint-Phalez. Le bruit courait que deux mille cinq cents réformés allemands et suisses, avec leurs familles, allaient venir se joindre à eux. Par lettres patentes du 2 mars, le roi manda à la cour de les punir à toute rigueur, de décerner contre eux prise de corps, de prononcer la peine de bannissement contre ceux qu'on ne pourrait appréhender, de saisir leurs biens, de ruiner les lieux où ils s'étaient retirés. L'année suivante, il défendit à toutes personnes, sous peine de confiscation de corps et de biens, d'aller en armes par les chemins, et il écrivit à l'archevêque d'Aix pour lui ordonner de faire son devoir. Au mois de mai 1540, il se plaignit de la négligence des juges inférieurs, autorisa la cour d'Aix à connaître, en première instance, du crime d'hérésie, et lui recommanda d'envoyer des délégués sur les lieux afin d'instruire les procès contre les Vaudois [1].

Une ère néfaste s'ouvrait pour les réformés. François Ier qui, seize ans auparavant, avait cherché à les protéger

---

[1] Gaufridi, t. II, p. 461 et suiv.; H. Bouche, t. II, p. 608 à 612; Aubery, p. 19, 26 à 36; Papon, p. 90 à 93.

contre la Sorbonne et les parlements, s'effrayait de leurs progrès en Angleterre, en Allemagne et en Suisse, de leurs attaques contre les objets les plus sacrés du culte catholique. Il cédait à des obsessions lui arrivant de tous côtés, aux intérêts d'une politique inquiète pour la paix du royaume. Par un édit de 1539, il avait autorisé les juges ordinaires à procéder contre les luthériens, concurremment avec les juges d'Église; un nouvel édit, du mois de juin 1540, leur fit l'obligation de les rechercher, de les livrer au jugement des cours souveraines, sous peine de privation de leur office et, aux seigneurs haut justiciers, de leur prêter main forte, sous peine de privation de leurs justices; il fallait parvenir « à l'entière extirpation de ces erreurs diaboliques. » Les procureurs généraux rendraient compte, tous les six mois, des poursuites exercées en vertu de ces ordres. Un incident vint aggraver la situation des Vaudois [3].

Le meunier du Plan d'Apt, nommé Pallencq, ayant été dénoncé comme hérétique par le viguier de cette ville, la cour le condamna à être brûlé vif et confisqua son moulin au profit du roi. Une centaine de jeunes gens de Mérindol, ne pouvant contenir l'indignation soulevée dans leurs âmes par un pareil arrêt, allèrent, pendant la nuit, briser le moulin, se livrèrent à des violences contre le fermier catholique du Plan et emmenèrent ses bestiaux. Le juge d'Apt fit son rapport à la cour (juillet 1540) qui décréta prise de corps contre dix-huit habitants de Mérindol. Mais, quand l'huissier chargé d'exécuter cet arrêt se présenta dans le village, il trouva les maisons désertes; les habitants effrayés, s'étaient enfuis dans les montagnes sur le

---

[1] Justin, p. 44; Isambert, t. XII, 566, 676.

bruit que les troupes du comte de Tende, grand sénéchal de Provence, allaient venir les massacrer [1].

Le 2 septembre, ils adressèrent à la cour une requête dans laquelle, protestant de leur soumission aux ordres du roi, ils la suppliaient de ne pas prêter l'oreille à leurs dénonciateurs, exposaient que la citation qui leur avait été donnée comprenait des personnes mortes, d'autres n'ayant jamais existé, des enfants encore en bas âge. La cour, après les avoir ajourné de nouveau, à trois reprises différentes, rendit contre eux, par défaut, le célèbre arrêt du 18 novembre 1540.

« Ceux de Mérindol tiennent sectes Vaudoises et Luthé-
« riennes, réprouvées et contraires à la sainte foi et reli-
« gion chrétienne, retirent et recèlent plusieurs gens
« étrangers et fugitifs, chargés et diffamés d'être de telles
« sectes, et iceux entretiennent et favorisent. Au dit lieu,
« il y a des écoles et fausses doctrines des dites sectes,
« gens qui dogmatisent ces erreurs et fausses doctrines,
« libraires qui ont imprimé et vendu livres qui en
« sont pleins. Ceux de Mérindol ont bâti, au terroir des
« Roches, des cavernes et spélonques où ils retirent, eux,
« leurs complices et leurs biens, et se font forts. Colin
« Pallencq, du Plan d'Apt, ayant été condamné à être
« brûlé vif et ses biens confisqués au roi, en haine de ce,
« plusieurs gens du dit Mérindol, en grande assemblée
« comme de six ou sept vingt hommes, armés d'arquebuses,
« hallebardes, épées et autres harnais, ont rompu le moulin
« qui était à feu Colin Pallencq et à Thomas Pallencq, son
« frère, battu et outragé le meunier, icelui menacé et tous
« autres qui s'empêcheraient des biens de leur secte. Le

[1] Muston, t. 1, p. 86 à 98.

« tout considéré, la Cour a déclaré et déclare les dits
« défauts avoir été bien obtenus, que tous les accusés et
« ajournés sont vrais défaillants et contumaces, déchus
« de toutes défenses, atteints et convaincus des crimes à
« eux imposés de maintenir et ensuivre sectes et doctrines
« hérétiques réprouvées; pour la réparation desquels cas, a
« condamné et condamne: André Maynard, Jacques May-
« nard, Michel Maynard, Jean Pom, Fay le tourneur,
« Martin Vian, Jean Pallencq, Hugues Pallencq, Peyron-
« Roy, Philippon Maynard, tous du dit Mérindol, Jacques
« de Sigre, maître d'école, maître Léon Barbaroux de
« Tourves, Claude Favier de Tourves, Pomery, libraire, et
« sa femme naguère nonnain à Nimes, Thomas Pallencq,
« dit du Plan d'Apt, et Guillaume le Normand, habitans
« du dit Mérindol, à être brûlés vifs et ardés, à savoir:
« Barbaroux et Favier en la place publique de Tourves,
« Thomas Pallencq en la place publique d'Apt, et, quant
« aux autres, en la place publique des Jacobins de cette ville
« d'Aix, et, à faute de les avoir, seront exécutés en effigie
« et peinture; au regard des femmes, enfants, serviteurs
« et familles des condamnés, la Cour les a défiés et aban-
« donnés à tous pour les prendre et représenter à justice
« afin de procéder contre eux à l'exécution des rigueurs et
« peines de droit, et, en cas qu'ils ne puissent être pris, dès
« maintenant les a bannis du royaume, terre et seigneurie
« du roi, avec prohibition d'y entrer sur peine de la hart et
« du feu; déclare les biens des condamnés et bannis, leurs
« femmes, enfans, serviteurs et familles, acquis et confis-
« qués au roi; défend à tous sujets du roi de leur bailler
« aucune faveur, aide ou confort, sur peine de confiscation
« de leurs biens et autres peines arbitraires. Attendu que
« tout le lieu de Mérindol est la retraite, spelonque, refuge

« et fort de gens tenant telles sectes damnées et réprouvées,
« ordonne la Cour que toutes les maisons et bastides du
« dit lieu seront abattues, démolies et abrasées, et le dit lieu
« rendu inhabitable, sans que personne y puisse réédifier
« ni bâtir sans le vouloir et permission du roi. Semblable-
« ment, le château et spelonque, repaires et forts, étant
« aux roches et bois du terroir de Mérindol, seront ruinés
« et mis en telle sorte qu'on n'y puisse faire résidence,
« que les lieux soient découverts et les bois, où sont les
« forts, coupés et abattus deux cents pas à l'entour. Fait
« défense de bailler à ferme et arrentement, ni autrement,
« les héritages du dit lieu à aucun du surnom et lignée des
« condamnés. »

On s'expliquerait difficilement la cruauté d'un pareil arrêt si on ne tenait compte des circonstances et de la situation des esprits. D'un côté, les ordres du roi étaient précis, de l'autre, les doctrines nouvelles faisaient de rapides progrès dans le pays. Les rumeurs alarmantes qui, d'habitude, accompagnent les agitations populaires, le mépris des Vaudois pour les injonctions de la justice, augmentaient l'inquiétude des uns et l'irritation des autres. Le parlement avait fait subir des interrogatoires à un certain nombre de prévenus; leurs dépositions nous montrent les Vaudois, tourmentés par des transes continuelles, s'attendant à tout instant à être massacrés. D'après ces dépositions souvent exagérées par la peur ou par le désir d'obtenir un pardon, l'hérésie aurait, dans les diocèses d'Aix, d'Apt, de Sisteron, d'Avignon, de Cavaillon, infecté des villages entiers et altéré, dans les villes, la foi de plusieurs familles. Un cordelier, qui avait embrassé leurs doctrines, prétendait qu'il exis-

---

[1] *Cabrières et Mérindol;* mss. 798 de la bibl. d'Aix ; Crespin, *Hist. des martyrs,* t. I, p. 133.

tait en Provence dix mille maisons de Vaudois et de Luthériens. On leur attribuait l'intention de favoriser le parti de l'empereur parce qu'il avait accordé aux protestants d'Allemagne la liberté de conscience. Un autre accusé avait déclaré qu'ils n'attendaient que l'arrivée du comte de Furstemberg pour se joindre aux Allemands qui venaient de faire irruption dans la Provence. Même après le départ de Charles-Quint, ils comptaient, disait-on, sur des secours de l'étranger pour commencer une guerre civile [1].

Afin de ne pas augmenter les difficultés de la situation, le parlement résolut de tenir son arrêt secret. Effrayé de sa propre sentence, il hésitait devant son exécution et voulut auparavant en référer au roi. Mais, dans une compagnie divisée par des divergences religieuses et des animosités personnelles, ce secret ne tarda pas d'être divulgué. Il se trouva, parmi la noblesse et les gens de justice, des hommes généreux qui en signalèrent tout l'odieux et en discutèrent la légalité. « On ne peut se dissimuler,
« dit un historien qui fut plus tard membre de la cour et
« qui se montre peu favorable aux Vaudois, que le parle-
« ment n'eut porté trop loin son zèle et dépassé les règles
« de la justice. Car, d'un côté, l'arrêt fut plus rigoureux que
« les conclusions des gens du roi qui n'allaient qu'à la démo-
« lition des maisons où les prêches s'étaient tenus et qu'à
« la condamnation des prévenus, sans parler de leurs enfants
« et de leurs familles. D'autre côté, tout le village était
« enveloppé dans la condamnation et, toutefois, tous les

---

[1] Justin, t. I, p. 43 ; Aubery, p. 26 à 36, 36 à 44 ; Papon, p. 90 et s. Le procès fait, en 1549, contre les auteurs de l'exécution Cabrieres et de Mérindol ne contient, à l'appui de ces soupçons de connivence avec l'étranger, aucune preuve convaincante et décisive ; De Meaux, *Les luttes religieuses*, p. 392.

« habitants n'étaient pas accusés. Il y avait des vieillards
« exempts de ce crime, il y avait des enfants qui ne pou-
« vaient y avoir trempé. Pourquoi les comprendre parmi
« les coupables ? Assurément, l'arrêt fut trop rigoureux,
« car il donna prétexte à un carnage, le plus terrible qui se
« vit jamais, et à la ruine entière de vingt villages [1]. »

Les plus modérés étaient d'avis d'en différer indéfiniment l'exécution afin de laisser aux révoltés le temps de rentrer dans le devoir. D'autres, au contraire, voulant éviter la propagation d'un mal contagieux, n'admettaient ni retards ni ménagements. Parmi ces derniers, Antoine Filholi, archevêque d'Aix, et Jean de Ferrières, archevêque d'Arles, se montraient pressants dans leurs sollicitations. Le premier avait longtemps fermé les yeux sur les doctrines des Vaudois, et ne s'était décidé à y prendre garde que d'après les ordres du roi. Il se trouvait, d'ailleurs, entouré de difficultés dans son administration, et vivait en assez mauvaise intelligence avec son chapitre qui s'était autrefois refusé de l'admettre, lorsque son prédécesseur l'avait pourvu d'un bénéfice dans cette compagnie. Nommé plus tard coadjuteur, avec future succession, on lui avait appliqué cette parole du psaume 118 : la *pierre que les architectes ont rejetée est devenue la pierre de l'angle*. Il s'était occupé, sur l'invitation du pape, de réformer quelques monastères de son diocèse, et ne s'était pas mis en peine des prêtres séculiers et des hérétiques. Il voulut racheter, par un déploiement de zèle, sa négligence vis-à-vis des Vaudois. Dans une assemblée tenue à Avignon, composée d'abbés, de prieurs, de chanoines, les deux archevêques proposèrent de poursuivre l'exécution de l'ar-

---

[1] Gaufridi, p. 461 et suiv. ; Justin, p. 45 ; H. Bouche, t. II, p. 608.

rêt à leurs frais et aux frais du clergé de la province. Celui d'Aix fut chargé d'obtenir une résolution du président et des membres de la cour [1].

Il éprouva, de la part du premier, une vive résistance. Avec une appréhension trop fondée, Chasseneuz n'envisageait pas sans effroi les suites d'une pareille mesure. Il épuisait tous les raisonnements, il mettait en avant tous les prétextes que pouvaient lui suggérer son expérience et l'habileté de son esprit pour essayer de démontrer qu'un arrêt aussi sévère était purement comminatoire, qu'il avait, avant tout, pour but d'effrayer les coupables et de leur donner le temps de se rétracter, que, d'après les lois et les ordonnances du royaume, on ne pouvait en venir à une pareille extrémité sans faire d'autres procédures. Il exprimait hautement la crainte que le roi ne fut mécontent d'une aussi grande destruction de ses sujets. « Si le roi le trouve mauvais, lui répondit l'archevêque, nous le lui ferons trouver bon avec le temps. Nous avons les cardinaux pour nous, et notamment M. le cardinal de Tournon, à qui on ne pourrait faire chose plus agréable [2]. »

Un gentilhomme de l'ancienne noblesse du pays d'Arles, Jacques de Raynaud, seigneur d'Alleins, partageant avec beaucoup d'autres ces sentiments de modération, et possédant par son instruction dans le droit et dans les lettres un grand crédit auprès de Chasseneuz, ne cessait de l'en-

---

[1] Sobolis, t. II, p. 711 ; Pitton, *Annales de l'église d'Aix*, p. 219 ; *Hist. d'Aix*, p. 276 ; H. Bouche, Gaufridi, C. F. Bouche, etc. D'après ce dernier historien, la généralité du clergé ne fut pas consultée ; d'ailleurs, la proposition des deux archevêques n'aboutit pas.

[2] *Id., id.*, etc. Le cardinal avait été nommé lieutenant de roi en Provence et chargé d'en concerter la défense avec Montmorency. Ses sentiments sur l'extirpation de l'hérésie sont assez connus. D'après Aubery, *Hist. des cardinaux*, il mourut des suites d'une fièvre lente causée par les blasphèmes de Théodore de Bèze, au colloque de Poissy, sur la présence réelle.

courager dans sa résistance, de faire appel à ses sentiments d'humanité Il lui représentait que tout l'odieux d'une pareille mesure retomberait sur lui, qu'elle pouvait avoir des conséquences désastreuses. Mais il n'était pas au pouvoir de Chasseneuz d'arrêter, à lui seul, le cours de la justice. Le procureur général, près le parlement, fit signifier l'arrêt au comte de Tende en l'invitant à l'exécuter, et une ordonnance datée de Fontainebleau, du 14 décembre 1540, le chargea expressément de cette exécution dont les frais devaient être payés par les premières confiscations opérées sur les Vaudois. Le comte fit marcher contre eux sa compagnie et quelques fantassins, mais sept ou huit cents hommes, réunis à Mériudol, sous les ordres d'un chef nommé Taxile Maron, intimidèrent cette petite troupe qui n'osa pas les attaquer. Ils placèrent des garnisons dans les villages, pillèrent un couvent de Carmes, près de la Coste, sur les terres papales, coururent la campagne, menacèrent les seigneurs dans leurs châteaux, annonçant l'intention de mourir les armes à la main plutôt que de se laisser brûler, ajoutant, toutefois, que si on leur accordait un sauf-conduit ils sortiraient du royaume [1].

Les historiens contemporains nous dépeignent le comte comme un homme plein de droiture et de bonté, de fermeté et de prudence, répugnant à l'emploi des moyens violents. Malgré la division des partis, il avait su se concilier l'estime et le respect. « Il gouvernait la Provence, dit Brantôme, avec beaucoup de réputation, pour en être les gens, bizarres, fantastiques et mal aisés à ferrer. » Il envoya un de ses capitaines dire au parlement qu'il était prêt à obéir aux ordres du roi, mais que, néanmoins, il

---

[1] Moissac, Louvet, H. Bouche, Gaufridi, C. F. Bouche, Papon, etc.

était obligé de déclarer qu'il fallait au moins deux mille hommes pour exécuter l'arrêt. N'en pouvant faire les frais, il priait la cour d'y pourvoir elle-même. Cette réponse excita le mécontentement parmi ses membres. Elle répondit qu'elle n'avait pas à s'occuper des moyens d'exécution et que c'était au gouverneur à se mettre en mesure de remplir les devoirs de sa charge. Chasseneuz profita de ces difficultés pour obtenir qu'elle délibérât de nouveau. Il proposa de faire connaître au roi, la situation, et de renoncer pour le moment à réunir une force armée. La cour y consentit, tout en décidant que les procès commencés contre les rebelles « seraient parfaits et jugés à **toute diligence** [1]. »

François Ier donna ordre à du Bellay-Langey, gouverneur du Piémont, de lui faire un rapport sur les Vaudois. Brave capitaine, habile négociateur, homme de savoir et d'éloquence, n'ayant d'autre ambition que d'être utile à son prince en lui disant toute la vérité, du Bellay envoya sur les lieux deux de ses lieutenants et adressa au roi un mémoire propre à le disposer à la clémence. Les Vaudois, disait-il, avaient, par l'assiduité de leur travail, rendues fertiles, en pâturages et en grains, des terres incultes et reçues à rente des seigneurs. Ils étaient gens de grande peine et de peu de dépense. Au lieu d'employer leur argent à plaider, ils préféraient le donner aux pauvres. Ils payaient exactement la taille et les redevances seigneuriales. Leurs fréquentes prières, la pureté de leurs mœurs, témoignaient hautement de leur crainte de Dieu. Du reste, on les voyait rarement à la messe, si ce n'est quand leurs affaires les obligeaient d'aller dans les villes et les bourgs

---

[1] Brantôme, *Éd. de la soc. de l'hist. de Fr.*, t. III, p. 380 ; Aubery, p. 36 et suiv. ; Gaufridi, p. 461 et suiv.

situés à proximité de leurs demeures. Ils ne se mettaient point à genoux devant les images de Dieu et des Saints, ne leur offraient ni chandelles ni autre chose. Ils ne demandaient de messes ni pour eux, ni pour leurs parents trépassés. Ils ne faisaient pas le signe de la croix, ne prenaient point d'eau bénite, n'allaient pas en pèlerinage pour gagner des pardons, ils ne levaient pas leurs chapeaux devant les croix des chemins. Leurs cérémonies étaient différentes de celles de l'Église; ils disaient leurs prières en langue vulgaire. Enfin, ils ne reconnaissaient point le pape et les évêques, et avaient seulement quelques-uns d'entre eux pour ministres et pasteurs [1].

Le roi, étonné que de pareils gens eussent osé se mettre en révolte, voulut tenter un dernier moyen d'apaisement. Par lettres patentes, du 5 février 1541, il accorda aux Vaudois un pardon général à la condition que, dans l'espace de trois mois, ils se convertiraient à la foi catholique. Il ordonna à la cour d'Aix de faire venir leurs députés afin d'obtenir d'eux cette abjuration, et, en cas de refus, d'en tirer punition « telle qu'elle verrait lui appartenir. » Il écrivit au comte de Tende de disperser leurs compagnies, et de ne pas leur permettre de se réunir ensemble au nombre de plus de vingt [2].

Le parlement fit signifier ces lettres dans les villages occupés par les Vaudois, en leur enjoignant d'envoyer des délégués faire leur soumission au nom de tous les autres. Dix habitants de Mérindol, ayant à leur tête le bailli, André Maynard, se présentèrent et demandèrent

---

[1] Sleidan, *Hist. de la réf.*, tr. p. le Courayer, t. II, p. 195; de Thou, tr. p. du Ryer, in-f°, t. I, p. 340; Fleury, liv. CXLI, n° 63; Monastier, t. II, p. 215.

[2] Aubery, *loc. cit.*; Papon, p. 93 à 96, etc.

d'abord à se justifier du crime d'hérésie qu'on leur imputait. Ils n'étaient, disaient-ils, ni séditieux, ni hérétiques, mais obéissants et fidèles sujets du roi. Ils ne connaissaient rien, comme le prétendaient leurs ennemis, de Valdo, de Luther et de leurs doctrines. Ils se contentaient de la doctrine seule de Jésus-Christ. Ils se plaignaient des vexations et des pillages exercés contre eux par l'inquisiteur, Jean de Roma, par les officiaux, les fermiers des bénéfices et autres officiers des évêques. S'ils s'étaient réfugiés dans les bois et les rochers, c'était en voyant qu'on avait amené des gens armés, un prévôt, un bourreau; l'effroi les avait saisis et ils s'étaient enfui de leurs demeures, abandonnant aux envoyés de la justice leur blé, leur vin, leur bétail, sans opposer de résistance.

A cette requête, respectueuse dans la forme, mais non exempte d'une certaine exagération et, sur certains points, peu conforme à la vérité, ils joignirent une confession de foi plutôt faite pour attirer la sévérité que l'indulgence de la cour composée, en partie, de conseillers clercs. « Nous avons pour seule règle de notre foi, le Vieil et le Nouveau Testament, et nous accordons à la générale confession de foi avec tous les articles contenus dans le symbole des Apôtres. Nous ne sommes et ne voulons être enveloppés dans aucunes erreurs ou hérésies condamnées par l'ancienne Église. Nous nous réputons corrompus par le péché originel, et, de nous-mêmes, nous ne pouvons faire aucune chose sans péché. Le principe de tout bien dans l'homme est la régénération de l'esprit que Dieu donne à ses élus. Tout homme est damné, sinon ceux que par sa miséricorde il a relevés. La manière de la délivrance est de recevoir Jésus-Christ en la façon qui nous est prêchée dans l'Évangile. L'homme, dès sa naissance, est aveugle dans sa volonté, et, pour qu'il puisse avoir une vraie et salutaire connaissance de Dieu et de son Fils, il faut qu'il soit illuminé par le Saint-Esprit, puis sanctifié par les bonnes œuvres. Nous invoquons Dieu le Père, au nom de Jésus-Christ, seul médiateur. Nous n'usons d'autres prières que de celles qui se trouvent dans l'Écriture sainte ou à icelle concordantes. Nous ne croyons à aucune doctrine humaine contraire à la parole de Dieu, telle que la satisfaction des péchés par nos œuvres, à aucun commandement en dehors de cette parole, avec mauvaise opinion d'obligation et de mérite, à aucune croyance superstitieuse, comme adoration d'images, pèlerinages et autres choses semblables. Nous avons les sacrements en honneur, et nous croyons qu'ils sont les témoignages et les signes par lesquels la grâce de Dieu est confirmée et assurée en nos consciences. C'est pourquoi, nous croyons que le Baptême est un signe par lequel la purgation que nous avons obtenue, par le sang de Notre-Seigneur Jésus-Christ, est corroborée en nous de telle façon, qu'il est le véritable sacrement de régénération et de rénovation. La cène du Seigneur Jésus-Christ est le signe sous lequel la vraie communion est donnée. — Touchant les magistrats, princes, seigneurs, gens de justice, nous les tenons donnés de Dieu ; nous voulons obéir à leurs lois et constitutions qui concernent les biens et le corps. Nous voulons également payer les tributs, impôts, dîmes, et toutes choses qu'il leur appartiendra, en leur portant honneur et obéissance en tout ce qui n'est pas contre Dieu. Voilà exactement notre foi, notre doctrine ; elle n'a d'autre fondement que la parole de Dieu, règle unique de toute conscience vraiment chrétienne, et, cependant, nous avons été inhumainement persécutés, ce qui nous semble bien dur entre des hommes qui se disent chrétiens (8 avril 1541) [1]. »

Ils terminaient, en suppliant la cour de faire examiner cette confession de foi par des théologiens et de ne pas les regarder comme hérétiques; mais, Chasseneuz, retirant à part leurs députés en présence des gens du roi, les assura qu'elle était notoirement contraire à la croyance de l'Église, les engagea à l'abandonner et à faire simplement profession de foi catholique, afin d'ôter tout sujet de procéder contre eux comme contumaces et rebelles. Ils persistèrent à demander un examen, et tout ce qu'il put obtenir fut qu'ils lui remettraient un sommaire de cette confession pour l'envoyer au roi. Le roi en confia l'examen à son aumônier, Pierre Duchatel, qui conseilla la douceur et la patience. Chasseneuz leur promit qu'il serait sursis aux poursuites jusqu'à nouvel ordre. Le parlement leur permit, par une ordonnance inscrite au bas de leur requête, de séjourner dans la ville d'Aix au nombre de dix, afin de se concerter entre eux et de déclarer s'ils voulaient profiter des lettres accordées par le roi. Il leur garantit une sécurité complète, et défendit de les inquiéter dans leurs personnes et dans leurs biens. Quelques-uns, entr'autres huit condamnés dans l'arrêt, vinrent eux-mêmes ou envoyèrent par procureur faire leur soumission; mais le plus grand nombre garda le silence, et, dans une assemblée générale, tenue à Mérindol, on décida d'envoyer de nouveau des députés auprès de la cour pour la supplier de les faire profiter des lettres de grâce, sans exiger d'autre déclaration que la confession de foi qu'ils lui avaient remise [2].

---

[1] *Cabrières et Mérindol*, p. 79 ; Th. de Bèze, *Hist. ecclés.*, t. I, p. 39.
[2] *Cabrières et Mirindol*, p. 85 ; Papon, p. 106.

Vers le même temps, le légat d'Avignon levant des troupes afin d'occuper Cabrières, les Vaudois de ce village allèrent à Carpentras trouver Sadolet. Le pieux évêque, modèle de douceur et de charité, qui, malgré les sollicitations du pape, avait préféré au séjour de Rome dont il était une des lumières, la résidence dans son diocèse et le dévouement aux besoins de son peuple, les écouta avec bonté. Voyant en eux des hommes simples, des esprits honnêtes mais abusés, il signala dans leur confession les points erronés, les engagea à cesser leurs attaques contre le clergé catholique, et leur fit promettre de venir à soumission quand lui-même irait leur annoncer la parole de vérité. Il intercéda auprès du légat, et obtint le retrait des troupes qui étaient sur le point d'envahir le village [2].

V

Cette négociation des Vaudois auprès du parlement fut le dernier incident auquel assista Chasseneuz. Le 19 avril 1541, l'avocat général, Guillaume Garçonnet, annonça à la cour, dans la chambre du conseil, la mort de son président. Il était âgé de soixante un an. Cette mort inopinée, la fer-

---

[1] H. Bouche, p. 608, 612 ; Papon, p. 107. La cour de Rome ayant envoyé à Sadolet pleins pouvoirs de sévir contre les hérétiques, il répondit par une lettre datée du mois d'août 1539 : « J'userai de ces pouvoirs s'il est nécessaire ; mais je tâcherai qu'il ne le soit pas. Les armes dont je me sers paraissent plus faibles et moins redoutables ; mais en réalité, pour ramener les âmes perverties, elles sont autrement puissantes. Ce n'est pas par la terreur et les supplices, mais par la vérité même, et avant tout par la mansuétude chrétienne, que je tire de leur cœur plus encore que de leur bouche la confession de leurs erreurs.» De Meaux, *ouvr. cit.*, p. 31, d'après Raynaldus, *Ann. eccles.*

meté avec laquelle il persistait à réprouver l'exécution d'un arrêt barbare, firent croire à un empoisonnement. Le bruit se répandit qu'il avait été victime d'une haine à laquelle aurait servi de prétexte l'intérêt de la justice ou de la religion. Garçonnet lui succéda après de vives compétitions qui engagèrent François Ier à créer un second président dans le parlement, afin de ne pas laisser interrompu le cours de la justice. Lui aussi ne vécut pas en paix dans ces fonctions. Il eut à supporter de l'avocat général, Guérin, magistrat taré « homme fâcheux et violent » de grandes contrariétés. Il s'en tira avec habileté et mourut deux ans après ; il tint la même conduite que Chasseneuz à l'égard des Vaudois [1].

Nous rappellerons, en quelques mots, la suite des événements à partir de cette époque. Les Vaudois refusèrent obstinément d'abjurer, après l'envoi sur les lieux de commissaires du parlement et de l'évêque de Cavaillon accompagné de prédicateurs. L'emprisonnement de quelques-uns d'entr'eux porta au comble leur irritation. Malgré les nouveaux délais qui leur furent accordés, ils se livrèrent à des incursions dans le pays, insultèrent les prêtres et les religieux, saccagèrent l'abbaye de Sénanques. Calvin fit écrire en leur faveur, par la ligue de Smalkalde et par les cantons protestants de la Suisse, une supplique que le roi accueillit très mal. Tous leurs défenseurs avaient disparu. Du Bellay-Langey était mort, Sadolet était parti pour Rome, le comte

---

[1] *Cérémonial du parlement*, p. 744, 747, mss. 899 de la bibl. d'Aix. Pitton, *Hist. d'Aix*, p. 528, et Moissac, p. 31 et 732, disent que Chassencuz fut empoisonné par un bouquet de fleur qu'un plaideur lui avait offert. Quelques historiens, ajoute ce dernier, ont rapporté que ce fut parce qu'il ne voulut pas consentir à l'exécution de l'arrêt de Mérindol. Haitze (*Hist. d'Aix*), et Cabasse, n'admettent pas cet empoisonnement, sans s'expliquer d'ailleurs sur la cause de sa mort.

de Tende, soupçonné de leur être favorable, avait été éloigné de son gouvernement. L'archevêque Filholi se plaignit au chancelier de leur audace toujours croissante, de l'assurance avec laquelle ils se flattaient d'obtenir bientôt d'autres lettres qui les dispenseraient d'abjurer et de comparaître devant les officiaux et les inquisiteurs. Des lettres patentes, du 30 août 1542, enjoignirent aux parlements de France de sévir « à toute diligence et toutes affaires cessantes » contre les hérétiques, de prescrire aux évêques, abbés et chapitres d'en faire autant de leur côté. Un édit, du 23 juillet de l'année suivante, recommanda aux inquisiteurs de la foi d'informer contre eux comme séditieux, perturbateurs de la paix publique, conspirateurs contre la sûreté de l'État. L'avocat général Guérin écrivit au roi et au chancelier pour se plaindre de la lenteur des magistrats. Le cardinal de Tournon, ministre habile et respecté, mais convaincu que la paix de l'Église et du royaume dépendait de l'extermination des hérétiques, obtint des lettres patentes, du 1er février 1545, pour faire exécuter l'arrêt de Mérindol. Toutes ces causes aboutirent à livrer les Vaudois à la haine de Guérin et du président d'Oppède, à ce terrible massacre dont le souvenir vint obséder François Ier sur son lit de mort, et qui donna lieu, en 1550, à ce mémorable procès d'où d'Oppède sortit absous devant la justice, mais voué à l'exécration de la postérité [1].

---

[1] Isambert, t. XII, p. 785, 818. Le Père Bougerel de l'Oratoire, natif d'Aix, dans un mémoire adressé au président Hénault, prétend que Guérin, dès son arrivée en Provence, pressa l'exécution de l'arrêt à laquelle était opposé le président d'Oppède ; mais que, dans le procès de 1550, il chercha à en reporter sur ce dernier toute la responsabilité. Guérin avait été lieutenant de bailliage à Houdan dans l'Ile-de-France et déclaré, par une sentence, inhabile à occuper aucun office royal pour cause de péculat et de concussion. On ignore par

« Peu de regrets accompagnèrent Chassanée dans la
« tombe, quoiqu'il fut l'un des plus beaux esprits de son
« siècle et qu'il eut laissé de savants ouvrages. Mais, outre
« sa sévérité, son inclination pour les nouvelles doctrines
« et sa douceur envers les hérétiques furent des griefs que
« le clergé et le peuple ne surent pas lui pardonner. » A
part cette inclination prétendue pour les nouvelles doctrines
démentie à chaque page, par la lecture des livres de
Chasseneuz, ce jugement ne paraît pas éloigné de la
vérité. Les historiens provençaux conviennent qu'il s'opposa, tant qu'il vécut, à l'exécution de l'arrêt de Mérindol,
mais sans faire connaître les obstacles contre lesquels
il eut à lutter dans le parlement. Tout en rendant hommage
à ses lumières, à sa droiture, ils gardent sur cet épisode
de sa vie et sur sa carrière de magistrat en général, un
silence que sa sévérité dans la réforme de la justice, sa
modération dans les affaires religieuses, sa condition
d'étranger au pays, semblent avoir inspiré. Quelques-uns
même donnent à son refus d'exécuter l'arrêt, comme pour
lui enlever le mérite d'avoir agi par un sentiment de
prudence et d'humanité, un motif assez puéril. Ils répètent,
d'après de Thou, qu'il fut déterminé principalement par le
souvenir que lui rappela le seigneur d'Alleins, d'un
procès contre les rats de Beaune en faveur desquels il
avait demandé un sursis, conte imaginé par Crespin dans
son *Histoire des Martyrs*, démenti par la lecture du traité
de Chasseneuz sur l'excommunication des hurebers, réfuté
par Bouhier, et néanmoins reproduit par plusieurs histo-

quel moyen il réussit à obtenir la charge d'avocat général au parlement d'Aix. Il fut pendu, en 1554, non pour le massacre de Mérindol auquel il avait présidé, mais pour crimes de faux, calomnie, prévarication, malversation. Le père Bougerel n'est point parvenu à justifier son compatriote. Voy. son mémoire dans : *Cabrières et Mérindol.*

riens modernes. D'autres vont jusqu'à lui reprocher d'avoir augmenté par son indulgence « la fureur des hérétiques, » et ne tarissent pas d'éloges sur leur compatriote, membre d'une famille considérable dans le pays, sur « ce grand d'Oppède, ce défenseur de la foi » le bourreau des vaudois, « de ces bêtes fauves adonnées à tous les vices, bonnes à « exterminer. » Membres du clergé ou du parlement, moins respectueux pour la vérité que pour ce qui touchait à un intérêt de corps ou de nationalité provençale, panégyristes autant qu'historiens, ces écrivains ne nous donnent qu'une idée incomplète de l'état des esprits, et c'est dans d'autres documents, en partie manuscrits, qu'il faut aller la chercher. Nous verrons, par là, si la conduite de Chasseneuz put compromettre les intérêts de la cause catholique, et si cette cause ne portait pas en elle-même le principe de sa propre faiblesse [1].

Ce que ces documents nous révèlent, c'est une diminution marquée de foi et de moralité chez les clercs et chez les laïques, une grande effervescence dans des passions soulevées autant par l'esprit de parti que par respect pour l'ancienne religion. La plupart des gens de métier,

---

[1] Cabasse, t. I, p. 65 ; Crespin, *Hist. des martyrs*, t. I, fol. 134 ; Pitton, *Hist. d'Aix.*, p. 276 ; Moissac, p. 44 ; Haitze, *Portraits*, p. 53 Les historiens de Provence ont jugé, chacun à leur point de vue, le caractère et la conduite de Chasseneuz. Ceux qui passent pour les mieux informés : Gaufridi, H. Bouche, Moissac, lui rendent généralement hommage. L'oratorien Papon, dit, qu'homme sage et modéré, il ne put voir sans frémir les conséquences de l'exécution de l'arrêt. C, F. Bouche, aussi emphatique dans son *Essai sur l'hist. de Prov.* que dans ses discours aux États généraux, affirme, qu'honnête homme sans doute, mais entêté et bouillant dans ses opinions, il ne se laissa arrêter que par les remontrances de d'Alleins. Haitze souvent dépourvu de critique, mais chez qui on trouve des faits curieux, prétend que ce ne fut pas lui qui empêcha cette exécution, sans s'expliquer plus clairement. (Voy. la note à la fin de ce volume.)

artisans et bourgeois, étaient enrôlés dans ces confréries de pénitents, nombreuses encore aujourd'hui dans le midi de la France. Attachées par leurs habitudes, leur amour des pompes religieuses, à la foi catholique, elles étaient prêtes à la défendre au prix des agitations de la rue et de la place publique. Depuis longtemps, leur turbulence inquiétait le pouvoir royal, comme leurs repas qui dégénéraient en crapule excitaient la réprobation des supérieurs ecclésiastiques. En 1539, François Ier, de sa propre autorité et sans consulter les évêques, avait, par l'édit de Villers-Coterets, supprimé dans tout le royaume les confréries, instruments de troubles et de factions ; celles d'Aix n'étaient pas des moins compromises. Les partisans de la modération religieuse avaient adressé contre elles des plaintes au roi. Ils les accusaient de monopole contre la paix publique, d'agiter les esprits, de tramer des complots pour faire soulever le peuple contre les réformés. Ils obtinrent la fermeture des chapelles où elles tenaient leurs réunions, mais sans pouvoir les empêcher de s'assembler secrètement ailleurs. Les hommes qui avaient donné leur approbation à cette sage mesure étaient accusés de favoriser les doctrines nouvelles [1].

Le clergé était tombé dans une licence dont l'exemple de ceux de ses membres restés fidèles à leurs devoirs n'atténuait qu'en partie le fâcheux effet. Les religieux de saint François, condamnés, en 1518, par un bref de Léon X, à abandonner leur couvent aux frères de l'Étroite Observance, refusaient de se soumettre, plaidaient, à ce sujet, devant le parlement et devant

---

[1] De la Mare, *Traité de la police*, t. I, p. 374. Voy. aux pièces justificatives du t. I, des *Récits mérovingiens*, d'Aug. Thierry, des extraits des conciles relatifs aux confréries. Haitze, *Hist. d'Aix*, t. I, p. 890.

le Conseil du roi. Les Dominicains s'obstinaient à repousser la Réforme. Les religieuses de Saint-Barthélemy, communauté célèbre dans la province, avaient délaissé la clôture, possédaient des biens en propre, menaient une vie plus que mondaine ; jusqu'au milieu du dix-septième siècle, elles résistèrent à l'autorité de leur archevêque qui était, à cette époque, Daniel de Cosnac. On voit, dans des délibérations du chapitre métropolitain de Saint-Sauveur, que par leur tenue à l'Église, leurs infractions au costume ecclésiastique, leurs querelles, leur vie privée, la conduite des chanoines était des moins édifiantes. Un historien, zélé catholique, dont nous sommes obligé d'affaiblir les expressions, nous donne en quelques mots toute la vérité : « Le déréglement, dit-il, ne pouvait
« être plus grand qu'il l'était alors parmi les gens d'É-
« glise. Ceux qui devaient être les plus réguliers parmi
« les catholiques, observés de plus près par les nouveaux
« sectaires, étaient si fort plongés dans le désordre qu'ils
« en faisaient gloire. Dans l'Église de Riez, soumise à la
« métropole d'Aix, il se trouva des chanoines, assez igno-
« rants et assez ennemis de la saine doctrine, pour faire
« jurer à leur évêque, en le recevant, qu'il ne prêcherait
« pas l'Évangile, parce que cela était le propre des moines.
« A Aix, il y avait des ecclésiastiques qui, après avoir
« vécu dans des relations illicites, avantagèrent les
« enfants qui en provenaient par des démembrements
« considérables de bénéfices [1]. »

[1] *Manuscrits concernant le chapitre d'Aix*, t. I, p. 3, 4, 6, n° 117 de la bibl. d'Aix ; Haitze, *Hist. d'Aix*, t. I, p. 851, 929, 938 ; t. II, p. 49 ; C. F. Bouche, t. II, p. 60. Un siècle plus tard, un évêque de Riez, Louis Doni d'Attichy, ayant tenté de réformer les mœurs du clergé et du peuple, n'échappa que comme par miracle à la mort, et fut obligé, pour mettre sa vie en sûreté, de quitter la ville. Il prit le parti de résigner son évêché et fut transféré à celui d'Autun, en 1652. Voy. *Gall. Christ. Sammarth.*, t. IV, p. 946.

La division religieuse s'accentuait de plus en plus dans le Parlement, et on a attribué à cette cause les instances faites auprès du roi pour hâter l'exécution de l'arrêt de Mérindol. Quelques membres, s'éloignant du respect dû aux pratiques de l'Église, ne prenaient plus la peine de cacher leur penchant pour les nouvelles doctrines. Aussi, lorsque dix-huit ans après la mort de Chasseneuz elles purent se montrer au grand jour, vit-on six conseillers et un avocat général les professer ouvertement, et, des deux prêches établis à Aix, l'un se tenir en plein air dans un enclos appartenant à un membre de la cour, près d'une des portes de la ville.

Enfin, la mesure du trouble existant dans les esprits fut donnée et l'indignation des catholiques arriva à son comble, quand Jean de Saint-Chamond, successeur d'Antoine Filholi, cité à comparaître devant les inquisiteurs romains avec les évêques de Valence, de Lescar, de Chartres, d'Uzès, d'Oloron, suspectés de favoriser le protestantisme, monta, le jour de Noël, dans la chaire de l'église Saint-Sauveur, se répandit en invectives contre le siège de Rome, jeta à terre, avant de descendre, son camail, sa croix pastorale et, se déclarant du parti de l'hérésie, se mit à la tête d'un régiment de troupes réformées (1565)[1].

On ne peut espérer avoir raison des doctrines, qu'à

---

[1] *Gall. Christ. Sammarth.*, t. I, p. 21 ; Pitton, *Annales de l'église d'Aix*, p. 223, 225. Le Père Hilarion, dans son *Hist. du tiers ordre de Saint François*, raconte que le Père Guichard, supérieur des Minimes, ayant ouï dire que cet archevêque voulait se marier, alla le trouver pour l'en dissuader. Le prélat, après l'avoir écouté pendant quelque temps, le quitta et le fit accompagner par son gentilhomme qui le maltraita au milieu des degrés. Il mourut à la tête du régiment qu'il commandait dans la ville de Montélimart : Sobolis, t. II, p. 702, 725, 733.

l'aide des doctrines, qu'avec l'autorité de la parole et de l'exemple. Recourir à la contrainte et à la violence, c'est donner un signe de faiblesse, inspirer des doutes sur la légitimité de sa cause, c'est employer des armes qui se retournent plus tard contre vous-même, c'est s'exposer à ne faire que des victimes et des prosélytes. Nulle part, cette vérité n'apparaît avec plus d'évidence, dès le début des luttes religieuses, que dans la conduite des Vaudois, de ces hommes qui regardaient comme beau et glorieux, dit Claude de Seyssel, de souffrir la persécution pour leur foi. Le défaut d'apostolat régulier les avait laissé dans leur dissidence d'avec l'Église catholique à une époque où il eut été peut-être possible de les ramener; la persécution les envenima; leur alliance avec les Luthériens les rendit de plus en plus rebelles aux pouvoirs religieux et civils; les menaces, les supplices, la persuasion, la clémence, avaient désormais perdu sur eux leur empire. Il était chimérique d'attendre d'eux une abjuration, il était plus dangereux encore de les frapper dans un esprit contraire aux lois de l'humanité et de l'Évangile. Aussi, le massacre de Mérindol et de Cabrières, accompagné des circonstances sauvages que l'on connaît, ne fit qu'irriter les haines protestantes. « Il ouvrit une ère de vengeances. » Il fut le prélude des guerres religieuses en Provence, guerres marquées d'un caractère particulier de cruauté. Il n'empêcha pas les doctrines nouvelles de pénétrer dans la population, et l'un des premiers résultats de l'édit d'Amboise (1563) fut d'amener l'établissement d'un prêche à Mérindol. Il ne détruisit pas la religion vaudoise dans le midi de la France où elle possède encore aujourd'hui quelques églises.

Employer des moyens de persuasion vis-à-vis de ces

hommes se croyant, de bonne foi, les continuateurs de la tradition apostolique, confirmés dans cette croyance par un état moral presque partout contraire aux enseignements de la vie chrétienne, discuter leurs erreurs, combattre par la prédication leur propagande, calmer leur irritation, dissoudre leurs assemblées, punir les actes de rébellion, tel était le devoir conseillé par une sage religion et par une sage politique. Ainsi l'avaient compris quelques hommes que leurs vertus et leurs lumières élevaient au-dessus des passions de leur siècle, les Vincent Ferrier, les Laurent Bureau, les Pierre Duchâtel, les Sadolet ; ainsi le comprit plus tard saint François de Sales. Une pareille prudence est assurément difficile à garder, elle devient aisément suspecte dans les troubles religieux et civils, elle soulève des haines et des calomnies auxquelles ceux qui les propagent sont assurés d'avance de trouver un écho dans la foule abusée, mais Chasseneuz, en ce qui le concernait, voulut y rester fidèle, même au péril de sa sécurité et de sa vie. A une époque où l'intolérance, vis-à-vis des personnes, était passée dans les lois et dans les mœurs, où catholiques et calvinistes reconnaissaient au pouvoir le droit de punir les dissidents par le glaive, il fut un des premiers à comprendre les dangers d'une pareille doctrine. Tout zélé catholique qu'il était, ayant en horreur le chef de la Réforme, il donna un exemple de modération religieuse, suivi, plus tard, par d'illustres magistrats et publicistes, par l'Hôpital, Bodin, Pasquier, de Thou, le président Jeannin. [1]

---

[1] Saint François de Sales, consulté par le duc de Savoie sur les moyens de convertir les Vaudois du Chablais, répondit que la cause principale de leur erreur étant l'ignorance de la vraie religion, il fallait leur envoyer des missionnaires zélés, capables de dissiper leurs préventions, de réfuter les calomnies, exclure de la Savoie les

La postérité de ce savant jurisconsulte, regardé de son temps comme une des gloires de la magistrature, s'éteignit de bonne heure. Il ne lui fut pas donné de constituer une de ces familles parlementaires qui, dans le siècle suivant, parvinrent à égaler, par la fortune, la noblesse de race, et souvent à la surpasser par l'instruction, le goût des lettres et des arts. De la femme qui avait jeté le trouble dans son intérieur et qui lui survécut, il laissa un fils et deux filles, l'une mariée à Hugues d'Arlay dont nous avons parlé, l'autre à Pierre Garnier, bourgeois d'Autun. Son fils Arthus de Chasseneuz, pourvu d'un office de conseiller au parlement de Dijon, mourut encore jeune, ayant eu une fille et un fils dont l'obscure existence n'a pas laissé de souvenirs [1].

Dans une collection de portraits des vingt premiers président du parlement de Provence, gravés par Jacques Cundier d'Aix, il s'en trouve un de Chasseneuz. La tête couronnée d'une chevelure abondante et crépue est supportée par un cou robuste ; la figure, aux traits fortement accentués et rustiques, est empreinte d'une singulière énergie ; la fixité du regard indique la hardiesse et la résolution, les plis de la bouche une sorte de dédain ; l'attitude et la physionomie sont celles d'un homme que n'effrayent

---

ministres calvinistes, substituer de bons livres à ceux des hérétiques, introduire les jésuites pour élever les jeunes gens et soutenir des controverses. Cantu, *Hist. des ital.*, t. VIII, p. 538. Les Vaudois violemment persécutés dans le Piémont, aux seizième et dix-septième siècles, y sont encore, aujourd'hui, au nombre de plus de vingt mille. Cette inutilité des rigueurs exercées jusque-là contre les hérétiques engagea, en 1555, le parlement de Paris à réclamer la tolérance et à conseiller au roi « comme juste, autant que raisonnable, de mar-« cher sur les traces de l'ancienne Église, qui n'a pas employé pour « établir et étendre la religion le fer et le feu, mais plutôt une doc-« trine pure, jointe à la vie exemplaire des évêques. » De Meaux, *ouvrage cité*, p. 53.

[1] Bouhier, *Vie de Chasseneuz*.

ni la lutte ni la résistance. Chasseneuz avait adopté, en les modifiant, les armes de la ville d'Autun ; il portait d'azur et d'or, au lion sur le tout, soutenant une meule de moulin d'argent. Au bas d'un de ses portraits, le président Bouhier avait lu cette devise, expression de l'intégrité du magistrat et de la sincérité de l'écrivain : *Omnia sine fraude*. On n'a pu savoir où il avait été inhumé et si une épitaphe avait été placée sur son tombeau [1].

Au sommet de la ville d'Autun, derrière son antique cathédrale, dans une rue ouvrant sur le sombre rideau de montagnes qui ferme l'horizon du côté du midi, on voit une chétive maison, isolée des habitations voisines. Sur la façade, en partie démolie, en partie reconstruite, se trouve une petite niche sculptée, à côté d'une plus grande dont les ornements ont disparu. Elle était garnie d'un pilier surmonté d'un *Ecce Homo* représentant le Christ dans l'attitude où il parut devant Pilate. Au-dessus de l'auvent qui la protégeait, s'élevait une croix, et, des deux côtés de l'image de l'Homme-Dieu, étaient celles de la Vierge et de saint Jean l'évangéliste. Quatre petites niches latérales renfermaient celles de saint Barthélemy, patron de Chasseneuz, de saint Quintin, patron de sa paroisse, de sainte Pétronille, patronne de sa femme, et de sainte Barbe, « à cause, dit-il, de la dévotion particulière qu'il avait pour elle. » Le tout, ajoute-t-il, composait un ouvrage merveilleux ayant trente-trois pieds de haut. Sur le socle du pilier on lisait l'inscription suivante : « Sous le règne de Léon X, pape, et de François Ier, roi de France, Jacques Hurault étant évêque d'Autun, en l'an 1518, Bar-

---

[1] *Portraits des premiers présidents du parl. de Prov.*, par Jacques Cundier, Aix, 1724, in-f°; Chasseneuz, *Catalog.* pars 1, consid. 58 Bouhier, *Vie de Chasseneuz*.

thélemy de Chasseneuz, docteur en l'un et l'autre droit, avocat du roi aux bailliages d'Autun et de Montcenis, a fait construire cet ouvrage. » Ces pieuses images devaient, selon lui, éloigner de la ville les maléfices du démon, de même que le frêne, dont cette rue portait le nom, possédait, selon Pline, la propriété d'éloigner les serpents [1].

C'est dans cette demeure, modeste et simple comme la maison du sage, que cet homme d'une érudition peu commune, d'une grande honnêteté, passa la plus grande partie de sa vie, occupé à récapituler dans un labeur solitaire, tous les travaux sur le droit connus de son temps, toutes les données de l'histoire et de la science, attendant avec sérénité l'heure tardive où justice serait rendue à son mérite. Partageant ses journées entre ces études et les occupations du barreau, il nous représente une de ces nature fortement trempées, nombreuses d'ailleurs à cette époque, chez lesquelles la soif du savoir était une passion impérieuse et jamais satisfaite. Aussi, ce juriste d'un esprit pénétrant et étendu, ce citoyen jaloux de l'honneur de son pays, ce magistrat réformateur de la justice, qui donna un exemple mémorable de courage civil, est-il, malgré le tribut payé par lui aux erreurs de son temps, malgré l'oubli attaché aujourd'hui à ses œuvres, une de ces figures qui, singulières peut-être au premier abord, finissent, quand elles sont mieux connues, par inspirer le respect ; il fut, dans un rang secondaire, un de ceux qui ont honoré un siècle fécond en gloire de toutes sortes.

« Ce sont les hommes secondaires qui représentent le
« mieux leur époque. Le génie, par l'élévation de ses idées,

---

[1] *Catalog.* pars 12, consid. 89.

« brise le cadre et dépasse son siècle. Aux hommes secon-
« daires seuls il appartient de formuler les travers et les
« grandeurs de leur temps dans une proportion égale, sans
« rien exagérer ; ils marchent vers l'avenir, mais à pas
« mesurés, ne se rendant pas compte de leur rôle, embar-
« rassés par les préjugés et les idées fausses d'un passé
« qu'ils n'osent jamais répudier qu'en partie. Intelligences
« précieuses du reste, à qui l'on doit les progrès lents et
« sûrs, mais qui peuvent s'attendre à expier par un
« éternel oubli le retentissement, souvent même la gloire
« que les contemporains leur ont libéralement accordés.
« Ne serait-il pas possible de construire à mi-côte une
« sorte de Panthéon modeste où seraient inscrits les noms
« de ceux qui ne méritèrent ni la renommée ni l'indif-
« férence ? » C'est dans ce Panthéon modeste, destiné aux
hommes utiles, savants, pénétrés du sentiment du vrai
et du juste, s'y attachant, au milieu des orages, comme à
un roc inébranlable, souvent mal connus ou dédaignés
d'une postérité oublieuse, que nous demandons une place
pour Chasseneuz [1].

[1] Bardoux, *Les Légistes*, p. 111.

NOTE

On lit dans Crespin : *Histoire des martyrs persécutés et mis à mort pour la vérité de l'Évangile*, Genève, 1597, t. I, page 136 : « Les capi-
« taines furent ordonnés, et nombre de gens à pied et à cheval
« commencèrent à sortir d'Aix et marcher tout équipés pour exécu-
« ter le dit arrêt. Ceux de Mérindol, avertis, n'avaient d'autre confort
« que de recommander en prières et en larmes leur cause à Dieu.
« Soudainement, leur fut annoncé que la dite armée s'était retirée
« sans que pour lors on eût pu savoir par quel moyen. Toutefois,
« depuis, on a entendu que le seigneur d'Alenc, gentilhomme, bien
« instruit aux Saintes Écritures et docte en droit civil, remontra par
« grande compassion au président Chassané que cette procédure
« par voie de fait et de force était contre toute forme et ordre de
« justice, et sans distinction des coupables et des innocents. Or, est-
« il que le président avait mis en lumière et publié par imprimeur un
« livre intitulé : *Catalogus gloriæ mundi*, auquel, par manière de
« passe-temps, il déduit les procédures qu'il feint jadis tenues con-
« tre les rats par les officiers de la cour spirituelle de l'évêque d'Au-
« tun. Comme ainsi fut que quasi partout le bailliage de l'Auxois, il
« y eut grande multitude de rats qui dégâtaient et mangeaient les blés
« de tout le pays, il fut avisé qu'on enverrait gens devers l'official
« d'Autun pour excommunier les dits rats, et que sur cela le dit offi-
« cial, ayant ouï le plaintif du procureur fiscal, ordonna avant que
« procéder à l'excommunication, qu'il fallait une monition selon l'ordre
« de justice, par laquelle les dits rats seraient cités à trois briefs
« jours et, à faute de comparaître, serait procédé contre eux. Les

« trois jours passés, le promoteur se présenta contre les dits rats et,
« par faute de comparaissance, obtint défaut en vertu duquel de
« mandait qu'il fut procédé à l'excommunication. Sur quoi fut connu
« judicialement qu'aux dits rats absents serait pourvu d'avocats
« pour ouïr les défenses, attendu qu'il était question de la totale des-
« truction et extermination des dits rats. Le sieur d'Alenc, se ser-
« vant très bien de ceci, dit au président : Monsieur, souvenez-vous
« du conseil que vous avez écrit en chose de néant, lorsqu'étant
« avocat du roi à Autun, vous défendites les dits rats et remon-
« trâtes que le terme donné aux dits rats pour comparaître était trop
« bref et, davantage, qu'il y avait tant de chats aux villages que
« les dits rats eurent juste cause d'absence... par plusieurs droits
« et passages par vous allégués et traités bien amplement en
« votre dit livre fait à plaisir. Or, s'il est ainsi, monsieur, que par tel
« plaidoyer d'une matière de vaine importance, vous ayiez acquis le
« bruit d'avoir dextrement remontré la manière par laquelle les
« juges doivent procéder en matière criminelle, maintenant ne
« voulez-vous point prendre droit pour votre livre même qui vous
« condamnera manifestement, si vous procédez plus avant en la
« destruction de ces pauvres gens de Mérindol ? Ne valent-ils pas
« bien qu'on leur garde autant de droit et d'équité que vous avez fait
« garder aux rats ? — Par ces remontrances le président fut si fort
« ému qu'incontinent il révoqua la commission qu'il avait donnée
« et fit retirer la gendarmerie qui approchait déjà de Mérindol, en-
« viron d'une lieue et demie. »

Cette histoire du plaidoyer de Chasseneuz pour les rats, reproduit d'abord par l'historien calviniste la Popelinière, a passé plus tard, d'après l'autorité de de Thou, dans un grand nombre d'auteurs catholiques et protestants. Honoré Bouche, Pitton (Hist. d'Aix), Louvet (Troubles de Provence), n'ont pas hésité à l'adopter sur la foi de ce grave historien. On la trouve également dans la continuation de l'*Histoire ecclésiastique de Fleury*, par le P. Fabre, dans les *Vies des jurisconsultes* de Taisand, dans le *Traité de l'opinion de Legendre*, dans l'*Histoire de France* de Garnier.

Bouhier, et d'après lui Nicéron, avaient montré que de Thou avait pris pour une vérité, une plaisanterie de l'auteur protestant : « Car:
« 1° ce n'est pas, dit Bouhier, dans le *Catalogus gloriæ mundi*, comme
« on le suppose, que Chasseneuz a parlé de ces sortes d'excommuni-
« cations ; 2° il n'y est point question de rats, mais de mouches qui
« détruisaient les raisins aux environ de Beaune ; 3° et, ceci est
« décisif, Chasseneuz n'y prend point la défense des animaux qui
« gâtent les fruits de la terre ; au contraire, après avoir examiné,

« peut-être trop sérieusement, la validité de la procédure qu'on fai-
« sait de son temps contre eux dans les officialités, il soutient
« qu'elle est légitime et qu'on est en droit de les excommunier, sans
« qu'on trouve en sa consultation la moindre chose sur le délai
« qu'on leur doit donner pour comparaître en justice. Il est donc
« visible que cette fable a été inventée à plaisir, et il est surprenant
« que tous les historiens, se copiant les uns les autres, l'aient
« adoptée sans examen. M. de Thou paraît surtout être descendu
« de sa gravité par les embellissements qu'il donne à cette histo-
« riette, et comme il avait sans doute les ouvrages de Chasseneuz
« entre les mains, il est moins excusable qu'aucun autre [1]. »

Malgré les observations de Bouhier, on rencontre encore l'histoire
du plaidoyer pour les rats et les raisons qu'en tira d'Alleins en faveur
des Vaudois, dans des écrivains plus récents ; dans Papon, Ch. Fr.
Bouche, Augustin Fabre, dans une dissertation de Nicolaï sur l'exécution de Mérindol, analysée au tome XVII de la collection Leber,
dans Sismondi, dans les éditeurs de *l'Historial du jongleur*, dans
Frossard (*les Vaudois de Provence*), dans Mangin (*l'Homme et la bête*),
dans Puaux (*Histoire de la réformation française*), et d'autres encore.
Warée, en insérant, dans ses *Curiosités judiciaires*, une analyse plus
exacte du conseil de Chasseneuz qui avait déjà fait l'objet d'un
travail critique par Maillard de Chambure (Dijon 1831), prétend
qu'il donna cette consultation et qu'il plaida pour les hurebers.
Quelques-uns des auteurs, que nous venons de citer, attribuent à ce
plaidoyer l'origine de sa réputation comme avocat. Jamais erreur
historique n'a fait un plus beau chemin, appuyée sur un aussi grand
nombre de témoignages.

Dreux du Radier, indigné que le père Nicéron qui ne fait que
reproduire les observations du président Bouhier, « ait manqué à la
vénération due à la mémoire du plus grand de nos historiens »
(de Thou), en traitant son récit de fable ridicule inventée à plaisir, de
conte indigne de trouver place dans sa belle histoire, entreprend de
démontrer que sa critique n'a aucun fondement. Il fait remarquer,
que si la consultation de Chasseneuz s'applique effectivement
aux hannetons, il y est aussi question de procès contre les
rats, à preuve deux sentences rapportées par lui, l'une donnée à
Beaujeu le 6 septembre 1481, l'autre à Mâcon le 17 août 1487. Il
conclut que, « suivant toutes les apparences, cette consultation ou
plutôt, dit-il, cette défense, est la copie du factum ou du plaidoyer
que Chasseneuz avait prononcé à Autun dans une affaire de ce genre

[1] *Vie de Chasseneuz.*

dont il fut chargé ; tout cela cadre, ajoute-t-il, avec l'entretien de d'Alleins et de Chasseneuz. » Dans cet *Examen de la critique du P. Nicéron*, du Dreux Radier n'a oublié que deux points, à savoir quel âge avait Chasseneuz à la date de ces deux sentences, et ce qu'il dit dans ses autres ouvrages au sujet de cette consultation. Il prend un ton grave et sentencieux pour donner une leçon à Nicéron, et tombe lui-même, sans s'en apercevoir, dans cette « manière de « lire des doigts, commune à bien des savants qui se fient trop sur « leur sagacité. »[1]

Bernardi, dans l'article Chasseneuz, de *la Biographie universelle*, cherche aussi à concilier la réfutation de Bouhier et de Nicéron avec le récit de de Thou. « Chasseneuz, consulté dans le procès des « hannetons, aurait examiné comment il fallait procéder contre eux. « De ce conseil, imprimé depuis dix ans, d'Alleins tira un argu- « ment auquel il n'y avait rien à répliquer. Il n'est par consé- « quent point étonnant qu'il ait fait impression. Ce qui le prouve, « c'est que Chasseneuz demanda au roi que les habitants de Mérin- « dol fussent entendus, et qu'il obtint un ordre qui l'ordonnait ainsi. »

Au lieu de se livrer à des conjectures, il eut été tout aussi facile de recourir au conseil de Chasseneuz. Or, il n'y dit nulle part et nulle part il ne laisse supposer qu'il ait été consulté ou qu'il ait plaidé pour les hannetons ou pour les rats.

Au contraire : 1° tous les procès de ce genre, rappelés par lui, se rapportent aux années 1481-1488, alors qu'il était encore enfant. Il ajoute qu'il en avait vu les sentences. Si une pareille question s'était présentée à l'époque où il exerçait comme avocat, s'il y avait prit part, il n'aurait pas manqué d'en parler de préférence : 2° il nous apprend, d'ailleurs, que le conseil touchant l'excommunication des animaux avait été composé par lui lorsqu'il était encore étudiant à l'université de Pavie ; *In tractatu meo de maledictione creaturarum irrationabilium quem composui in scholis me existente in studio Ticinensi. Catalog.* pars 2, *Consid* 2) ; 3° il ne dit pas, comme il le fait d'habitude dans ses autres conseils, qu'il l'ait rédigé à titre de consultation demandée et, en lui donnant pour titre complémentaire le titre de Traité, il montre assez par là que cet ouvrage sortait à ses yeux du genre des consultations proprement dites qui composent le reste de son recueil. Il le désigne encore sous ce nom de Traité en plusieurs endroits de ses *Commentaires* et de son *Catalogus*.

Ce prétendu plaidoyer était trop singulier pour ne pas, selon

---

[1] *Examen critique de la critique d'un endroit important de l'histoire du président de Thou* ; Journal de Verdun, sept. 1753, p. 189.

l'expression de Bouhier, prêter matière à des embellissements.

« Serait-il bien possible, fait dire de Thou à d'Alleins, que ce que
« vous avez fait en un jugement peu sérieux, lorsque vous étiez
« encore jeune et que vous n'étiez pas beaucoup élevé au-dessus
« de la condition d'un particulier, vous l'oubliassiez dans une
« chose si importante en l'âge et la dignité où vous êtes et lorsque
« tout le monde a conçu une si grande opinion de vous. Les âmes
« de tant de pauvres gens vous sont-elles si peu considérables que
« vous souffriez que leur condition soit pire, maintenant que vous
« êtes leur juge, que n'a été autrefois celle des rats lorsque vous
« n'étiez que leur avocat. Je ne veux point parler de l'innocence de
« ces pauvres gens; vous savez vous-même combien de choses leur
« sont calomnieusement imposées, bien qu'ils servent Dieu avec
« beaucoup d'assiduité et qu'ils ne refusent jamais de rendre, ni
« leurs devoirs à leurs seigneurs, ni l'obéissance aux princes et aux
« magistrats. C'est pourquoi je vous conjure, par l'amitié qui est
« entre nous, de bien peser les raisons et de croire qu'il n'y a point
« de temps trop long quand il s'agit de délibérer de la mort, du
« salut, et du bien des hommes. » [1]

Voilà une adjuration solennelle; avec l'avocat, Ch. Fr. Bouche,
nous avons une scène pathétique. D'Alleins représente à Chasseneuz
« qu'il était affreux que, s'agissant aujourd'hui de la vie des hommes,
« il se montrât si inexorable. Chasseneuz, dont la raison était asser-
« vie au génie de son siècle, ne voulut d'abord accorder aucun
« délai ; les égarements de l'esprit sont quelquefois incroyables.
« Renaud d'Alleins insista, se jeta à ses genoux, supplia pour
« l'humanité gémissante, et Chasseneuz ouvrit les yeux ; il devint
« homme et magistrat de fanatique qu'il voulait être. Il sentit que
« le christianisme, religion si sainte et si douce, ne conseillait ni
« n'approuvait des peines qui prennent la teinte du meurtre et de la
« tyrannie, et il jura à son ami fondant en larmes à ses pieds, que
« l'arrêt ne serait point exécuté de son consentement. » [2]

Crespin donne, à la page 134, le récit d'un festin qui eut lieu à
Aix, quelques jours après l'arrêt de Mérindol, et auquel assistaient
l'archevêque, celui d'Arles, le président Chasseneuz, des conseillers
du parlement et des gentilshommes du pays. Une discussion s'en-
gage, au sujet de cet arrêt dont le secret commençait à transpirer
dans le public, entre le seigneur de Beaujeu et une dame placée à
table à côté de l'archevêque. Celle-ci demande au président quand

---

[1] De Thou, trad. du Ryer, t. I, p. 338.
[2] *Essai sur l'Hist. de Pr.*, t. II, p. 8).

il le fera exécuter ; Chasseneuz garde le silence. On en vient à des injures et à des menaces. Le seigneur de Beaujeu attaque avec violence les mœurs du clergé et s'attire de Chasseneuz cette réponse : « Laissons le moustier où il est, monsieur de Beaujeu, et vivons comme nos pères, et maintenons leur honneur. » La division se met parmi les convives. Chasseneuz et les conseillers sortent d'un côté et les gentilhommes de l'autre. A la page 135, se trouve un autre récit sur l'assemblée tenue à Avignon par les prélats, afin d'aviser aux moyens d'exécuter l'arrêt. L'archevêque d'Aix insiste sur la nécessité de cette exécution. Le jacobin Bassinet réclame des adoucissements et des exceptions en faveur des condamnés. L'archevêque, irrité, lui répond que ses propos sentent le fagot et le soufre. Bassinet se répand en invectives contre les évêques et les prêtres. Les moines présents prennent son parti ; on se sépare sans rien décider, etc.

Dans ces récits de fantaisie, où Crespin donne carrière à son humeur satyrique, il est difficile de démêler la part de la vérité. On en avait fait des brochures de propagande. « M. le président « de Saint-Vincent possède un petit ouvrage imprimé, contenant un « dialogue entre l'archevêque d'Aix et Renaud d'Alleins, gentil-« homme huguenot, qui est très bouffon. Les mœurs du prélat y « sont bien décriées. On y fait intervenir l'archevêque qui dit à une « demoiselle : Allez ma mie, par mes saints ordres, nous nous « vengerons. D'Alleins lui répond : Monsieur d'Aix, je ne crains « ni vous ni votre demoiselle. On voit, par là, que l'archevêque, qui « était grand ennemi des Vaudois, ne fut pas ménagé dans leurs « écrits. » (*Recueil sur la Provence et sur Aix*, n° 4, mss. 1015 de la bibliothèque d'Aix.) L'auteur de cette note, dont les citations manquent d'exactitude et qui prend sur lui de faire de d'Alleins un huguenot, commet encore une confusion en lui attribuant, dans cette scène du banquet, les propos que Crespin met dans la bouche du seigneur de Beaujeu [1].

---

[1] Les récits de Crespin ont été reproduits par plusieurs historiens protestants ; Frossard, *les Vaudois de Provence*, p. 63 ; Puaux, *Hist. de la réfor. fr.*, t. 1, p. 235 ; Muston, *l'Israël des Alpes*, t. 1, p. 86 et s.

TABLE DES MATIÈRES

AVANT-PROPOS V

CHAPITRE I. — I. Jeunesse de Chasseneuz ; ses études dans les universités. — II. Ses emplois en Italie. — III. Sa vie en province 1

CHAPITRE II. — *Commentaires sur la coutume de Bourgogne.* 69

CHAPITRE III — *Catalogue de la gloire du monde.* 143

CHAPITRE IV. — *Conseils.* 211

CHAPITRE V. — I. Chasseneuz dans le parlement de Provence. — II. Réformation de la justice. — III. Invasion de Charles-Quint. — IV. Affaire des Vaudois. — V. Mort de Chasseneuz ; Conclusion 229

    NOTE. 315

6175. — Tours, imp. Rouillé-Ladevèze, rue Chaude, 6.

www.ingramcontent.com/pod-product-compliance
Lightning Source LLC
Chambersburg PA
CBHW070620160426
43194CB00009B/1327